阻击金融危机

历史的经验

[美] 加里·B.戈顿　埃利斯·塔尔曼　著

杨建玫　娄　钰　译

ZHEJIANG UNIVERSITY PRESS

浙江大学出版社

FIGHTING FINANCIAL CRISES: LEARNING FROM THE PAST

序　言

谈及银行恐慌这一话题，恐怕只有少数人才能完全理解；多数
人都怠于对这一问题进行深入调查，唯恐给自己带来麻烦。他们往
往只是根据事情的表面就轻率地认定是银行在恐慌。

（布朗宁，1869）

历史上有很多重要的事情需要人去做，深入剖析金融危机更是如
此。什么是金融危机？应该如何识别金融危机？像中央银行或私人银行
票据清算所这样重要的机构应该采取什么措施来恢复金融市场秩序？金
融市场怎样才算"恢复常态"？2007—2008年发生的金融危机表明，我
们应该知道这些重要问题的答案。虽然以前我们也曾经历过金融危机，
但人们对历史的记忆有一定的选择性，并没有任何一个委员能决定人们
应该铭记或遗忘哪段历史。一些历史事件是会被铭记还是被遗忘，都是
自然而然的事情。

2007—2008年发生的银行恐慌表明，即使世界上最发达的经济体
也无法完全避免大规模的银行挤兑。在发生金融危机时，由于投资者和

储户们不堪重负，不得不到银行提现以获得其资产的"流动性"，这样许多银行就濒临破产，只有在中央银行和国家财政部门的出面干预下，整个金融系统才能免于崩溃。在2007年之前，金融市场专家、政策制定者，尤其是普通民众，甚至做梦都想不到会发生金融危机。或许根本就没有人意识到银行会在诸如将大量融资资金作为利润主要来源的经营方式上发生重要改变。然而，美国在2007—2008年的确发生了一场系统性的金融危机，这是一个不争的事实。当时，金融危机的发生简直出乎人们的意料，使人难以想象，似乎是凭空出现的。但它并不是凭空出现的。然而，这场金融危机就好似历史的匆匆过客，逐渐被人们淡忘了。事实上，研究过这段历史的人也并不多。这段尘封的历史直到现在才逐渐得以恢复原貌。本书正是讲述这段历史。

2007—2008年的银行恐慌本不该发生，即使这种恐慌在过去曾经发生过。但一般人认为"过去"与"现在"有着本质区别，了解过去对现在毫无用处。当然，过去和现在的界限并不是那么清晰。一篇经济学的文章曾经指出："自20世纪30年代以来，社会的经济结构已发生了翻天覆地的变化，过去的经济数据并不能很好地指导我们预测未来。"此观点出自2013年发表的一篇论文，距2007—2008年的恐慌有5年多的时间。当然，作者在文章中并没有对这种"翻天覆地的变化"做出具体解释。如果我们是历史唯物主义者，或许对2007—2008年发生的恐慌并不感到吃惊，因为市场经济有其内在的规律性，短期债务本身就容易受挤兑的影响，即受大规模现金需求的影响。2007—2008年发生的银行恐慌表明，过去的事情与现在的事情之间的共性远远超乎人们的想象。

宏观经济学是经济大萧条（Great Depression）时期产生的一门学科，那些经历过早期经济大萧条时期的宏观经济学家目睹了当时那种经济凋敝的情景。为了了解那段尘封的历史及其对人们的影响，兰德尔·帕克（Randall Parker，2002）对那一代经济学家进行了采访。保罗·萨缪尔森（Paul Samuelson）回忆道："记得有一次我们吃晚饭时，听见有人敲门，开门后发现是一个孩子，他手里拿着一张纸，上面写着'我快要饿死了，您能给我一个土豆或10美分吗？'"（29）^①莫西·阿布拉莫维奇（Moses Abramovitz）谈道："曼哈顿的情况令人不安。在大街上，你会看到一些卖苹果的小贩或者失业者买一小盒苹果，把它放在街角的折叠椅上，用手绢把它们擦了又擦，然后拿出来卖，以挣几个便士养活一家老小。"（64）他们正是目睹了这种状况，才决心成为经济学家。米尔顿·弗里德曼（Milton Friedman）曾说道："我觉得经济大萧条对我的一生影响很大……我因此而成为一名经济学家。"（42）

　　虽然第一代宏观经济学家在谈起经济大萧条时仍记忆犹新，但下一代人对它的描述就模糊得多，也许是因为他们没有亲身经历过经济大萧条，无法获得第一手资料（帕克，2008）。尽管如此，在经济学界中，人们还时常谈起经济大萧条，经济学家们也撰写了大量与之有关的颇具说服力的文章。但有关大萧条之前金融危机的文献资料非常少，可以说在主流宏观经济学中几乎可以忽略不计。人们对早期的金融危机几乎一无所知，所以对经济大萧条时期的有关文献就特别关注。在有些人看来，这种现象违反了均衡模型理论。至于人们为什么会淡化，甚至忽视经济大萧条之前的那段金融历史，除了一些推测之外并没有一个明确的结论。一般认为，人们之所以会淡化以前的金融恐慌，是因为在美联储（Federal Reserve System）成立之前发生的金融恐慌都被当时的有关机构顺利化解了，而在应对经济大萧条时，美联储却显得笨拙乏力。然而，我们都知道，市场经济有其内在规律，例如，需求曲线总是向下倾斜。短期债务的存在就是其固有特性的一种体现，而短期债务很容易发生挤兑。这就意味着所有金融危机都源于短期债务。这种观点对解释并理解以前所有的金融危机具有一定的意义。

在研究金融恐慌时，可以借鉴美联储成立之前有关机构采取的调查及应对危机的方法。鉴于此种考虑，我们对美国的国民银行时期（1863—1913）进行了研究。当时企业和家庭并未寄希望于中央银行会采取什么行动，当时根本就没有中央银行。因为缺乏中央银行的监管，所以企业和家庭的行为就会与有央行干预下的情况不同。例如，经过研究，我们可以区分哪些政府的政策可能导致金融危机（例如，道德风险，企业"太大而不能倒"），哪些政策旨在解决金融危机，以帮助我们找出金融危机的诱因。

本书的起始部分摘自我们的一篇有关银行发生挤兑后应该如何重树信心的长篇论文。但我们没有将此文（或其简化版）寄给经济学学术期刊发表，因为我们还无法理清应对恐慌的措施和恢复市场信心之间的因果关系。虽然我们在文中讲述了储户丧失对市场的信心（发生第一次挤兑）与恢复信心之间发生的一些事情，而且情况也比较属实，但还不能用计量经济学的方法来验证它们之间的因果关系。其实，有些重要的事情也许根本就无法用计量经济学的方法来检验。我们的观点是，用历史研究方法也可以对它们进行解释，并非必须用计量经济学的方法不可。对我们而言，还有一种选择，那就是将金融危机这个课题束之高阁，但这是行不通的。

具有讽刺意味的是，我们本来就应该从纯粹的历史角度来研究事物的本质。我们都曾就读于罗切斯特大学（University of Rochester）经济学系，并获得博士学位（尽管我们并非同届），而且我们都师从斯坦利·恩格尔曼（Stanley Engerman）教授，正式或非正式地研究过经济史。恩格尔曼是位研究奴隶制（及其相关领域）的专家，他坚信，研究过去有利于把握现在和未来。恩格尔曼和罗伯特·福格尔（Robert

Fogel）一起创立了用计量经济学研究历史的方法，后人称其为历史计量学。虽然历史计量学已为大家广泛使用，并为经济学研究提供了一种实证方法（或障碍），但恩格尔曼从未否认过用纯粹历史方法研究经济问题的可行性。

但现在的问题在于，在没有一定标准的情况下是否可以理解或洞察事物的本质？其实这是一个我们并不愿讨论的哲学问题。在此我们需要指出的是，在研究金融危机时，除了用历史分析的方法之外别无选择。

在此感谢玛吉·雅各布森（Maggie Jacobson）和查尔斯·古德哈特（Charles Goodhar）对本书初稿提出了许多宝贵意见；感谢杰里米·阿塔克（Jeremy Atack）、霍华德·博登霍恩（Howard Bodenhorn）、迈克尔·波尔多（Michael Bordo）、查尔斯·卡罗米里斯（Charles Calomiris）、安德鲁·科尔曼（Andrew Coleman）、本·克雷格（Ben Craig）、斯坦利·恩格尔曼（Stanley Engerman）、金达·哈切姆（Kinda Hachem）、埃里克·希尔特（Eric Hilt）、加里·科恩布利斯（Gary Kornblith）、阿尔文·克里希纳穆西（Arvind Krishnamurthy）、乔恩·莫恩（Jon Moen）、休·洛克夫（Hugh Rockoff）、乔治·塞尔金（George Selgin）、理查德·塞拉（Richard Sylla）、拉里·沃尔（Larry Wall）、沃伦·韦伯（Warren Weber）、David Weiman（大卫·韦曼）和尤金·怀特（Eugene White）等经济学者；感谢埃尔默·威克（Elmus Wicker）和休·洛克夫（Hugh Rockoff）纪念会、2015年亚特兰大联邦货币金融史会、2015年美国国际经济研究局夏季货币经济学研讨会的所有与会人员对我们原创性的论文提出的宝贵意见。我们还要感谢来自纽约票据清算所协会档案馆的鲍勃·查克拉沃蒂（Bob Chakravorti）和米尔亚娜·奥罗维克（Mirjana Orovic）的帮助。感谢乔治·贝里（George Berry）、托马斯·邦切克（Thomas Bonczek）、陈嘉禄（Jialu Chen）、保罗·科斯塔（Paulo Costa）、格兰特·戈林（Grant

Goehring）、阿伦·古普塔（Arun Gupta）、马一鸣（Yiming Ma）和马库斯·沙克（Markus Shak）等对本书的大力支持。特别感谢阿尔温·蔡斯勒（Arwin Zeissler）对本书的无私奉献。

最后，还要感谢奥古斯托·德·拉·托雷（Augusto de la Torre）、吉列尔莫·佩里（Guillermo Perry）、塞尔吉奥·施穆克勒（Sergio Schmukler）、路易斯·瑟文（Luis Servén）和爱德华多·利维·耶亚蒂（Eduardo Levy Yeyati），是你们给我们提供了大量的数据和信息。第六章的部分内容摘自《美国经济评论》中的论文《美联储面前的大而不倒》，106卷，2016年第5期第28—32页）。

本书纯系笔者的个人观点，并不代表克利夫兰联邦储备银行、美联储及其附属机构工作人员的观点。

Fighting
Financial
Crises

目录

1　应对金融危机：以史为鉴

当然，世界上最好不要发生金融危机。如果没有金融危机，我们就没必要考虑如何应对它。但2007—2008年金融危机的爆发打破了发达经济体不容易受金融危机冲击的幼稚观点。因此，我们有必要（或再次）考虑如何应对金融危机。

金融危机是长期困扰市场经济并将持续下去的毁灭性事件。事实上，像2007—2008年银行恐慌这样的金融危机在美国历史上（或者说在所有市场经济体的历史上）并不罕见。在2007—2008年银行恐慌之前，美国已经发生过多次可以称之为金融危机的银行恐慌，包括1797年、1814年、1819年、1825年、1833年、1837年、1857年、1861年、1864年、1873年、1884年、1890年、1893年、1907年、1914年和1929—1933年的银行恐慌。每次银行恐慌都伴随着金融危机和经济通缩，而最早记录在案的银行恐慌却只有经济大衰退。经济学家对此大感不解。大衰退就成了国家采取措施应对危机的分水岭式事件，并由此引发了人们对其原因的广泛探究。大衰退给社会带来了巨大的灾难，当时的社会失业率超过25%，实际产出率萎缩了30%多，这给许多经历过大衰退的人留下了难以磨灭的印象。随着时间的推移，亲历危机的人越来越少，人们对这一事件的记忆逐渐模糊。因此，有人就说出了在世界上最发达的经济体不可能发生金融危机之类的话。

金融危机是由银行短期债务挤兑引起的。从历史上看，挤兑一直发生在各种形式的银行货币、私人银行券和活期存款上，但2007—2008年的银行挤兑则发生在短期债务如债权回购协议、各种形式的商业票据和货币市场基金上。所有由银行发行的短期债券就如同货币一样，既可以被用来交易，也可以短期储存。因此，银行在设计它们时会赋予其共同特点，即对信息反应迟钝，也就是说，当出现某种有关信息时，它们的价值是不会改变的，因此，也就没有人会费时费力地去确定别人未知债务的价值。其原因是，银行的短期债务具有保值性，即10美元就值10美元。

市场经济通过价格来配置资源。商品价格一旦出现上涨或下跌，消费者和生产者都会对此做出反应。亚当·斯密（Adam Smith）曾把市场比喻为一只"看不见的手"，高度概括了价格和供求之间的关系。同样，人们也认为股票的价格是"有效的"，因为它反映了影响价格的全部信息。上市公司一旦发布新信息，其股票的价格就会随之波动。股票市场和银行资金的情况形成了合理的对比。我们希望股票价格能够反映信息，因为它反映了上市公司的价值。但货币的价值与商品和股票不同，货币价值本来就应该固定不变，就应该是一个数字，是一种用来决定其他商品价格的媒介。因此，只有在商品价格体系失灵的情况下，银行的资金才会安全。其实，这也是货币的本质特征。只有货币的价值不变，商品的价格才不会改变，交易才会变得简单。要想让银行货币的价值不变，就必须使其不受各种新信息的影响，如此就不会出现有关货币价值的争论，即10美元就是10美元。但问题是短期债务很容易受挤兑的影响，而且一旦出现挤兑，债务就会变得对信息异常敏感。当债券持有人怀疑他持有的抵押贷款支持证券或担保债券的价值会贬值时，就会出现这种情况。虽然银行货币价格突然发生了变化，但并没有人知道究竟发生了什么。这其实是发生了金融危机。这种结构性的共性就是金融危机的根源。明确地说，金融危机与银行的短期债务有关，是在债权人不再需要持有银行短期债券时为安全起见，蜂拥到银行提现引起的。我们这里说的提现，是指任何形式的货币支付。

在市场经济发展的历史上发生金融危机的例子举不胜举。危机既发生在有央行的国家，也发生在无央行的国家；既发生在有储蓄保险的国家，也发生在无储蓄保险的国家；既发生在新兴市场经济体国家，也发生在发达经济体国家。抵制金融危机是一国央行固有的职能，美联储在2007—2008年就采取了各种措施来应对经济危机。而在1913年美联储成立之前，应对经济危机的职能是由私人银行票据清算所在其有限的权力范围内尽其所能履行的。

发生金融危机或银行业恐慌的重要原因是储户争相提现。由于某些事情的发生，储户的行为发生了"异常"，他们认为存放在银行的存款或其他短期债务的价值可能会下降。如果只是某家银行发生了挤兑，储户们争相提现只会威胁到这家银行的生存。而金融危机则是所有的银行都发生了储户争相提现的情况，是整个银行的系统性事件，因此就产生了"系统性"一词。一旦发生了金融危机，短期债券的持有人就会想尽办法收回其资金，银行支票的持有者就会去银行支取支票项下的款项，而私人银行券拥有者则会像美国南北战争以前那样，争相将纸币兑换成金、银等硬币储藏起来。在2007—2008年发生的金融危机期间，回购协议、商业票据以及短期债务工具的持有者还拒绝转存他们的资金。如果没有政府或央行直接或间接干预，他们甚至会大规模地抛售其持有的短期债券。

金融危机是一种系统性事件。一旦发生挤兑，所有的银行都会处于危险之中，整个金融系统也将濒临崩溃。例如本·伯南克（Ben

Bernanke）在接受美国金融危机调查委员会（Financial Crisis Inquiry Commission）调查时，在其证词（2011，354）中讲到2007—2008年的经济危机，"在雷曼兄弟公司破产后的两周内，有12家银行濒临破产"。美国在180年前发生的1837年银行恐慌的情况就与此类似。威廉·古格（1837）对当时的情况进行了描述：

> 目前（指1837年的金融恐慌），美国不仅所有的银行都破产了，就连保险公司、铁路公司、运河公司、市政府、县政府、州政府、联邦政府以及成千上万的私有企业也都处于风雨飘摇之中，这是血淋淋的现实。金银成了唯一合法的货币。无论是谁，只要他不能按时以国家法定货币支付到期债务，事实上他就破产了，尽管此刻他可能还拥有巨额的财富，而且清算一下他的资产，也可能值上百万。

从以上描述可以看出，金融危机并不只是一件坏事那么简单。相比之下，1987年股市崩盘或美国的次贷危机还称不上金融危机，因为它并没危及整个金融系统。股市崩盘本身并不会威胁到整个银行系统的偿付能力。

在金融危机中，银行短期债务（如活期存款）以及其他形式的短期债务（如回购协议）的拥有者因为怀疑银行会倒闭，就不愿意再持有银行债券，于是他们纷纷到银行提现。此外，由于储户不相信银行界的偿付能力，当他们从银行提现后总是持有现金，并不将其再转存到其他银行里。然而，过了一段时间后，当他们发现银行的信用没问题时，悬着的心才会放下来，才会准备再次持有银行的短期债务。为什么储户（或者贷款人）会从恐慌变为不恐慌？原因是他们恢复了对银行的信任。储户对银行信任度的改变就被称为"信心恢复"。"随着储户对银行信心的恢复，他们就像平常一样心平气和地持有银行短期债务。"但是为什么会出现这种情况？储户是怎样恢复对银行系统偿付能力的信心的？

本书讲述的是应对金融危机的方法。为什么要写这样一本书？难道我们不知道应该如何应对金融危机吗？我们都知道巴杰特规则（Bagehot's Rule），这是一个久经实践检验的应对金融危机的好规则。1873年，英国经济学家沃尔特·巴杰特提出了该规则。他认为，在出现金融危机时，央行应当按照惩罚性利率和凭银行提供的安全抵押物向受挤兑的银行提供流动性资金。央行的总裁们说，在上次经济危机中，他们按照巴杰特规则采取了应对措施（金，2010；德拉吉，2013；伯南克，2014a，2014b）。但是，直到目前为止，他们还不清楚为什么此规则能恢复储户的信心，或者说它确实起到了恢复储户信心的作用。人人都说遵守了巴杰特规则，难道该规则真的能对金融危机起到药到病除的作用？这真的是治疗金融危机的一剂良方吗？或者说，自1873年以来，人们真的对如何应对金融危机一无所知吗？事实上，央行向受挤兑银行提供紧急贷款的措施对抑制金融危机从未奏效过。因此，现实情况是，自1873年以来，各国央行从未从金融危机中吸取经验教训。我们知道，一旦发生金融危机，要想恢复储户的信心，央行除了采用巴杰特规则之外，还应当制定更多的应对措施。

巴杰特规则的要旨在于，央行应以较高的利率向能够提供良好资产抵押的商业银行贷款，而以高利率获得贷款的商业银行，为保持其资金的流动性，无法再向他人提供急需贷款，只能把现金支付给取款的储户，以让其他储户看到银行的流动资金是充盈的。此规则与其他规则的不同之处在于，它虽然没有明确表达，但却隐含了一个重要的问题，这就是规则中没有明确表述的重要问题，即对银行的私密进行保护的问题。巴杰特之所以在规则中没有提及这个问题，是因为他是英国人。在英国，央行对借款银行的身份是严格保密的。虽然央行对借款行私密性的保密保护了实力较弱的银行，防止了针对这些银行的挤兑，但其他无法获得央行贷款的实力也较弱的银行肯定会发生挤兑，照此下去，许多银行也都有可能发生挤兑。这种私密性的规定转移了个人和企业的视线，致使他们只关注一个关键问题，那就是整个银行系统是否有偿付能力。在这种系统性风险面前，让债权人相信整个金融系统有偿付能力才是储户重树信心的关键。

为了解金融危机，并找出相应的对策，我们将重点研究美国国民银行时期（1863—1913）的银行恐慌。这么做的原因如下。

第一，美国内战结束后，《美国国民银行法》对美国的经济产生了更为广泛的影响，这一时期属于美国金融自由时期。在这期间共发生过5次著名的银行业恐慌，其中有3次属于严重恐慌，我们可以通过研究这一时期金融系统发生的历次恐慌，从中吸取经验教训。当然，也许有人认为研究过去无关紧要，但如果不研究历史，我们还能从哪里吸取经验教训？就金融危机而言，我们可以引用马克思说的一句话来形容，那就是：历史本身总是在重演，第一次是悲剧，第二次就成为闹剧。事实上，金融危机在整个市场经济史上发生过很多次，而且都是由同一个原因引起的：短期债务。短期债务是经济运行的必要条件，但它很容易受挤兑的影响。这一点在国民银行时期表现得尤为突出。

第二，这一时期特别有意思，既没有储蓄保险，也没有央行，因此并不存在央行是否对危机干预的问题。但在当代危机中，企业和家庭都寄希望于央行或政府（财政部门）出手干预金融危机，例如，对银行债务提供担保、进行国有化或救助等。虽然危机发生的原因大多是银行的短期债务发生了挤兑，但我们事先无法察觉到它，因为人们往往相信眼见为实。这就给当代金融危机的研究出了个难题。因为公众对政府干预的期望值过高，所以有人就认为干预本身就存在着问题。此外，央行或政府对危机干预的时机不对，行动也不得力，就使得这些危机从表面看来似乎没有任何共性。在此情况下，研究人员及监管者就容易关注危机的具体细节，而忽视其基本共性。

第三，危机发生的频率并不足以让人们学习如何应对危机，或了解金融危机的本质。人们并没有认真研究以前的金融危机，并从中吸取经验教训，所以如果不全方位对其研究，就很有可能把危机归咎于多种因素，这就是我们在应对金融危机时仍强调采用巴杰特规则的原因。我们的观点是，研究一个既不受复杂的现代因素影响，又同样存在短期债务问题的时期，就可以提炼出应对危机的精髓，也可以提出一些应对危机的共同原则或准则。值得注意的是，国民银行时期的危机并不是"道德风险"或美联储的"太大而不能倒"政策造成的，我们有必要尽力找出导致金融危机的根本原因。

在美国国民银行时期的危机中，银行曾暂停短期债权人提现，也就是说，银行拒绝支付存款人支票账户下的货币。暂停支付是一种干预措施，旨在中断银行系统的流动性。尽管暂停支付是一种违法行为，但为了挽救整个银行系统（在2007—2008年危机中忘记了这一教训，后果无法挽回），在必要时需要采取这种措施。我们曾就暂停支付期间储户对银行信任度的变化做了实验，试图揭示出导致储户情绪变化的原因。

在美联储成立之前，美国并没有储蓄保险，人们只能依靠私人银行清算所来应对危机。在这些清算机构中，我们来重点关注一下私人银行组织——纽约票据清算所协会（New York City Clearing House Association）。在19世纪60年代中期，纽约已成为美国重要的金融中心，而纽约票据清算所协会是美国银行系统的中心。在美联储（即中央银行）成立之前，纽约票据清算所协会是银行业应对危机的领导者。因为纽约票据清算所协会在美联储之前曾扛起了抗击金融危机的大旗，所以研究美联储成立之前的金融历史，以及纽约票据清算所协会应对金融危机的措施及其成功经验有一定的意义。

美联储在很大程度上是模仿纽约票据清算所协会及其现有的票据清

算所（以及英格兰银行）建立的。在流动性准备金方面，美联储进行了一项重要的创新，即建立了一个永久的贴现窗口，并使其一直保持开放的状态，会员银行可以通过抵押其健全的金融工具获得贷款。美联储的贴现窗口一直是开放的，而票据清算所的紧急贷款机制只有在银行发生恐慌时才开放和运行。在过去，票据清算所曾启动其紧急贷款机制来应对银行恐慌，但效果似乎并不理想，因此人们一直希望美联储的永久贴现窗口能起到避免银行恐慌发生的作用。

但是，美联储从私人银行票据清算所的身上还是学到并保留了一些东西，如贴现窗口对借款银行身份的私密性保护，以及更广泛意义上的信息环境管理，这也是应对金融危机的一个手段。在金融危机最严重时，美联储成立前的清算所履行的职能大致与现在的美联储相同。例如，对贴现银行信息的保密，对外只公开发布其有限的信息，尤其是控制对商业银行暂时不利的信息等。对银行信息的控制有助于恢复债权人的信心。

在2007—2008年的金融危机期间，美国政府（美联储、美国财政部和美国证券交易委员会）采取了积极的应对措施。首先，实施了新的匿名短期（或临时）贷款计划，包括定期拍卖融资便利、定期证券信贷机制和一级交易商信贷机制。其目的在于保持贷款的秘密发行和借款行的秘密。借款行的名字一旦被泄露出去，就将面临挤兑的危险。政府之所以制定该计划，是因为有的银行认为美联储的贴现窗口不利于保护借款行的隐私。如果借款行的名字被泄露出去，他们就会蒙受挤兑的羞辱；[1]其次，为了防止不利于金融机构信息的泄露，美国证券交易委员会在2008年9月18日发布禁令，决定禁止797家金融机构卖空股票；[2]第三，美联储对大型银行进行了压力测试，并公布了测试结果以及各受检银行需要筹集新资本的数量；[3]第四，一些金融机构得到了有效的救助，尤其是投资银行贝尔斯登（Bear Stearns）公司和保险公司美国国际集团

（AIG）；最后，美联储将政策利率降至接近零的水平。这些措施和对不良资产救助计划的实施似乎成功地避免了一场经济大衰退。

票据清算所在应对严重的银行恐慌中制定了四项与上述措施类似的政策。首先，通过颁发票据清算所贷款凭证（Clearing house Loan Certificates）的办法进行匿名临时贷款。这些贷款属于票据清算所会员行的共同债务，并且只有在发生金融恐慌期间才适用。会员行只有向票据清算所委员会提供指定的抵押物后，才能获得贷款凭证。一旦发生银行恐慌，会员行就可以凭此凭证到其他清算所（纽约票据清算所以外的清算所）申请小额贷款，进行贷款的清算所要对借款行的借款金额保密。其次，票据清算所拒绝每周向媒体公布会员行的资产负债表。这就像卖空禁令一样，避免了实力较弱的银行暴露其风险的可能性。再次，票据清算所还在信息暂停发布期间对银行进行了专项审查（类似于压力测试），并且只公开发布有利于银行偿付能力的信息，且不加详细说明。最后，票据清算还采取了组织会员行对存款人进行有效救助的措施。票据清算采取以上危机管理措施，重塑了储户对银行系统的信心。

表1.1 国民银行时期的恐慌

恐慌时段	恐慌发生日	%Δ（现金存款）	%Δ（生铁产量）	单位美元存款损失	国民银行倒闭占比（%）括号内为倒闭数量
1893.10—1879.03	1873.09	14.53	−51.0	0.021	2.8（56）
1882.03—1885.05	1884.06	8.8	−14.0	0.008	0.9（10）
1887.03—1888.04	无恐慌	3.0	−9.0	0.005	0.4（12）
1809.07—1891.05	1890.11	9.0	−34.0	0.001	0.4（14）
1893.06—1864.06	1893.05	16.0	−29.0	0.017	1.9（74）
1895.12—1897.06	1896.10	14.3	−4.0	0.012	1.6（60）
1899.06—1900.12	无恐慌	2.78	−6.7	0.001	0.3（12）
1902.09—1904.08	无恐慌	−4.13	−8.7	0.001	0.6（28）

续表

恐慌期间	恐慌发生日	%Δ（现金存款）	%Δ（生铁产量）	单位美元存款损失	国民银行倒闭占比（%）括号内为倒闭数量
1907.05—1908.06	1907.10	11.45	−46.5	0.001	0.3（20）
1910.06—1912.06	无恐慌	−2.64	−21.7	0.0002	0.1（10）
1913.06—1914.12	1914.08	10.39	−47.1	0.001	0.4（28）

资料来源：戈顿（1988）。

其中，经济衰退指的是银行业恐慌期间的经济衰退；"恐慌发生日"是指纽约票据清算授权其贷款委员会发放贷款凭证的日期。在所有的银行恐慌中有三次最为重要，它们分别发生在1873年、1893年和1907年。接下来两栏显示了现金存款率的百分比变化情况和生铁产量的百分比变化情况，数据是按照恐慌发生日和经济最低点来测量的。现金存款率是衡量经济状况的重要指标，现金存款率的大幅上升表明了存款人对银行系统信用状况的担忧，说明人人都希望"见到现金"。尽管在恐慌期间可能会出现暂停支付，但现金存款率仍大幅上升。由于当时尚未出现国民收入核算（National Income Accounting）一词，生铁又是可以被用来制造火车轨道和其他重要商品的物品，因此历史经济学家就把生铁产量作为衡量实际经济活动的一个指标。从该指标来看，金融恐慌造成的经济衰退非常严重。即使如此，根据美国国家特许银行货币监理署（US Comptroller of the Currency for National Chartered Banks）统计的数据，除了1873年（每美元2美分）和1893年（每美元1美分）之外，恐慌给每美元造成的损失平均还不到1美分。此外，在恐慌期间，银行倒闭的数量（占银行总数的百分比）也非常少。很显然，虽然美国的经济衰退非常严重，但银行系统一旦挺过这一关，付出的代价就非常低。

系统性的银行挤兑是如何发生的？为何挤兑可能会使整个金融系统崩溃，而银行一旦挺过挤兑后，储户存款的损失并不大，倒闭的银行并不多？其实，在发生金融危机时，储户并不知道哪家银行会资不抵债，或者说，并不知道银行系统是否会崩溃。储户（或者广大的短期债券持有人）经过观察后得到的意料之外的信息只是经济衰退即将来临，整个金融系统即将面临风险。而风险集聚到一定程度，会对金融系统形成一定的冲击，并且很可能会击垮储户对银行的信心。储户们因为担心存款行会因经济衰退而违约，所以就纷纷涌到银行挤兑。此时，所有的银行都需要大量的现金为客户兑现。在国民银行时期，一旦出现了严重的金融危机，银行的第一反应就是（非法地）暂停或严格限制短期债务支付，也就是说，银行会拒绝储户提取其账户下的现金。没有现金，公司就无法向员工支付工资，无法向国家纳税，人们也就无法购买商品或服务。

一旦出现危机该怎么办？票据清算所首先采取的应对措施是对银行信息进行管理。为了让惊慌失措的储户相信整个银行系统的偿付能力没有问题，清算所首先把重点放在会员行的信息管理和抑制期特定信息的发布上。在暂停支付期间，清算所仅对外发布票据清算所总体的信息，特别是准备金盈余（相对于法定存款准备金）信息。此外，清算所也会发布通过测试（如压力测试）的会员行信息。对个别会员行的救助也属于信息管理的范畴。

票据清算所在环境信息管理的过程中还采取了一个非常重要的措施，那就是在银行刚采取暂停支付措施时，通过发放贷款凭证和保付支票的方式将会员行捆绑在一起，从而把自己变成一个单一合法的金融机构。会员行对贷款凭证和保付支票下的债务承担连带责任，意味着票据清算所有效地将所有的会员行整合成了一个大银行，一个临时的中央银行（汀布莱克，1984；戈顿，1985；戈顿，穆里尼奥，1987）。这样，清算所在对其会员行的资产整合后发放贷款凭证，就比任何单个会员行发行的贷款证券安全得多。因为票据清算所本身是一个俱乐部，所以无论任何银行，只要满足相应的条件，就可以缴费入会。但恐慌发生在单个银行中，只有会员行一致努力才能将之化解。当票据清算所大多数的贷款凭证都被清偿了，会员行也不再采取暂停支付措施时，票据清算所才会对外恢复发布会员行特定的信息。

此外，在恐慌时期，票据清算所保付支票也变成了交易媒介。因为债权人对持有支票心存疑虑，所以就出现了一个新的开放市场。在这个市场上，支付工具是以"货币溢价"的方式公开交易的，例如购买1美元的货币需要1.05美元的保付支票，5%就是溢价率。据说清算所每日都要对外公布货币的溢价率。虽然我们无法衡量人们是否已恢复了对金融系统的信任，但货币溢价就是人们信心恢复的最好体现，它也是一种市场价格。价格本身就聚集和包含了很多信息，而金融危机就是所有信息的载体。货币溢价是衡量银行系统性风险的一个重要指标，反映了人们因担心清算所破产而对现金的过度需求。[4]它关注的是银行业的系统性风险，而不是单个银行的风险。溢价率开始时很高，但随着时间的推移会曲线下跌，最终其可兑换性得以恢复。简言之，环境信息是由清算所管理的，系统风险反映在货币的溢价中。当溢价率变为零时，现金支付就恢复了。

票据清算所在对信息进行管理时，总是抑制、制造并向市场发布一些信息。现金市场就是以信息披露的价格开放的。这种不断变化的大量信息如何让储户恢复信心？也许最重要的是，票据清算所在管理信息时，总是抑制具体银行的信息，而发布清算所（现在会员行合并成了一家大银行）的信息。而新的现金市场正是反映了这家大银行（整个纽约票据清算所会员行）的偿付能力。

需要说明的是，要想使金融市场恢复常态，清算所在某个特定的时间内就必须采取一系列的行动。货币溢价率为零意味着金融市场已恢复了常态，反映出人们已恢复了对清算所偿付能力的信任，银行系统性违约风险的概率也从5%～10%降为零。当货币溢价率为零时，银行系统就没有了倒闭的风险，货币的兑换性得以恢复，清算所的经营状况也出现了明显好转。在溢价率降到零之前，票据清算所的准备金盈余（票据清算所的总储备超过了法定储备）之所以看起来比较充足，部分是因为黄金流入。因此，清算所在对银行进行专项审查时，并没有发现银行有资不抵债的隐患是可以理解的。同时，清算所对外重新发布会员行经营数据的日期也比溢价率为零的日期晚一个月。值得注意的是，在恐慌开始时为负数的银行准备金盈余，虽然在清算所恢复对外公布信息之后不一定为正数，但只要显示出有上升趋势即可。清算所这样做造成的最后结果是，几乎没有任何一家银行倒闭，清算所发行的贷款凭证也不会遭受任何损失。

在2007—2008年的金融恐慌期间，虽然美联储对外公布了它向会员行提供的各项援助情况，但并没有披露接受其援助的具体银行的名称，从而保护了"疲弱银行"的隐私，将责任和偿付能力问题推给了整个银行系统。虽然美联储有足够的资源和资金来支撑整个金融系统，但国民银行时期的纽约票据清算所是否也有这个实力是问题的关键。其实，它们二者在应对金融危机时都采取了健全的信息管理措施，即搜集信息、管理信息和发布信息等。

2　纽约票据清算所协会

票据清算所是众多银行共同发起的通过协议设立的重要的金融机构。在众多清算所中，纽约票据清算所协会在美国的经济发展过程中起着举足轻重的作用。宾夕法尼亚州最高法院这样定义"票据清算所"：

> 票据清算所是一个……设置精巧的机构。每天会员行都在同一个时间来到同一地点进行相互结算和交割，它的设立有利于简化和方便银行的工作流程。在实践中，清算所也是设在某个城市的所有银行代表开会的场所。而且，在经其选举产生的委员会或官员的监督下，各银行都可以来这里进行相互的账户结算、支付或余额接收，以"清算"当日交易。

（科瑞帕里斯公司诉第四街联邦银行案，克莱斯，1896，578）

有作者在其著作中对票据清算所进行了这样的描述：假如镇上有两家银行。为方便讨论，我们就用过去的银行名称来命名它们，一家为化学谷物交易银行（Corn Exchange Bank），一家为卜奇尔德罗弗银行（Butcher's and Drover's Bank）。在日常工作中，它们都会开立许多支票，有些支票是化学谷物交易银行开立的，有些支票是卜奇尔德罗弗银行开立的。假如有一个店主收到一张化学谷物交易银行开立的支票，而他在卜奇尔德罗弗银行设有账户，店主则不必把支票拿到化学谷物交易银行去兑现。相反，他把支票提示给他的开户行卜奇尔德罗弗银行即可。卜奇尔德罗弗银行再把支票提示给化学谷物交易银行付款，化学谷物交易银行见票后再将款项贷记到店主的账户上，这就是"清算"。在这里，卜奇尔德罗弗银行充当的是中间行的角色。

每天，化学谷物交易银行都会持有以卜奇尔德罗弗银行为付款人的支票，反之亦然。有一种方法可以清算化学谷物交易银行持有的以卜奇尔德罗弗银行为付款人的支票，那就是化学谷物交易银行派员带着支票到卜奇尔德罗弗银行去收取或支付现金，此人就被称为"走道提款员"（Walk Clerks）。走道提款员必须随身携带现金，以备不时之需。在取到现金后，他就会将现金带回化学谷物交易银行。与此同时，卜奇尔德罗弗银行也会如此操作。随着银行数量的增加，这样的结算就显得非常麻烦。因为所有的银行都得派"走道提款员"到其他银行去，而且还必须随身携带大量现金。

可以想象，这种结算有多么复杂。罗伯特·霍兰德·马丁（1910，268-269）在其撰写的一篇有关华盛顿美国国家货币委员会的文章中写道：

> 由于伦敦银行数量众多，这种清算方法显得越来越笨拙，于是在1770年，来自伦敦市区和伦敦西区银行的走道提款员们就在伦巴第街多夫法院旁的一家名为"五铃"（Five Bells）的酒店举行了一次午餐会，商定每天午餐后来这里交换票据，余额以纸币和现金结算。于是，一个粗略的支票清算系统就此建立了。票据结算方式发展迅速，结算规模令人吃惊，走道提款员们就在酒店里专门租了一个房间，以供会面和交换票据。据记载，在1777年，就有33家银行

来此结算。

街道巷尾都在流传着这个故事，虽然难以辨定其真假，但它确实诠释了票据清算所的起源。

斯夸尔（1888，9-14）就每天早上各银行都派员来清算所进行交易的情况进行了描述：

> 交割员站起身来，将票据和收据送到下一个柜台；结算员收到后，按照票据记载把交易行的名称填在结算单上，就这样，交易一直持续到所有银行的票据都被处理完毕后，交割员才返回自己的办公桌……十分钟后，结算员开始制作结算单，上面记载着交易行的名称、所提交的票据种类和款项应收付款总额……然后，他再把从各行收到的材料汇总，并制作一张借记单，送交给总台验证员……约半个小时后，总台就告知客户，他的差额报告单出来了……下午三点钟，交易所所有的交易才算完成。

随着结算业务的发展，为规避日常携带现金或金属货币所产生的风险和费用，银行代表之间的现金或金属货币直接交付发生了演变。取而代之的是，票据清算所设计了一种结构性产品来持有会员行的存款（清算余额），并以向会员行签发等值且可以凭之取现的凭证作为交换条件。而且银行间也可以通过这些凭证进行结算。吉本斯（1859）、斯夸尔（1888）、坎农（1910a）和萨尔（1916）对整个清算过程进行了更为详细的描述。这些凭证与我们稍后讨论的恐慌期间发行的"票据清算所贷款凭证"并不相同。

纽约票据清算所协会成立于1854年6月6日，其章程也于即日在成立大会上获得通过（参见吉本斯，1859，296-302）。清算所成立的根本原因在于当时活期存款交易量的迅速扩大，在一些大城市更是如此。[1]纽约银行的数量也从1849年的24家增至60家，这就使仅靠银行职员进行清算的成本变得非常高。而建立票据清算所的想法也并非美国银行界的心血来潮，票据清算所的历史最早可以追溯到1773年的伦敦票据清算所。阿尔伯特·加勒廷在1831年的著作中也向美国联邦政府提出了"关于若干州立银行暂停金属货币支付"的建议。

随着对有利于维持其机构完整性相关政策的了解，票据清算所协会也在不断地完善其章程。例如，清算所委员会（Clearing House Committee）要求会员行向清算所协会提交"足够数量"的证券，以使其免受外来威胁。它还要求会员行提供额外的抵押资产，以应对意料之外的重大支付风险。此外，清算所委员会还在业务运作上进行了探索，成立了票据清算所贷款委员会（Clearing House Loan Committees），并授予该委员在紧急情况下发放贷款凭证的权力。[2]

向清算所提供抵押物和"足够数量"的证券，以及我们将要谈到的对会员行提出提交财务报告的要求，都是清算所采取的应对会员行清算风险的措施。例如，在清算过程中，一家银行可能欠另一家银行一大笔净额，而债务行又无法支付，这就是交易对手风险（Counterparty Risk），即交易对手不能支付所欠款项的风险。因为这些净风险敞口可能会继续增大，所以会员行就有必要相互监督。而且，会员行也是监督执行人的最佳人选，因为外部人士（即市场参与者）根本就无法对银行进行监督。在清算过程中，交易对手风险的存在是银行之间相互监督的原因之一。而且，由于取消走道取款员式的结算方式能大幅降低经营成本，会员行都不希望因不遵守规则而被赶出清算所。

下面我们将聚焦19世纪美国金融中心和纽约票据清算所协会的所在地纽约。在1873年的恐慌发生之前，纽约虽然仅有7家银行（全国共50家），但却持有全美70%到80%的银行存款（净余额）（斯普瑞格1910，17）。按照斯普瑞格（1910，15）的说法，"这7家银行在履行国家信贷机构功能方面的表现令人满意"。斯普瑞格（1910，126）还在其著作中引用1889年、1890年和1891年的《美国货币监理署年度报告》（*Annual Reports of the US Comptroller*）称，在1890年，美国共有3438家银行，除3家以外，其余全部向纽约市的银行开立汇票，且占美国银行汇票总额的61.3%。[3]纽约票据清算所经理坎普（Camp，1892，686）也讲述道："在1884年的恐慌期间，有位杰出的银行总裁在清算所协会的一次会议上声称，纽约票据清算所在美国的影响力已远远大于英格兰银行在英国的影响力。那些经历过恐慌的人恐怕都会同意我的观点。"

虽然纽约票据票据清算所协会成立于1854年，并通过了《票据清算所章程》，但我们还是重点关注一下1863年至1913年国民银行时期。在1863年，美国国会通过了一系列法案，开启了美国国民银行时代。法案赋予国有银行以纸币发行权（由美国国债支持），纸币很快就成为美国的主要交易货币。这样，新的银行系统取代了原来那种在国家监管下银行自主发行货币的银行系统。此外，国家还对银行实施了特许经营管理。由于国家对纸币发行征收高额的货币发行税，私人银行发行银行券的现象消失了。

信息以及支票的结算过程

支票结算也存在着交易对手风险。尽管银行每天都在进行支票清算，但每家银行都可能积累了大量由特定银行支付的债权，比如说化学谷物交易银行最后终于走到了无法对外兑付的地步。其实，不管何时，债务问题对任何会员行来讲都是一个非常重要的问题，都隐含了大量信息。为了了解支票的风险来源，找到相应的应对措施，我们认为，应采取新的方式对支票进行结算。

在活期存款流行之前，银行货币的主要形式是私人银行发行的银行券。那时，票据结算过程与支票结算过程还存在着较大的差异，这一差异使支票在结算过程中的优势日趋明显，从而改变了银行间、银行与公众间的信息需求和信息机制。

在自由银行时期（Free Banking Era），银行券是由个别银行印制和发行的。一方面，印制银行券是某些银行的权利，与普通民众并无多大关系；另一方面，普通民众和银行在使用支票时必须承担相应的义务，即个人必须把钱存入开户行，开户行再把钱转入受票人银行，而银行券的结算则不必经过银行，只需通过市场即可。由此可以看出，银行券并不是"最终支付货币"，即法律上认可的债务清偿货币。而最终承担支付货币功能的通常是硬通货币，尤其是黄金。当持票人向出票银行出示银行券时，可获得等值面额的黄金。假如有位店主收到了一张10美元的银行券而不是支票，那么这张银行券就是发行银行的债务，而不是店主开户银行的债务，店主就不必把这张银行券存入其开户行。相反，他可以把银行券卖给经营银行券的票据经纪人。

在银行券市场上，10美元纸币的价值可能就不值10美元。如果银行券发行银行的位置比较偏僻，它发行的银行券卖价就可能比较低，或许只能卖9.9美元。这样，10美元的银行券就有10美分的折扣，或者说1%的折扣率。这一折扣是将银行券退还给发行银行的成本，以及当票据经纪人向发行银行兑换银行券时发行银行没有硬通货币（黄金）的风险成本。票据经纪人在票据市场上的运作方式与如今券商在股票市场的运作方式大致相同。由于票据经纪人经营着很多银行券交易，他们对银行券市场的价值就会更敏感，比一般的纸币持有者更有信息优势。

商店的店主会通过报纸或《银行券报告》查看银行券的折扣率，就像我们平常查询那样。如果店主收到了一张10美元的银行券，假如折扣率为1%，他只会给你价值为9.9美元的商品。这主要是因为银行券市场确定了商品的价格（折扣），并且披露了有关发行银行的信息。而票据贴现就属于发行银行的风险信息（戈顿，1996，1999）。但是，尽管贴现率可以为人们提供大量的发行行信息，但由于人们对票据的价值存在争议，这就使银行券很难担当起交易媒介的作用。

在银行券市场上，交易对手风险是由银行之外的做市商（Market Maker）承担的。在店主把纸币卖给经纪人，收到了扣除折扣后的款项后，如果经纪人在向发行银行兑换银行券时未能收到票面下的全部金额，那么票据经纪人就要承担该项风险。而活期存款清算则与此相反，交易对手风险是由其他银行承担的，这种结构上的变化非常重要。在票据清算系统中，清算所会员行有强烈的动机来监督（或互相监督）其他银行和筛选新会员。而潜在的交易对手风险损失是清算所在执行上述规定的基础上产生的。在上述规定中，清算所要求其会员行在经营状况不好的情况下提交额外的证券做抵押，这也是票据清算所对该银行审核的基础。我们将在下文对此深入探讨。

在支票成为交易的主要手段后，银行券市场那种清算方式就行不通了。个人和公司开出的支票数量并不足以支撑经纪人的交易。况且每张支票的金额也有所差异，这就要求支票清算必须在票据清算所内进行。但信息定价、不同银行的差异性贴现率以及一些其他重要的信息都不存在了，银行以外的市场再也无法约束银行，也无法给实力较弱的银行定更高的贴现率。贴现率是不可见的，没有人能从贴现率上看出地处偏僻地区的银行实力比其他地区的银行弱。银行投资组合和银行本身的价值也变得模糊不清。

正是这种不透明性，才使清算所承担起了对其成员银行监管的职能，也使它充当了央行的角色。

银行及其不透明性

为促进交易，银行会向私人发行短期贷款，这就是银行的产出。如果货币能够按照票面平价进行交易，就证明货币是有效的，也就是说，交易是按照票面价值支付的，货币的价值并没有像人们所说的银行券那样有折扣（戈顿，彭纳基，1990；党、戈顿，霍姆斯特罗姆，2013）。党、霍姆斯特罗姆和欧多尼兹（2012）认为，由于银行具有不透明性，因此它所持有债务的价值不会波动。这种非波动性（固定名义价值）特点正是银行债务可以作为货币使用的原因。但是为了保持银行债务平价，清算所就不能向外泄露有关银行的信息。由于有效的私人贷款并不涉及折扣问题，资金的相对价值之间并不存在争议。当银行券市场消失时，银行的不透明性也就不复存在了。但是银行股票的价格是怎样的呢？

由于股票价格反映信息，当银行股价急剧下跌时，就表明银行的经营状况不佳。此时，该行发行的货币也可能会再次出现折扣现象。国民银行时期的银行家们也谈到了这一点。例如，在1910年，有位银行家评论道：如果公众对银行股的看法与对非银行股的看法一样，那么，当银行股价格大跌时，就会出现银行挤兑（《银行家杂志》，1910年9月：337）。这或许可以用来解释为什么银行分红较低，而股价较高的原因（如，它们并没有送股、配股）。那时，富人投资者往往更青睐银行股（见《银行股票投资》论坛：1925.07.06）。在国民银行时期，银行似乎是在故意使其股票高度缺乏流动性来抑制披露其信息。也就是说，银行是在刻意隐瞒那些通过股票频繁交易可以泄露出来的信息。[4]

无论何种原因，在国民银行时期，银行股都没有"大量交易"（奥沙利文2007，517）。在美国内战爆发前，银行股是在纽约证券交易所上市的，但后来因为流动性太低而变成了场外交易（奥沙利文，

2007，517-518）。这一现象与戈茨曼、伊博森和彭（2001）的研究结果完全吻合。在研究股票市场时，这3位学者收集了1815—1925年间活跃于纽约股市的股票价格数据，这些数据是迄今为止能搜集到的国民银行时期最全面、最详尽的股票价格数据。内战后的股票价格数据大多来源于《纽约时报》（*New York Times*）和《纽约先驱报》（*New York Herald*）。戈茨曼等人（2001，6）写道："在1815年，银行和保险公司之间的股票价格指数基本相同。在19世纪50年代，银行、运输公司（主要是运河和铁路）和保险公司的股票价格指数是最常见的，但是到了1925年，保险、银行、采矿和公用事业公司的股票价格指数几乎从股市中消失了。"[5]

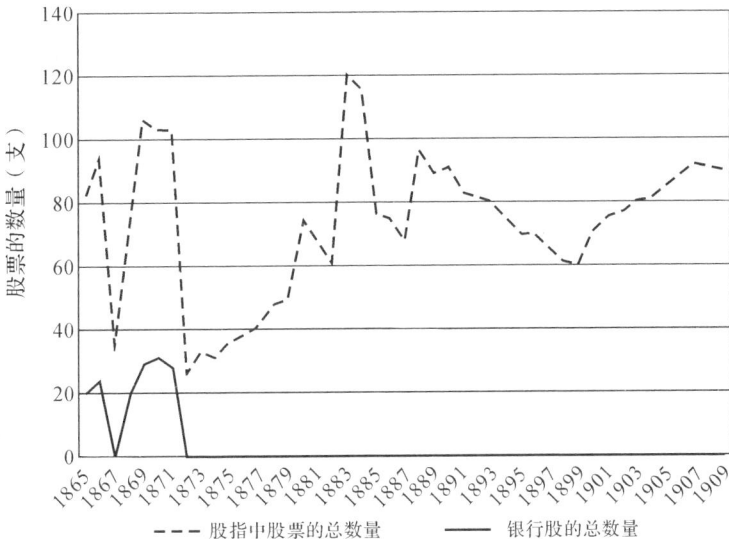

图 2.1　纽约股票市场，1863—1909 年

资料来源：戈茨曼等（2001）。

　　图2.1显示出戈茨曼等人统计的伦敦股指中股票的总数量以及银行股的数量。令人震惊的是，在1872年以后银行股消失了，这与奥沙利文的

研究结果不谋而合。根据奥沙利文（2007，495）的研究，1885年在纽约证券交易所进行交易的股票，81%都是铁路股，并没有金融、保险、房地产股票上市。这些数据来源于《金融评论》和由纽约统计公司汇编的股票交易手册《统计手册》。据《纽约论坛报》（*New York Tribune*）称，银行股的股性"十分活跃"。但是从1891年5月1日的交易来看，上市公司西方银行（Western Bank）的股票当日只交易了两次，而大陆银行（Continental Bank）的股票只交易了一次。

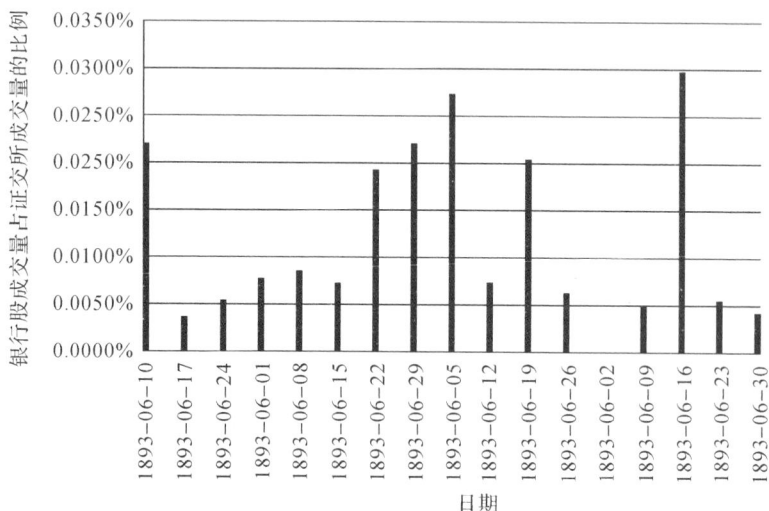

图2.2　1893年恐慌：银行股的成交量与纽约证券交易所的成交量
资料来源：纽约证券交易所；戈茨曼等（2001）

在纽约股市，银行股的成交量也很低。如图2.2所示，在1893年的恐慌期间，银行股的成交量相较于股票总的成交量差异极大。[6]在内战前，银行股是否有成交量、是否披露信息并不重要，因为银行券的贴现率已经向人们泄露了银行的信息（参见戈顿1996，1999）。但是，为了保持活期存款的平价，股票市场也有必要抑制个别银行的风险信息。[7]在国民银行时期，银行股票价格信息的缺乏使短期债务的正常交易不具透明性。而纽约票据清算所协会的会员则需要了解其他会员行的信息，以评估交易对手的风险。

清算所的银行审查

鉴于银行的不透明性和清算过程中交易对手风险的存在，票据清算所有必要对所有的会员行进行监督和审查。于是，纽约票据清算所协会就承担起了对其会员行进行例行审查的责任。《票据清算所报告》（1873，16）对此做了如下陈述："本市任何值得公众信赖之银行，均得以成为票据清算所协会正式会员。清算所会员行有对不能通过信贷必要审查的其他会员或个人拒绝提供任何特别支持的权利。"值得一提的是，在1884年的恐慌后（1884年5月16日），纽约票据清算所对其成员审查的权力在1884年6月4日通过的《纽约票据清算所章程》修正案中做出了明确的修改："票据清算所委员会为协会之利益，无论何时皆有权对所有成员银行进行审查，并要求其提供委员会认为的足以保障结算数额及性质的证券做抵押。"（7）此外，博尔斯（1903，379）还写道：

> 该协会最重要的特点之一就是对每家申请入会的银行进行审查，并始终对其保持监控。而且会员行之间都有着直接的利害关系，它们都不希望为资不抵债的银行所开立的支票承担兑付风险。因此，不管何时，一旦有任何理由怀疑其会员行的偿付能力，票据清算所委员会有权对其审查，以查明事情的真相。而且，此审查绝非逢场作戏、虚与委蛇，而是尽可能地查明事情的真相。如果发现哪家银行经营状况确实不佳，委员会将会对该银行采取必要行动，或将其逐出清算所。事实上，没有任何一家银行愿意退出清算所协会，因为它一旦退出，就会备受指责。成员银行都知道退出意味着

该行将不再值得信赖。如果哪家银行在此情况下被逐出清算所协会，无疑就等于关门大吉。

劳克林（1912，178）根据芝加哥和圣路易斯票据清算所（Chicago and St. Louis Clearinghouses）银行的审查报告，对清算所的审查过程做了如下描述：

> 在未经事先通知的情况下，主审人及其助手可以自主决定进入任何银行或信托公司进行审查。被审查单位必须向其提供必要的信息、文书及资料，就像对待国家或州立银行的审查那样。审查完毕后，主审人会出具两份审查报告，对审查情况进行陈述，包括被审查单位否有足够的现金流全、逾期未支付票据、坏账（如果有）、到期应付金额、背书的票据或担保金额、往来企业的逾期贷款、以优质而不是劣质资产体现的所发行的债券及其市值、资本、盈余、未分割利润等情况。换句话说，主要审查其公布的报表内容是否属实等。最后，对银行的状况进行完整陈述，并根据其独立判断，提出有利于银行业务稳健发展的建议。

如果被审查银行不听取报告中的建议，票据清算所有权暂停该行业务或将其驱逐出清算所。吉本斯（1859，19）强调道："委员会调查的通常是该行的注册资本是否为实收资本和它是否值得信任的问题。如果委员会发现被审查行在这些方面出现了问题，就会出具对它不利的报告。清算所在会员行中具有极高的威信，它出具的审查报告对被审查行即使不是致命的一击，也是打击沉重；另一方面，如果委员会出具的报告对被审查行有利，那么该行在行业中的形象就会变得高大起来。"

其实，票据清算所审查的结果并不对外公布，这与我们前面谈到的其信息管理功能是一致的。[8]虽然票据清算所会员行应该了解其交易对手

的情况，但公众并不需要了解银行的具体信息。博尔斯（1903，379）
写道："纽约票据清算所协会对会员行的监督到底达到何种程度，公众
永远是不会知晓的，因为协会保护行业最好的办法就是对大部分信息
保密。尽管票据清算所对问题行进行了审查，也发出了警告，但公众对
此仍一无所知，然而，作为清算所的会员行，它们之间的彼此了解要
比非会员深得多。使会员行相互了解彼此的真实情况是清算所的一大
优势。"

虽然银行也接受各州及联邦审查员的审查，但史密斯（1908）认为
这一时期政府对银行的审查与票据清算所的审查相比是"有缺陷的"。

> 政府和各州任命的审查员虽尽其所能，但工作起来仍然面临着
> 许多只有采取新方法才能解决的困难（即由票据清算所任命专项审
> 查员）。因此他们对银行的审查并不能像票据清算所那样彻底……
> 像一家公司同时向几家银行（包括国家银行和州立银行）借款的情
> 况，只有清算所的审查员才能审查出来，因为他了解借款人和银行
> 之间的关系。实际情况是，每家银行可能都在向这家公司提供贷
> 款，如果该公司不再向其他行借款，这些贷款就是安全的。但它一
> 旦出现了问题，所有的银行都会蒙受损失。（177-178）

平时专项银行审查

票据清算所也对会员银行进行专项审查，以消除有关银行经营不
善的谣言。1871年12月，票据清算所在正常时期启动了一项专项审查，
以打消人们对联邦国民银行（National Bank of the Commonwealth）的顾
虑。在《纽约票据清算所会议纪要》（以下简称《会议纪要》）[9]中有一
条记录记载如下："由于担心储户受联邦国民银行经营不善谣言的蛊惑

而引起挤兑，票据清算所主席立即召集所能到场的票据清算委员会委员在联邦国民银行举行了会议。现场对该行的经营状况进行了审查，并于次日早晨将审查结果公布于《城市报》上。"（《会议纪要》，1871年12月14日）

另外一条《会议纪要》讲述了清算委员会于1881年11月对商人国民银行（Tradesmen's National Bank）的审查情况：

> 由于不利的谣言对商人国民银行的经营状况产生了影响，票据清算所委员会于今天下午三时在该行召开会议，旨在审查其经营状况。
>
> ……发现其资本金并未受到影响，兹证明如下：
>
> 纽约票据清算所协会下属清算委员会今日对纽约商人国民银行进行了审查，发现该行经营状况良好，其资本并未受到损害。
>
> 此凭证是通过媒体向公众发布的，公众的兴奋情绪及不信任感得以迅速缓解。
>
> （《会议纪要》，1871年11月14日）

负责审查银行的清算委员会通常会向被审查行出具上述证明，以利于其对外公布对该行有利的审查结果。但是证明中并不会记载审查详情。上述商人国民银行的例子之所以有意思，其原因在于清算委员会并没有对外公布具体的审查情况，而具体的审查细节似乎更重要。清算所委员会1881年11月19日有关商人国民银行的《会议纪要》是这样描述的：

> 委员会发现该行有许多地方都不能令人满意。在审查完毕后，他们觉得有责任向纽约商人国民银行的管理人员说清楚他们对该行资产和证券的缺陷、不适当和轻率的大额贷款及其对自身股票和其

他股票的投机性投资的看法。并向该行发出警告，如果该行在管理上不加以改进，灾难必将会到来。

（《会议纪要》，1881年11月19日）

如果这些带有"不当"和"轻率"语言的信息被泄露出去，该行很可能会遭受挤兑。《纽约票据清算所协会会议纪要》就记录了许多专项审查的案例。[10]一般来讲，除正常审查外，纽约票据清算所协会还对会员进行专项审查，目的在于审查其会员是否合格，以防止会员行受一些不利谣言的影响。在非恐慌期间进行专项审查，旨在发现会员行有无欺诈行为、是否存在破产隐患或证实其偿付能力，并对外公布证实结果。

必须向公众披露的会员信息

尽管清算所没有向公众披露其审查细节，银行股交易也不活跃，且公众对其信息知之甚少，但清算所必须遵守纽约州的法律规定，向公众公布一些银行的特定信息。吉本斯（1859，322，325）讲述了法律的具体要求：

> 法律[11]要求纽约市各银行"在每周二早晨必须在纽约市的报纸上发表一份总裁或财务主管声明，对下周的平均贷款与贴现率、硬币、存款和货币流通量进行说明"。……只有当票据清算所的记录非常完美，提供的分析和检测的手段毫无争议时，才能向公众保证这些声明的正确和完整性。

《纽约票据清算所协会章程（1903年）》第16条规定，"纽约票据清算所协会所属会员行每周必须向协会管理人员提交一份经营状况说明，以供公布，内容应包括平均贷款与贴现、硬币、法定货币、存款和货币流通量。此外，也必须说明其资本及净利润情况"（坎农，1910a，158）。根据会员行每周资产负债表中的信息，纽约票据清算所就能够合理及时地了解会员行的经营状况，并对它们的日常清算活动提供支持。此外，清算所还对会员行的每日分类账目进行监控，以在其交易偏离轨道时予以及时提醒。

总结

本章首先简要讲述了短期银行债务如何成为主要的交易手段。然后，就早期的短期银行债务（私人银行发行的银行券）是如何通过最终支付媒介（金属货币）得到了清算进行论述，并简要概述了银行银行券清算相关的信息要求。银行券并不能按其平价进行交易，所以银行券的交易成本相当高。银行券不能按平价交易的原因在于私人票据市场信息的公开，使市场的参与者（主要是票据经纪人）对实力较弱的银行发行的银行券进行折价购买。私人银行发行的银行券有风险，所以银行券发行银行也无法以等额的金属货币对其收购，由此银行券持有者承担的风险也很大。在大多数情况下，票据经纪人是风险的主要承担者，但有时也可能是普通的银行券持有者。在这种清算方式中，如果银行无法以金属货币回购银行券，那它承担的风险并不大。

在传播银行歧视信息的源头市场消失后，银行支票就成了交易支付的主要形式。私人银行发行的银行券遂被美国财政部发行的由国债支持的全国通用货币所取代，而任何发行货币的银行都必须这样做。这就导致所有国有货币发行银行都以货币平价进行交易。银行支票账户存款交易也是如此，由此交易账户就成为货币的有效形式，但清算所必须考虑支票清算制度的变化。而银行支票账户的使用也存在着付款行无法支付的风险，这种风险就是交易对手风险的一个示例。

　　清算中固有的交易对手风险成为清算所会员行相互审查和监督的动因，这种自我监督激励机制有利于提高银行恐慌期间清算所的工作效率。在下文我们将就此展开讨论。

3　恐慌伊始

　　与2007年一样，在19世纪也发生过几次不同寻常且令人不安的金融危机。但在危机开始时，人们很难判断这场灾难是预示着恐慌的开始，还是会陷入长久的恐慌，或是像茶壶中沸腾的水一样最终会归于平静。尽管在2007年的第一季度或第二季度恐慌就已经开始，但大多数观察家认为，恐慌始于2008年9月雷曼兄弟银行（Lehman Brothers Bank）的破产。[1]雷曼兄弟银行的破产给美国经济造成了巨大的动荡，人们普遍认为这次事件是金融危机的导火索。在雷曼兄弟银行破产后，人们才意识到了事态的严重性，于是呼吁国会出面应对银行恐慌。事实上，在国民银行时期也存在着同样的问题。在那个时代，有的观察家认为大型金融公司的破产是恐慌的开始，也有人认为它是金融危机爆发的诱因，就如同大家对雷曼兄弟银行的看法一样。其实，大型金融公司的破产通常是恐慌造成的结果，而不是造成恐慌的原因，但是它们一旦破产就会给经济造成重大的影响，人们便经常将其视为恐慌的导火索。在本章，我们将就恐慌和金融危机的若干问题进行全面探讨。首先，我们知道，要想确定恐慌何时开始，确实是个比较困难的问题。既然纽约票据清算所并没有宣布暂停支付，那么大多数银行为什么要这样做？还有一个问题，那就是造成恐慌的原因是什么。

虽然在恐慌之前就已经发生了许多错综复杂的事件，但随着事态的发展，人们最初还真的理不清它们是否属于真正的银行恐慌。国民银行时期发生的第一次比较严重的银行恐慌——1873年的恐慌就是很好的例子。1873年9月19日，《纽约论坛报》头版刊登了一篇名为"金融霹雳"（"A Financial Thunderbolt"）的文章。该文报道了杰伊·库克公司于昨日在费城破产的消息。文章写道："杰伊·库克公司（Jay Cooke and Company）倒闭的消息迅速传遍全国，并引起了极大的骚动……联合信托公司（The Union Trust Company）的储户们……惊恐万分，纷纷涌到营业窗口前要求提现。于是，银行不得不向储户支付大量的现金。"这是恐慌的开始吗？有的时候的确是。例如，就在此事发生两天以后，即1873年9月20日，在《商业与金融纪事报》（Commercial and Financial Chronicle）上刊登的一篇文章写道："上周报道的因纽约仓储保安公司（The New York Warehouse and Security Company）破产引起的骚乱事件，当时并没有人认为它具有普遍意义。但就在本周，我们的货币市场发生了有史以来最严重的金融危机……华尔街及其附近地区的危机最为严重。第四国民银行（The Fourth National Bank）和联合信托公司（The Union Trust Company）发生的挤兑事件更是火上浇油。"（382）虽然《旧金山纪事报》并没有提到杰伊·库克公司的破产事件，但却提到了另外一个不太大的破产案。该报认为，这些事件都属于"有史以来最严重的金融危机"事件，似乎都是由银行挤兑引起的。事实上，大规模银行挤兑事件的发生已非常明显地表明这些事件就是金融危机。

一般来讲，虽然恐慌发生之前会有一些经济混乱迹象，但它的到来十分突然，且具有灾难性。斯普瑞格（1910，33）曾指出："危机的爆发似乎总是令商界始料不及，1873年的危机也不例外，并且它爆发的速度快得令人震惊。"然而，对纽约票据清算所的银行家们而言，还是很难判断他们目睹的事件是否属于恐慌。虽然第一份贷款凭证签发于1873年9月20日，但是9月17日《纽约时报》的一篇报道说明了恐慌突然爆发这一事实。有报道称："华尔街的货币和股票市场并没有出现令人兴奋的消息，这严重打击了公众的信心。"（2）相比之下，《纽约论坛报》虽然在9月18日的头条报道了布鲁克林信托公司（Brooklyn Trust）向铁路公司提供的80.4万美元不良贷款被挪用的消息，但在17日和18日的报道中并没有提到财政困难问题。仔细回顾一下过去就可知，1873年9月18日杰伊·库克公司的破产就强烈预示着一场严重金融危机的到来。

金融霹雳
杰伊·库克公司停牌——股票暴跌

触目惊心的金融灾难——费城伟大的政治银行家的破产——费城和华盛顿分公司的倒闭——北太平洋铁路的暂时瘫痪——另外两条铁路因资金短缺而停修——理查德·谢尔公司的破产以及联合信托公司（Union Trust Company）纽约分公司（共和国的金融票据清算所）的挤兑。

昨天，最著名的银行杰伊·库克公司以及最著名的股票经纪公司理查德·谢尔（Richard Schell）和鲁滨逊&苏达姆（Robinson & Suydam）的破产在美国引起了轩然大波。在过去的十天里，金融界的急剧动荡最终引发了一系列灾难，并迅速蔓延至全国。杰伊·库克公司的业务遍布美国许多重要的城市；总公司被迫关门后，它设在费城和华盛顿的分公司及其最后成立的第一国民银行也被迫停业。（《纽约论坛报》，1873年9月19日）

此次危机与2007—2008年的危机一样，很难判断所发生的一些令人不安的事件是否意味着金融危机的全面爆发。这一难题诠释了以下几个重要问题：首先，只有当人们普遍认为持续运行的金融系统处于危险之中时，如今的央行、政府、财政部和以前的票据清算所采取的行动才具有合法性；其次，当债务合同规则发生了改变，债务合同违约现象大量出现时，人们才认为发生了金融危机。正如我们将要在下文讨论的，从美国建国到经济大衰退这段时间里，这种现象非常普遍。大多数经济学家对这段历史不甚了解，而了解这段历史的经济学家又没有直接参与政策的制定，所以2007—2008年的金融危机给我们造成了极大的危害，我们将在下文对此展开讨论。最后，虽然带领全国银行界抗击金融危机的纽约票据清算所从未宣布过全面暂停支付，但随着事态的发展，从银行接二连三地暂停支付业务，最终发展到了全面停止支付，本不该发生的事情还是发生了。当几乎所有银行都采取暂停支付措施时，毫无疑问，金融危机爆发了。

暂停支付

暂停支付（又叫支付限制或支付部分中止）是指银行拒绝兑付储户活期存款合同项下的款项。按照合同规定，银行有义务以法定货币（现金）兑付银行债务。这种暂停支付类似于战前国民银行时期的银行券发行行见票后暂停支付黄金。虽然暂停支付是应对严重银行业恐慌的一种措施，但这种行动具有一定的破坏性，它会增加银行的交易成本，引起人们对金融市场的怀疑和担忧。只有在必要的情况下，有关机关才能实施暂停支付。尽管司法机关从未对实施暂停支付的金融机构进行处罚，但它的确是一种违法行为。事实上，在美联储成立之前，由于暂停支付有助于平息事态，它在纽约还是颇受公众欢迎的。即使美联储成立后，富兰克林·德拉诺·罗斯福（Franklin Delano Roosevelt）总统宣布的另一种暂停支付措施"银行假日"（Banking Holiday）与此也十分类似。

虽然罗斯福总统的"银行假日"缺乏充分的法律依据，但现在看来，它确实具有一定合法性。尽管法律上并没有规定"暂停支付"和"银行假日"，但它并没有妨碍这些措施的出炉。这充分说明了应对危机的关键所在：在市场经济中，无论官方机构还是私人机构，似乎总是能找到拯救金融系统的办法，无论是暂停支付、银行假日、银行债务全面担保、国有化还是紧急救助都是如此。

纽约票据清算所协会、当前决策者和研究人员都面临着一个同样的问题，即事件发生在什么时间节点上才算金融恐慌。我们可以给银行恐慌下这样一个定义：银行恐慌是指银行系统中众多或全部债权人突然要求银行将其债权转换为现金（按平价），以至于银行暂停支付的情形。在美国，票据清算所还可以发行票据清算所贷款凭证，对银行进行救助。稍后我们将讨论这个问题。我们通常把票据清算所贷款凭证的发行日期视为恐慌的开始日期。[2]

从理论上讲，在发生严重恐慌时，银行必须采取暂停支付措施。因为此时银行的贷款已无法转售，它又不得不尽其所能将现金支付给取款的储户，这就等于宣布自身破产。如果它能侥幸存活下来，那就证明它的偿付能力还是比较强的（戈顿，1988）。然而在恐慌过后，几乎所有的银行竟然都奇迹般地存活了下来。在第9章我们将就这一情况对纽约票据清算所会员行进行调查。奇怪的是，在2007—2008年的恐慌期间（或许是银行忘记了暂停支付这一古老的习俗），并没有发生暂停支付。有人从市值计价会计法的角度讨论了使用暂停支付对银行资产市值的影响。他们认为暂停支付会逐渐蔓延开来，并引起社会的广泛关注，造成人们纷纷抛售其持有的债券，从而引起银行资产的贬值。虽然市值计价会计法旨在抑制有关银行的资产信息，杜绝资产抛售情况发生，但实际上并没达到这种预期的效果。在2007—2008年的金融恐慌中，金融公司为了向储户支付，不得不低价出售资产，并由此陷入了困境，但其资产价值并没有降低，原因是银行的资产是按市值计价的。其实这正是银行实施暂停支付措施的初衷：强制出售非流动性资产。值得注意的是，在1893年的恐慌中，带头抗击危机的纽约票据清算所从未宣布全面暂停支付。诺伊斯（1894，26）写道："众所周知，纽约票据清算所的一些会员行确实实施了暂停支付。实际上，银行之间并没有采取任何正式或协调一致的行动。"为什么纽约票据清算所从来没有宣布暂停支付？其实，纽约票据清算所并不知道少数几家银行的暂停支付会演变成一场蔓延全国的恐慌。如果知道这些事件会导致那么多的银行发生大规模挤兑，纽约票据清算所就会为应对金融恐慌事先授权其贷款委员会发行更多的清算所贷款凭证。

金融危机中的事件是纷繁复杂的。它们有时会演变成一场普遍的挤兑，有时不会，这就意味你无法证实它是不是银行恐慌或金融危机。也就是说，你无法在合同中对它进行界定，并在合同的条款中进行规定。原则上，你可以与银行签订活期存款合同，并规定储户有权在银行营业期间随时提取现金，但在银行恐慌期间除外。但是，"银行恐慌"的定义比较模糊，怎么在合同中界定它？例如，我们前面曾提到过恐慌的定义，它就包含有短语"众多或全部银行"。但是"众多"是什么意思？两家银行算众多吗？事实上，判断一个事件是否属于恐慌事件的决定权还是应该留给纽约票据清算所。当纽约票据清算所向会员行发放贷款凭证时，所有人都很清楚发生了恐慌。此外，如果整个金融市场出现了普遍的暂停支付，就会造成严重的损失，止付行的往来行也会采取行动来应对。这样，金融市场的波动性在短期内会就会加剧（威克，2000，32–33；詹姆斯、麦克安德鲁斯和韦曼，2013）。

1893年恐慌期间的暂停支付和内部银行的一些行为颇具教育意义，它们在短期内会使金融危机变得更严重。这场恐慌始于美国西部，虽然西部的金融局势一直在恶化，但纽约的银行并没有发生挤兑。尽管如此，纽约的大银行还是知晓了西部发生的事情，原因是它们储备城市银行的往来行是从纽约的银行提取现金的，而那些储备城市银行正在对本国银行储户的提现做出回应。准备金提现的顺序反映了《美国国民银行法》中规定的准备金的金字塔结构。当纽约票据清算所宣布已授权贷款委员会发行清算所贷款凭证时，就可以确定恐慌已经发生了。

> 纽约联合银行（The New York Associated Banks）应其他银行和协会会员行的要求，决定发行清算所贷款凭证。这一消息让金融界感到既震惊又欣慰。迄今为止，美国国家货币中心只有在恐慌时期才启动该程序。人们认为此时将银行间结算余额的大量现金投放于市场是明智的……是危机的直接证据。
>
> （《白氏周刊》，1893年6月17日，324）

在1893年的恐慌中，清算所于1893年6月16日授权贷款委员会发行了第一批贷款凭证。在6月21日，恐慌就迅速席卷了整个纽约市。在《纽约时报》当天的头版头条上刊登了一篇题为"欧文银行遭受挤兑"（Run on the Irving Bank）的文章。该文写道："昨天早上，位于沃伦街96号的欧文银行的大门刚刚打开，储户们就手拿存折拥上台阶，一心想把钱取出来。"

恐慌的定义是不能以法律的强制方式给出的。在无法证实某个事件是否属于恐慌的情况下，纽约票据清算所就是它的临时代言人。我们从清算所的所作所为中可以有效地确定构成恐慌的条件，即获得清算所贷款凭证和暂停支付。这样认定恐慌的可信之处就在于，在1857年和1873年的恐慌中，公众已就此达成了共识。在这两次恐慌中，所有观察家都认为只要符合以上两个条件，就可以将这一事件认定为恐慌。

根据纽约州银行监管机构的法律规定，暂停支付是违法的；如果银行满足不了存款人的提现要求，就会被吊销营业执照。当然，在发生

恐慌时例外。在1857年，纽约最高法院在审理利文斯顿诉纽约银行一案
（Livingston v. the Bank of New York）中解决了无法证实恐慌的问题（26
巴尔布. 304）。该案因存款人到银行取款被拒付而引起。J. 罗斯福法官
（J. Roosevelt）在判决中写道："在联邦各州和地区普遍或几乎普遍存
在着暂停支付的情况下，无论银行的资产有多少，都能因银行存在暂停
支付而推定它必然破产吗？在我看来未必……这些机构……万一出现恐
慌或突然发生挤兑，就可能会出现虽然该行有充足的资本金和足够的偿
付能力，但手头可能没有足够的现金来满足储户提现要求的情况。"
（3）在最高法院随后召开的一次会议上，这一观点得到了法官们的一
致支持："仅暂停支付这种事实并不足以证明该机构存在着欺诈或不公
正。"（5）我们推测法院的意思是，当暂停支付成为普遍现象时，才
可以将该事件认定为恐慌。恐慌是一场系统性事件。在发生恐慌时，就
没有必要强制执行活期存款合同，因为如果法院强制存款行向储户支付
存款，会将整个银行系统置于危险之中。

此裁决明确了两个关键问题的区别。首先，明确了单纯拒绝兑现
活期存款合同下款项的行为与整个金融系统内暂停支付行为有所不同；
其次，明确了"银行流动性不足"（没有足够的货币立即满足所有债
权人的要求）和"无力偿还债务"（暂停支付的必然推论）之间的重要
区别。

怎样或为何发生恐慌？

纽约票据清算所协会对非金融公司破产、银行暂停支付的过程、
票据清算过程以及当日储户从会员行交易账簿上提取现金的数额进行了
调查，并且很有可能已经充分掌握了今天的我们无法掌握的信息。无论
协会的银行家们在授权发行票据清算凭证时看到了什么，到目前为止，

我们尚不清楚导致挤兑的原因。许多事情看起来纷繁复杂，但到底是什么导致了挤兑？具体而言，是什么导致了储户争相提现？也就是说，到底是什么信息使储户怀疑银行贷款组合的价值，使他们变得对信息敏感起来？经研究表明，储户争取排在第一位提现，这并非他们非理性的表现，而是因为他们知道如果排在后面，就很可能血本无归。值得一提的是，在恐慌期间，并非所有储户都会争先恐后地去银行提现，比如像往来行这样的存款额巨大的储户就不会这么做（斯普瑞格，1910）。

在国民银行时期，银行挤兑的发生并不普遍。我们知道，金融危机是整个宏观经济活动不可分割的一部分。如表1.1所示，当预测经济即将衰退的信息到来时，恐慌往往会在商业周期的峰值附近发生。因此，金融危机是宏观经济活动一部分的观点不会令人感到惊讶。事实上，所有的市场经济国家都发生过金融危机，无论有无央行、有无储蓄保险，是新兴或是发达的经济体，皆是如此。而且恐慌事件往往都发生在信贷繁荣之前，并且与技术革命有关（戈顿和欧多尼兹，2016）。那么，是什么导致了金融危机？国民银行时期为我们研究恐慌与宏观经济活动之间的关系提供了许多宝贵的研究资料，因为当时的储户并没有对由一个中央银行，或者州政府、联邦政府机构（如美国财政部）发起的应对行动抱任何期望。[3]

在国民银行时期，有一个极端事件（导火索）引发了银行挤兑。在发生恐慌那天，出现了一条新的、意料之外的有关经济衰退指标（一种衡量感知风险且达到临界值的衡量标准）的信息。"指标显示许多企业的负债都达到了临界值，并且逼近恐慌风险感知阈值。"（戈顿，1988，771）"在国民银行时期，每当企业负债指标和风险感知数据都达到临界点时，就会出现银行业恐慌。"（778）

企业倒闭的消息使储户们颇感意外，也使他们开始怀疑银行存款的安全性，因为银行把储户的存款都贷给了企业，而这些企业正接二连三地倒闭。因此，本来对信息并不敏感的储户们也开始关注各种信息，尤其是借贷繁荣后更是如此。储户这种由对信息不敏感转为敏感的变化就是危机本身。亨利·坎农（《美国货币监理署年度报告》，1884，XXXIV）对美国1884年的恐慌的早期阶段进行了如下描述：

> 然而非常明显的是，与1873年金融危机相同的情景在重复上演着，而且对目前的金融危机产生了很大影响，各种财产也都被资本化了。为修建铁路，发展制造业及其他产业，银行已发行了大量的债券和股票，而且为了改善公共设施，市政及其他机构也开始发行债券。这些债券和股票被投放到市场上，再加之商业贷款的期限也在无限期延长，最后导致本国及其他国家的资本家对这些证券的内在价值和它们所依据财产的盈利能力提出了质疑。商业公司的偿付能力也开始出现问题。企业信心的缺失使其不敢再进一步扩大业务或增加投资，随之而来的是铁路、制造业和其他企业收入锐减，整个国家的工商和制造业的发展陷入停滞状态。

破产企业负债是经济活动衰退的主要指标。破产企业负债在第一个发展周期达到顶峰，第二个发展周期最低（伯恩斯和米切尔，1946）。当时，许多人都在金融报刊上发表文章，对这一指标进行讨论。例如，1893年7月1日的邓白氏公司报告写道：

> 在今年第一季度，企业破产和不景气现象屡见不鲜，并屡屡见诸报端。但更为重要的是，邓白氏公司每周都在报道企业大量破产或不景气的消息，已使公众有了充分的心理预期。其中一份报告报道了大量金融机构倒闭的消息……邓白氏公司报告称，在1892年12月29日至1893年7月28日短短的六个月里，就有6239家美国企业破产，相比1891年上半年报道的破产企业的总数，增幅超过16%……

与1886—1890年（包括1890年）过去5年中任何6个月的破产企业数量相比，过去几个月企业破产数量增加了15.5%。（406）

1907年8月3日的《白氏周刊》报道："尽管上个月企业破产的数量并没有超出国家预计的增长幅度，而且与7月份相比有大幅回落……但破产企业的负债仍远远高于平均水平，这一切都证明年度中期结算还是十分困难的。"（8）

货币监理署署长亨利·坎农在1884年的年度报告中也提出了同样的观点：

> 由于许多企业在1883年就出现了破产，于是人们就对1884年初的金融状况深感不安，而且该年开局不利。1月1日，纽约-新英格兰铁路公司（New York and New England Railroad）就被其他公司接管了。紧接着，俄勒冈州洲际公司（The Oregon and Transcontinental Company）也遇到了麻烦，在同月的12日被北河建筑公司（The North River Construction Company）兼并。在2月、3月和4月陆续发生了多起企业破产事件，各种谣言也铺天盖地而来，严重影响了幸存下来的公司的商誉及其股票和债券的价格，也造成产品价格的进一步下降。人们对企业的不信任和紧张不安情绪在5月6日达到顶峰，最终导致纽约海事国民银行（Marine National Bank of New York）破产。同时，该行董事长也是戈兰特-沃德公司（Grant & Ward）的董事局成员。（XXXII）

坎农的报告阐述了一个重要观点，即信息泄露是恐慌发生的重要原因。信息泄露造成了包括戈兰特-沃德公司在内的数家公司破产。戈兰特-沃德公司是一家由美国前总统尤里西斯·辛普森·格兰特（Ulysses S. Grant）及其合伙人投资成立的金融公司，它的倒闭对社会产生了重大的影响，因为纽约海事国民银行就是该公司旗下的金融机构。在历次恐慌中，有一些金融公司很早就倒闭了。由于人们并不知道引发挤兑的原因在于信息抑制的失败，便把所有的恐慌都归因于在恐慌开始时重要的破产公司身上，也就是把恐慌的开始归因于一些重要公司的破产。[4]

其实，金融公司的破产不足为奇。首先，一些非金融公司正在陆续破产，而它们的资金是从金融公司借贷而来的。但还有第二个原因，审计署署长坎农解释道：

> 在金融危机和货币市场紧缩时期，银行、金融公司或私人公司管理人员的不诚实和腐败现象比较普遍。在过去一年里，长期滥用资金、肆无忌惮地进行灾难性投机的后果已浮出水面。人们本来认为那些人品格高尚，值得信任，并因此把公司委托给他们管理，或委托其代为投资，现已证明，他们无耻地辜负了人们的信任。在财政困难时期，这种情况比以前要严重得多。
>
> （《货币监理署年度报告》，1884，XLIX）

以上那种传统的恐慌事故一遍又一遍地在错误地上演。引发恐慌的导火索是意想不到的信息的传播，即破产企业负债的增加。金融公司的破产是恐慌带来的结果，而不是导致恐慌的原因。在2007—2008年的金融危机期间，人们也犯了同样的错误。因为存款人并没有在银行门前排起长队蜂拥提现，所以人们并没有察觉到销售回购协议和资产支持商业票据下的兑付也属于挤兑。相反，人们看到的只是一些大公司陷入困境，比如美国国际集团和雷曼兄弟银行。因此，人们就把那场危机归因于这些大公司，而不是银行挤兑。

对储户而言，他们明显地加强了对宏观经济活动的关注。在经济衰退中，公司一旦破产，银行就可能倒闭。即使倒闭的银行不多，由于储户们把一辈子的积蓄都存在银行里，他们一旦认为该行有倒闭的风险，就会采取预防措施前去提现。诺伊斯（1901，190-191）写道："经验告诉储户，在社会信用普遍崩溃的情况下，灾难就可能会首先出现在银行里。在1873年和1884年的恐慌中，就有许多储户因银行倒闭而穷困潦倒。因此，在1893年出现了同样的金融信号时，储户们的第一反应就是毫不迟疑地把钱从银行取出来。而储户们通常认为，法定的货币才是他们习惯使用的唯一货币。"[5]

另一个经常被援引的、在国民银行时期可能引起恐慌的原因是货币和信贷的"季节性紧缩"，它通常反映在不断上升的银行利率中。许多当代的观察家都注意到了这一点。例如，凯默尔（1910）指出，恐慌通常发生在"春暖花开"（3月、4月、5月）和"秋寒叶落"（9月、10月、11月）的季节。他归纳说，在1910年前共发生过5次恐慌，其中有3次发生在秋季，2次发生在春季。然而，它并没有阈值效应。戈顿（1988）则指出，在短期利率季节性上升幅度大于恐慌时期利率上升幅度的那些日子也容易发生恐慌。但是，并没有证据支持季节性利率会导致恐慌这一观点。

储户们在金融危机中还是有些理性的。在现代金融危机中，银行挤兑发生的时间常常比没有中央银行的情况下更晚。储户们在去银行挤兑之前往往会观望事态的发展。如果央行或政府机关行动迟缓或者不作为，他们就会纷纷到银行提现。

总结

虽然金融危机并不常见，但是它一旦发生，就会给结算和资本市场造成严重破坏，使正常的交易无法完成；就会导致储户恐慌，使他们急于抛售短期债权，并强烈要求提取现金，从而使整个金融系统几乎陷入瘫痪的状态。然而，令人困惑的是，我们很难判断某个事件是暂时的金融动荡，还是可怕的金融恐慌的开始。在国民银行时期，当开始出现恐慌时，重要金融市场的参与者往往面临诸多不确定的因素，他们并不确定某一事件是否会演变成一场全面的金融危机。纽约票据清算所协会为稳定市场而采取的果断行动，是判断某个事件是否是金融恐慌的标志。尽管有人将某家大型金融机构的倒闭视为恐慌发生的标志，但关于恐慌到底是何时发生的，仍存在争议。对2007—2008年的恐慌而言，"金融危机"一词是在雷曼兄弟银行破产以后才开始使用的，但是早在2007年2月发生的事件与过去发生的金融危机就很类似，当时储户们也是纷纷抛售债权，蜂拥到银行提现或转向其他现金等价物。无论储户挤兑的原因是什么，或者更通俗一点说，无论短期债务持有人挤兑的原因是什么，可以确定的是，肯定发生了一些让他们相信市场已发生变化了的事情。事实上，他们还是相信把钱放在银行里是最安全的。到底是什么信念使债权人从急于挤兑到不再挤兑，我们在下文将重点探讨这一问题。

4 国民银行时期的恐慌中纽约票据清算所的所作所为

在本章，我们将讲述纽约票据清算所协会是如何应对恐慌以及平息骚乱的。清算所的行动在很大程度上是为了保护银行的特定信息，并将投资者和储户的注意力吸引到清算所披露的综合信息上来。但是，这并不是说清算所就完全不向公众披露银行的特定信息了，因为清算所有时还会对个别会员行进行审查，并披露它的一些简单情况，以确定是让其继续营业还是破产。为应对恐慌，纽约票据清算所实质上就变成了向公众披露重要信息的信息管理机构。

我们通常将清算所授权其贷款委员会发行清算所贷款凭证的日期，定为恐慌开始的日期。我们之所以这样做，是因为市场参与者对金融市场状况的了解远远胜于我们仅靠有限数据的推测。根据常理，我们可以得出这样的结论——如果不是即将或已发生了银行挤兑，纽约票据清算所是绝不会授权其贷款委员会发放贷款凭证的。基于此，我们对1873年、1884年、1890年、1893年和1890年这5次银行恐慌进行了研究。[1]研究结果表明，贷款凭证的发行对1884年和1890年的挤兑有明显的阻止作用。但由于1873年、1893年和1907年的恐慌状况较为严重，其对挤兑的阻止作用并不明显。

在应对以上5次恐慌中，纽约票据清算采取了以下两项措施，即发行清算所贷款凭证和抑制银行资产负债表中特定信息的发布。在实际行动中，纽约票据清算所作为一个法定机构，起着统一组织和协调其会员行采取一致行动的作用。在最严重的恐慌（1873年、1893年和1907年的恐慌）中，纽约票据清算所对储户的每日取款额做了非正式的限制，以使银行有足够的现金满足储户提现的要求。这一举措被称为"暂停存款领取"或者"暂停支付"（尽管这种暂停很少能够完成）。防止金融恐慌和为金融复苏创造条件是清算所采取以上三项行动的目的。如果从金融恐慌的角度来看，以上措施都可以被视为信息事件。

在恐慌开始时，会有大量的企业破产，然而，并非所有的破产事件都会导致大规模的银行挤兑。虽然清算所授权发放贷款凭证时，偶尔也会出现银行暂停支付，但在全国范围内出现暂停支付这种现象只有在最严重的恐慌时期才发生。[2]在国民银行时期发生的5次恐慌中，抑制银行特定信息的发布和授权发放贷款凭证几乎是同时进行的。

对个别银行信息进行抑制的目的在于预防公众了解银行资产负债表中的不利信息，防止该行发生挤兑。在暂停支付期间，纽约票据清算所只公布整个银行系统总的资产负债。票据清算所贷款凭证是由票据清算所贷款委员会受委托发行，并由所有的会员共同承担连带担保责任的贷款证明。[3]当纽约票据清算所决定发行这种具有流动性且与美元等值的清算所贷款凭证时，常常会事先把将要发行的贷款凭证金额和未清偿的贷款金额刊登在报纸上。但是，清算所会对借款人的身份保密，这有点类似于它对银行特定信息的抑制。将这两项措施有机地结合起来，使纽约票据清算所在恐慌期间变成了唯一的合法实体。纽约票据清算掌握着借款行的信息，其中包括哪些银行申请了清算所贷款凭证以及最终被批准的金额是多少。这种信息分配机制使清算所正好符合了"单一实体"的特征。同时，"暂停支付"也是由纽约票据清算所间接地协调会员行一致执行的。这种"单一实体"的价值还体现在货币的溢价上，其贴现部分可以被解释为对纽约票据清算所全体会员行破产概率的估算。在第7章我们将更详细地讨论相对于替代货币的货币溢价。

背景

在本章，我们将研究纽约票据清算所在国民银行时期发生恐慌期间所采取的措施，即它在1863年和1864年美国通过《美国国民银行法》（*The National Banking Acts*）后采取的措施。在1857年和1860年的恐慌中，纽约票据清算所刚对自身应对金融危机的能力有所了解。[4] 虽然这些恐慌本身是值得关注的，但就研究目而言，我们所要研究的是在两次恐慌中清算所发行的贷款凭证。我们将在下文对此展开探讨。清算所贷款凭证的产生有助于暂时提高银行以及整个银行系统的资金流动性。

虽然纽约票据清算所及其会员行从未对外宣布过暂停支付，但票据清算所麾下的银行的确是全面暂停支付的重要参与者。金融市场的参与者和从事经济报道的记者倒是察觉到了暂停支付现象，并通过报纸和银行内部期刊将这一消息报道了出去。在1857年的恐慌中，银行采用的是暂停以黄金兑换纸钞，这在当时是非法的，纽约州银行监督机构很可能会因此吊销该行的营业执照。但正如我们前文所讨论的，在恐慌期间，这种情况是可以容忍的。暂停黄金支付打破了银行券和黄金之间的名义平价（即固定汇率），就像国民银行时期的暂停支付打破了存款与货币之间的平价一样。我们将在第7章进一步讨论打破平价是如何为稀缺货币带来溢价的。

虽然按照《美国国民银行法》的规定，美国建立了国家银行系统，但在该法通过前后发生的所有金融恐慌都是由同一个原因引起的。在1857年的恐慌发生之前，纽约市的银行普遍缺乏黄金（相对于贷款和存款而言）。用当时及现在的术语来讲，如果内部银行（纽约市银行存款的主要来源）大量（但不一定达到恐慌程度）提取存款，我们就可以说纽约市银行的资本面临着"流动性不足"的问题。一般来讲，现金和金属货币的短缺以及大规模不同寻常的储户取款通常都是恐慌的开始。当不寻常的大额提款发生在纽约市的一家关联关系较广的银行，或规模相对较大的金融机构出现破产现象，或市场上出现金融机构倒闭潮时，就表明恐慌已经非常严重了。

内战后的当代经济学家[5]认为，金融危机是联邦银行系统固有缺陷的体现。因为该系统缺乏中央银行调控，所以找不到可行的方法快速扩大货币供应，以满足储户对现金的需求，也无法在农作物收割季节（秋季）迅速扩大信贷规模或将资金有效地转移到内部银行中。传统的观点认为，银行的运行"系统"只是发生银行恐慌的前提条件，而导致恐慌的重要原因在于银行系统无法扩大现金和信贷供应，以满足季节性波动期间的信贷需求。但这可能还不是导致恐慌发生的最根本原因，因为不同类型国家的银行系统都发生过恐慌，包括美联储成立后的美国在内。

按照《美国国民银行法》的规定，美国国内银行应将其存款的一部分作为法定准备金存入纽约市相应的国立银行中。尽管大家对此持有异议，但由于纽约市国立银行对存入准备金的银行支付一定的利息，这就使国立银行法定准备金数量大增。然后，纽约市国立银行再将这些资金中的很大一部分投资于短期资产中，比如纽约证券交易所的可赎回贷款，这样，如果国立银行想在短时间内撤回资金，就可以随时撤回。在大多数情况下，纽约市国立银行常常会把资金余额投放在区域或国际贸易中。在此情形下，纽约票据清算所银行实际上就扮演着国家清算所的角色（詹姆斯和韦曼，2010）。

在农作物收获季节，农民对资金的需求量比较大，纽约市国立银行不得不将大批资金调往国内次一级的银行，以满足秋季农业资金需求。[6]

由于纽约的国立银行持有国内银行的大量存款，因此，每年秋季，纽约货币市场上的资金就会大量外流，从而导致纽约市国立银行的利率季节性上升。反过来，也造成了原本应该流向内地银行的部分资金滞留在纽约货币市场。我们可以将这种情况看作是纽约市金融市场向内地银行发出的一种信号，即如果内地银行将资金存入纽约国立银行，将会得到更高的利息。

但是在恐慌期间，以往那种内地银行将大量资金存入纽约市国立银行的情况不见了，而从纽约市国立银行流向内地银行的资金（季节性现金流）比平常多了很多倍。在此情况下，由于储户对银行系统的偿付能力和相关风险溢价相当担忧，就使正常的资金需求出现了畸形，从而造成银行利率在恐慌期间季节性地飙升。于是，内地银行就纷纷到纽约市国立银行提现，以免其资金被冻结或因银行倒闭而遭受重大损失。而内地银行纷涌到纽约市国立银行提现，正是造成1873年和1907年纽约票据清算所银行资金枯竭的重要原因。[7]如果将恐慌期与非恐慌期的现金流进行对比，其差异就更加明显。

在银行恐慌期间，人们对现金需求的剧增是有一定道理的。但是在2007年8月，认为银行会破产的人并不多。因为即使银行倒闭了，人们也投有储蓄保险。但在那时，并没有储蓄保险，因此储户对存款行的信任至关重要。在国民银行时期，银行一旦出现暂停支付，即使它的偿付能力和流动性没有问题，也可能会因储户争相提现而发生挤兑。当现金需求增加时，现金与银行存款的比率就会明显上升（现金需求量上升，存款额下降），从而出现"现金囤积"现象。当金融市场出现急剧波动时，也就是出现证券价格和回报率的异常波动时，人们就无法从银行获得贷款。纽约市国立银行的现金枯竭和信贷市场的流动性缺乏是国民银行时期金融恐慌的显著特征。[8]

随着时间的推移，纽约票据清算所逐渐演变为代表银行利益应对金融恐慌的运营中心。清算所在应对金融恐慌中采取了两项旨在遏制会员行现金储备流失的措施，即抑制银行特定的信息和发行清算所贷款凭证。第一项措施限制了储户识别弱势银行的能力；第二项措施暂时扩大了会员行资金的流动性。虽然银行界也实施了暂停支付措施（正如我们在第3章所讨论的那样），但它并不是在纽约票据清算所的组织下实施的。其实，银行家们也不愿意采取暂停支付措施，但有时又不得不这样做。如在1873年的恐慌来临时，纽约票据清算所会员行所持有的法定货币准备金就满足不了储户对现金的需求（斯普瑞格，1910；威克，2000；和弗里德曼和施瓦茨，1963）。即使银行在当时实施了暂停支付措施，法定货币准备金的数量也从1873年9月20日的3380万美元的高位降至1873年10月14日的历史最低点580万美元。[9]即使会员行的净存款在10月份下降至1.6亿美元左右，这也已经远远低于25%的法定准备金率。

　　暂停支付，更准确地说是部分暂停支付或部分支付限制。之所以这样讲，是因为在暂停支付期内，存款人仍可以从银行提取一定数量的货币，但有明显的数额限制。在联邦国民银行时期的大多数交易中，货币和存款之间有标准的固定汇率（按平价）。[10]但在暂停交易期间，固定汇率（平价）被取消了。银行实施暂停支付的目的在于预防现金储备从银行系统中流失，但结果却造成了现金与需求的不匹配现象。而储户对现金的过度需求又产生了货币溢价。在第7章将我将对此进行更详尽的论述。

贷款凭证的发行和清算所组织形式的变化

　　在清算所采取的所有应对金融恐慌的创新措施中，清算所贷款凭证尤其值得关注。票据清算所贷款凭证是票据清算所在已经发生或预计将要发生大范围挤兑时，授权贷款委员会发行的一种结算凭证。[11]在会员行之间的清算中，贷款凭证可以充当现金使用。

美联储银行贴现窗口贷款设计类似于纽约票据清算所发行清算所贷款凭证。与贴现窗口贷款不同，发行票据清算所贷款凭证机制并不是一项长效机制。在初次发放贷款凭证时，纽约票据清算所执行委员会召开了一次会议，讨论并成立了清算所贷款委员会，还确定了需要发行的贷款凭证总金额。在恐慌期间，还需要大力宣传，有时也要在媒体上发表乐观的声明。在我们看来，清算所所做的这一切都是在为应对危机做铺垫。

清算所贷款凭证虽然是个别借款银行的负债，但所有会员行都对其负连带担保责任。[12]由于清算所贷款凭证最终属于清算所所有会员行的债务，它的发行标志着票据清算所将其所有会员行都将绑架到了自己的战车上。这是一个非凡的创举，它把若干家个体私营银行变成了一家大银行。[13]

票据清算所贷款凭证的作用及其详细发行过程很重要，我们有必要在此对其详细说明。纽约票据清算所发行的票据清算所贷款凭证是货币流动性的一种临时表现形式，在票据清算所成员银行间起着"准备金"（Reserve Fund）的作用，主要用于结算票据清算所成员银行之间的债权债务。在大批交易中，票据清算所贷款凭证是法定货币或硬币（银行间用来最终清算支付的黄金）的替代品。为确保贷款行"按票面价值"（按平价）接受这些债务，借款行需要向清算所贷款凭证持有行支付一定的利息，我们稍后将对此展开更详细的讨论。此外，纽约票据清算所也责成它的所有会员行接受清算所贷款凭证这种清算工具，并建立了与之相适应的结算问责机制。

票据清算所贷款凭证是签发给借款银行的，凭证上有借款银行的名称。同时，纽约票据清算所还建立了有效保证偿还贷款凭证下的借款机制。这种不同寻常的问责制度是有充分依据的。因为颁发清算所贷款凭

证的目的是使贷款凭证成为替代现金的一种最终支付手段，而全体会员
行对其也都一致表示接受。根据柯蒂斯（1898，253）的说法，"在金
融风暴期间……银行将以贷款凭证的方式进行结算"。要想用贷款凭证
取代货币结算有两个前提条件：第一，纽约票据清算所的会员行必须接
受清算所的贷款凭证，来代替实物或法定货币支付；第二，未支付或未
履行的清算所贷款凭证，在其支付期届满时，将由纽约票据清算所承担
付款责任。纽约票据清算所将根据会员行总资本和总额盈余的占比向其
收取一定的费用。第二个条件向借款行提供了付款保证，而第一个条件
则保证了清算所贷款凭证被所有会员行（作为最终支付媒介）接受。由
于票据清算所要求所有会员行以清算所贷款凭证为结算支付手段，并以
其各自的实力确保偿还借款，因此清算所贷款凭证是一种可以在银行间
转让的债务。

　　会员行都知道，纽约票据清算所为贷款凭证提供了隐形担保。银行
一旦成为纽约票据清算所的会员行，就必须接受清算所贷款凭证这种清
算方式，同意按比例分担贷款凭证项下未偿贷款可能造成的损失。为了
将损失降到最低限度，纽约票据清算所成立了清算所贷款委员会，对贷
款进行监督和管理。清算所贷款委员会由四至五名来自会员行的代表组
成，重点对借款行的行为进行监督，并对贷款凭证项下抵押物的价值进
行评估。就像现行的贴现窗口或美联储发行的一级信用贷款（primary
credit loan）那样，要获得票据清算所贷款凭证项下的款项，借款行就必
须以抵押品做抵押。不过，国民银行时期的抵押物与现在的抵押物并不
相同。

　　清算所贷款凭证项下的抵押物主要是一些商业票据或短期商业贷
款。借款行要想获得贷款凭证，须经清算所贷款委员会批准，其抵押物
也须经清算所同意。评估后的抵押物价值与其市场价值相比，至少有
25%的"折扣率"。纽约票据清算所在其决议中明确规定，票据清算所

发行的贷款凭证项下抵押物的价值"不得超过其市场价值的75%"。但是，抵押物不同，其价值的折减幅度也会有所不同。如优质政府债券的折价幅度比较低，而商业票据的折价幅度不得低于评估价值的25%。也就是说，抵押物的折价幅度因抵押物的种类和贷款金额（和频率）的大小而有所差异。假如借款行最初提供的抵押物价值不足，或即将到期，纽约票据清算所就会要求借款行用其他抵押物做抵押。当然，我们也不排除清算所贷款委员会会对借款行的财务状况进行考察的情况。清算所贷款委员会之所以会如此规定，其目的在于激发会员行向借款行提供贷款的热情。如果借款银行不能全额偿还清算所贷款凭证项下的贷款，贷款行（纽约票据清算所）就有权占有或处置抵押物品，以收回其全部贷款。

将纽约票据清算所的损失降至最低限度并不是清算所贷款委员会的主要目的。其主要目的是通过向会员行提供足够的流动性贷款，以减轻恐慌给金融界带来的压力。清算所贷款委员会在向成员银行发行清算所贷款凭证时是自愿的。虽然纽约票据清算所决定发行票据清算所贷款凭证的公告是公开的，但只有在少数情况下，清算所才会将贷款凭证具体发行行的身份和发行金额公布于众（请参见下面的讨论）。

像联邦储备的贴现窗口一样，票据清算所发行的贷款凭证对所有需要借入流动性的银行是公开的，但对其发行过程确实是保密的，这对确保会员行借入所需临时流动性至关重要，否则，即使该行能够在恐慌中幸存下来，也会被人们认为实力不济，未来也不得不付出高昂的代价。现在的银行很注意自己的名声，并不敢到贴现窗口去借款，因为大家都认为到贴现窗口借款的银行都是一些陷入困境的银行，而且不知何故，此消息很快就会不胫而走，在国民银行时期，挤兑就是这样发生的。然而，现代的银行并没有实施暂停支付，我们在前面已经提到，这是应对危机的另一项有力措施。虽然现代银行并没有采取暂停支付的做法，但恐慌依然会发生。这种情况表明，借款行的身份一旦被泄露（如1890年）出去，就会面临灭顶之灾。

1884年6月16日，票据清算所五人特别委员会（The Clearing House Special Committee of Five）（《票据清算所委员会会议纪要》，1878—85，158）发表声明称：

> 在金融恐慌期间，纽约票据清算所协会再次声明，由于本次金融危机范围广、危害重，本协会会员行迫于情势不得不达成共识，愿意共担风险，愿采取任何切实可行的之权宜措施，对发生挤兑的会员行进行救助，或为公共利益精诚合作。因此，我们有必要垂询本会会员所采取的业务行为与公众期望是否一致、方法是否得当，对所有因此被捆绑在一起进行结算的所有银行是否公平。

在发行票据清算所贷款凭证时，票据清算所的会员行必须投票表决，以确定危机是否严重到必须启动此种贷款机制。例如，《纽约时报》报道，"清算所协会在某日下午1:30召开了一次特别会议，经过一个多小时的讨论，会员行一致表决通过了发放贷款凭证决议。这一行动给华尔街带来了'一丝宽慰'"（《濒临恐慌》，《纽约时报》，1884年5月15日，第1版）。

1890年也出现了类似的情况："纽约票据清算所在11月11日星期二下午就'意识到了情况的危急性'。如北美银行（清算所成员）因向早些时候就采取暂停支付措施的德克·豪威尔经纪公司（Decker Howell）支付了大批预付款，欠了纽约票据清算所90万美元的债务，于是就向清算所提出了援助申请，纽约票据清算所经研究后批准了一项发放贷款凭证决议。在这次恐慌中，共有三家金融公司倒闭，三家银行无法偿还清算所债务。"（《商业与金融纪事报》，1890年，11月15日，第667页；另参见《公司倒闭，银行震颤》，《纽约时报》，1890年11月12日，

第1版）

　　在最严重的金融危机中，票据清算所会对接受贷款凭证的银行的信息保密，这与我们在下文中将要进一步讨论的信息封锁有些类似。假如票据清算所委员会在不召开会议的情况下发行了100多万美元的贷款凭证，一些较大的银行之间（有时）也会形成一种默契，会不约而同地向清算所申请贷款凭证，以备"不时之需"（《纽约时报》，1890年11月18日，第5版）[14]。在事发后的第二天，《纽约时报》也发出这样的报道，"事实上，几乎所有的银行对此都非常敏感，清算所协会的会员行也会认为自己很幸运。为了少增烦恼，它们是不会向外界提及借款行的名称的"（《纽约时报》，1890年11月19日，第5版）。不幸的是，银行之间有时也并非铁板一块，也会出现泄露信息的情况。据1890年11月13日《纽约时报》的报道，有一家银行辛迪加向北美银行发行了90万美元的贷款，北美银行打算以票据清算所贷款凭证来偿还这批贷款。文章还泄露了清算所贷款凭证借款人的身份——机械交易国民银行（The Mechanics' and Traders' Bank）。但1890年的恐慌还算是一场控制得较好的银行恐慌。（斯普瑞格，1910；威克，2000）

　　坎农后来谈道："企业界曾试图打听获得贷款凭证的银行，但最终都无疾而终。因为清算所把信息保密得太好了。在1873年的恐慌爆发期间的两个多月里，包括最严重的恐慌时期，票据清算的银行并没有按惯例每周向外发布银行的经营信息，其目的在于防止实力较弱银行的信息泄露。这些信息一旦被泄露出去，肯定会发生挤兑。"（1910a，86）从纽约票据清算所获得贷款凭证的银行，在向清算所偿付时必须支付一定的利息。1873年纽约贷款证的利率是7%；1884年为6%，远期30天为6.25%；1893年为6%；1907年是6%。柯蒂斯（1898，255）曾在其著作中写道："由于利率太高，借款行当然是尽可能早地清偿欠款了。出于自身的利益考虑，清算所发行的贷款凭证都是短期的，一般都不超过

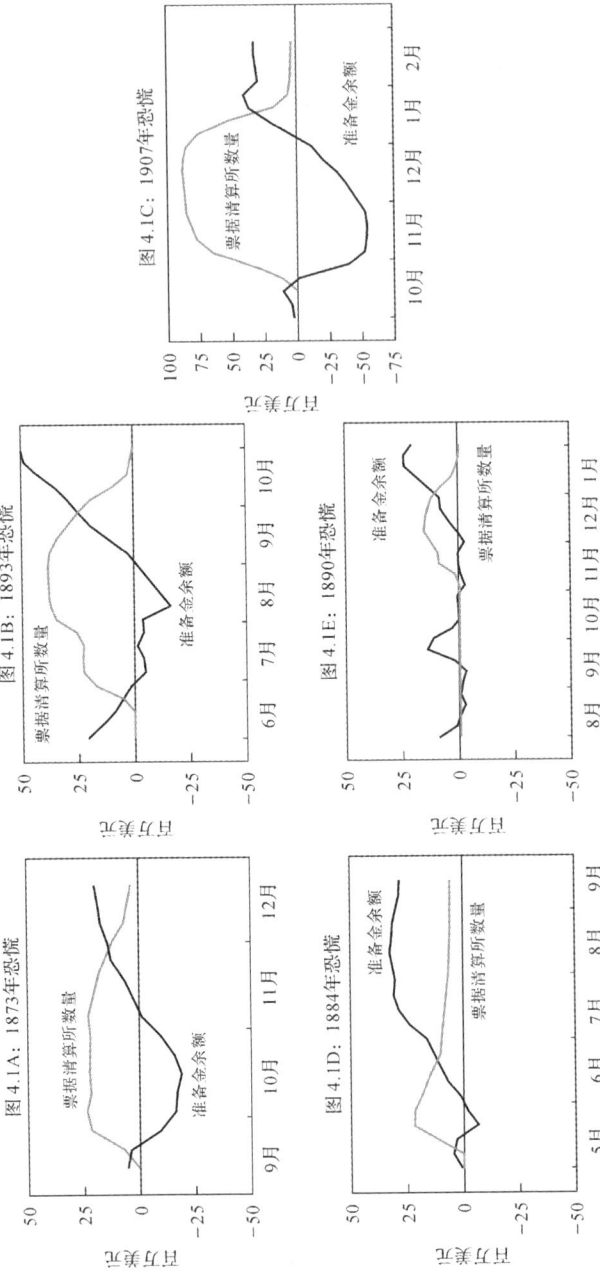

图 4.1 五次恐慌中准备金盈余与票据清算所偿款凭证之对比

4~5个月。"虽然票据清算所贷款凭证的利率与商业票据的市场利率大致相同，但抵押物的折价幅度有所差异。就流动性而言，票据清算所通常以抵押物市场正常价值的75%来评估它，再按评估后的价值计息。也就是说，75美元收取6%的利率，折算下来100美元的利率就是4.5%。[15]

图4.1显示了在贷款凭证发行期间未偿贷款凭证的最大金额及其持续时间。为了便于对照，我们将贷款凭证金额与前两年纽约票据清算会员行的平均准备金持有量进行对比计算。从图中可以看出，严重恐慌（1873年，1893年和1907年的恐慌）与一般恐慌（1884年和1890年恐慌）有三方面的区别：首先，在严重恐慌中，借款行拖欠票据清算所贷款凭证余额的期限要比一般恐慌长得多，几乎是一般恐慌的两倍（1884年的贷款凭证曲线延伸较长，反映了借款行欠大都市国民银行的贷款余额，需要用两年时间才能还清）；第二，1884年和1890年清算所贷款凭证的未偿贷款余额很快就达到了峰值，然后稳步下降；而在严重的恐慌中，未偿贷款凭证余额在峰值附近持续的时间更长；第三，强制暂停支付与清算所贷款凭证发行期限之间似乎存在着某种联系。1893年，票据清算所贷款凭证的发行量在8月初（在银行采取强制暂停支付措施后）急剧上升，并且持续的时间比较长。

面板数据A—E显示了未偿贷款凭证金额与准备金盈余之间的关系。除1890年的恐慌外，二者的对比比较明显。当准备金盈余下降时，清算所发行的贷款凭证的数量就会上升。因此，准备金赤字和未偿贷款凭证余额之间呈负相关。由于挤兑的出现会导致准备金数量减少，在这种情况下，清算所就会发放贷款凭证以减少现金的使用。图4.1中的数字戏剧性地说明了贷款凭证的用途。

1907年的恐慌后，纽约票据清算所保存的报告（给纽约票据清算所委员会的一份特别报告，存于纽约票据清算协会的案宗中），有一份名为"票据清算所贷款凭证原存担保品之划分"的表格，在该表格中仅列举了两类抵押物——应收票据和有价证券。就清算所发行的票据清算所贷款凭证金额（1.01亿美元）而言，应收票据项下共有价值为1.076亿美元的抵押物，有价证券项下抵押物的价值为4410万美元，抵押物的总金额为1.517亿美元。这表明抵押物价值的平均折价率略低于35%。根据《票据清算所贷款委员会会议纪要》的记载，那些处于困境中的银行愿意提供更多的抵押物，以获得更大金额的票据清算所贷款凭证。票据清算所贷款委员会通常以评估后抵押物价值的75%向借款行提供贷款。

如果票据清算所担心某一会员行在贷款凭证到期时难以偿还贷款，则可以要求借款行提供额外的抵押物。例如，《纽约时报》曾报道："为协会之利益，清算所委员会有权对协会之任何会员行进行审查，并要求其提供上述委员会认为足以保护清算所交易所产生的余额的等额证券做抵押。"（《风暴尚未过去》，《纽约时报》，1884年5月16日，第1版）

纽约票据清算所协会主席亚历山大·吉尔伯特（Alexander Gilbert）在接受采访时表示："协会发放贷款凭证的情形有9种，共发行了2.6亿美元贷款。在所有的抵押物中，商业票据占72%，证券只占28%。而且协会并没有因此遭受任何损失。"（社论，《对美国繁荣的威胁》，《银行家杂志》，1908年4月第76期：479—480）

纽约票据清算所并没有必要同时采用清算所贷款凭证和非正式暂停支付两种措施。在大多数的金融危机中，纽约票据清算所决定发行清算所贷款凭证的时间与发生大规模暂停支付的时间是错开的，这可能是因为暂停支付代价惨重，甚至会导致其往来行破产，最终会延缓经济发展。此外，在采用暂停支付措施并不频繁的两次恐慌中，清算所发行的贷款证也确实起到了平息恐慌的作用。因此，在国民银行时期发生的大多数恐慌中，清算所贷款凭证发行的时间往往在银行实施普遍暂停支付之前。与之相比，在1907年的恐慌中，清算所贷款凭证发行的时间则与暂停支付同步，而且有的时候清算所贷款凭证是在恐慌全面爆发之后发行的。

纽约票据清算所对会员行特定信息的抑制

在发生恐慌时，纽约票据清算所不仅发行清算所贷款凭证，而且还抑制银行的特定信息。正如第2章所言，按照纽约州的法律规定，清算所每周必须公开其会员行与资产负债表的有关信息。尽管法律是这样规定的，但是纽约票据清算所为防止实力较弱的会员行遭受挤兑，还是拒绝全面公布银行有关的详细数据。但是纽约票据清算所也根据法律规定收集了银行的具体信息，并仅在报纸上公布了全部会员行加总后的数据（净存款、贷款、实物和法定货币、资本盈余、流动资本和总资产）。纽约票据清算所对此解释道，它之所以只公布总的数据，目的在于"以免引起误解"，因为清算所贷款凭证的发行可能会导致结算余额的改变（见下文对塔潘的引用），也就是说，并没有简单的方法来解释清算活动中清算所贷款凭证带来的资本收益。这种资本收益既不是现金，也不是法定货币，并且当个别银行使用清算所贷款凭证时，它的现金余额可能已经被用完了。此外，鉴于借款行在使用清算所贷款凭证时必须向清算所支付利息，借款行也是有利可图的。

我们认为，清算所在发放贷款凭证时有意不向外透露借款行的信息。纽约票据清算所签发的由所有会员行一起承担连带担保责任的清算所贷款凭证，实际上是将所有的会员行捆绑成一个单一的法律实体。此外，由于储户无法识别银行实力的强弱，弱势银行就受到了保护。为了使整个银行系统不会因实力最弱的银行发生挤兑而殃及池鱼，并最终处于瘫痪状态，清算所采取了抑制银行特定信息的措施。由此，清算所抑制银行特定的信息也是考虑到了实际情况：降低弱势银行发生挤兑的概率会使纽约票据清算所所有的会员行受益。如果储户能通过现有的信息识别出哪些银行实力较弱，清算所就不得不发动会员行向它们提供美元贷款支持。

柯蒂斯（1898，260）在提及1873年的恐慌时说："从9月22日至12月8日，清算所并没有按照惯例每周公布一次会员行信息，原因是时常提醒人们注意某些银行的疲软状况会引发挤兑。这种做法是一种明智之举。"据《纽约时报》1873年10月6日第2版的报道："票据清算所已下令停止每周按时对外公布会员行的具体信息，直到恢复向储户支付美元现金为止。我们认为采取这种措施是恰当的，也是可取的。通过暂时发行清算所货款凭证来解决日常结算问题这种清算方式还需要持续下去。现在，所有的银行在行动上简直就像一家公司那样整齐划一。"

在历次恐慌中，都会发生清算所暂停对外发布会员行信息的事情。例如，斯普瑞格（1910，16）曾写道："在1873年危机期间，清算所采取了中止每周例行发布会员行经营状况的行为。"在1884年5月24日星期六，清算所贷款委员会主席塔潘（Tappan）宣布停止发布银行每周经营的详细数据："清算所协会签发的贷款凭证使银行之间的关系发生了变化，以至于如果清算所按时公布银行经营详细数据，会使储户们对银行的实际经营状况产生误解。"（《并不是一个好银行的形象》，《纽约时报》，1884年5月25日，第3版）。

在1884年的恐慌中，清算所对会员行的信息只封锁了一周。此外，据清算所于1884年6月7日公布的银行数据显示，大都会国民银行的净存款额为144万美元，而在1884年5月10日，它的净存款额则达到了842万美元（数据来自《商业与金融纪事银行家公报》每周报表）。1884年的银行危机主要是由大都会国民银行暂停支付引起的，它与波及面较广、情况更严重的其他几次危机有所不同（参见第7章）。

据纽约票据清算所协会1890年11月20日下午2点的会议纪要的记

载，该协会就"停止每周发布详情报告"事宜进行了投票表决。在1893年和1907年的恐慌中也出现过类似情况。直到恐慌过后，例行发布制度才得以恢复。纽约清算所之所以严格控制会员行的信息，违反每周必须公布会员行经营详情的法律规定，目的在于防止恐慌时期泄露银行特定的信息。由此看来，在正常时期适用的法律，要适用于恐慌期间，也存在一定的问题。由此看来，储户们并未将清算所告上法庭也就不足为奇了。

清算所授权其贷款委员会公开发放贷款凭证本身是一个积极的信息。据1873年9月20日的《纽约时报》的报道，纽约票据清算所将要发行1000万美元的票据清算所贷款凭证。在1893年的报纸上，也屡次公布了恐慌期间纽约票据清算所会员行所借款项的总金额。在1873年和1907年的恐慌中也是如此，但清算所并未公布每个借款行所借款项的具体数额。

1884 年和 1890 年的恐慌

在1884年和1890年的恐慌中，并没有出现银行暂停支付的情况。威克（2000）将其称为"初级"恐慌。虽然纽约票据清算所在当时确实中止了银行具体信息的发布，但在1884年的恐慌中，纽约票据清算所只是在5月24日那一周暂时采取了这种措施。在历次恐慌中，清算所贷款委员会都是在票据清算所的授权下发放贷款凭证的。从图4.1D和C中可以清楚地看出，在1884年和1890年的恐慌中，准备金赤字持续的时间并不长，数量也不大。纽约票据清算所这两次发放贷款凭证的目的是对某些银行提供援助，而不是应对普遍的恐慌（斯普瑞格，1910，143）。从这种意义上来讲，这两起金融危机看起来更像是一些局部银行的挤兑，而不像是一场遍及银行业的恐慌。尽管如此，纽约票据清算所的行为还是缓解了银行挤兑。根据斯普瑞格（1910，108）的说法，1884年的恐慌主要局限于纽约。例如，费城当时的报纸就没有提到那里发生了恐慌，但是布鲁登和帕克（2015）有证据证明宾夕法尼亚州的银行也出现了挤兑。

我们在前文曾探讨过1884年的恐慌中大都会国民银行暂停支付问题。《美国货币监理署年度报告》（1884，33-34）写道：

> 在与大都会国民银行的官员和董事协商后，清算所组建了一个审查委员对该行进行审查，以确定能否通过制定某种计划使其重新开业。经审查，委员会认为该行的大部分证券都可以通过签发贷款凭证的方式在清算所结算，这样一来，大都会国民银行就能在5月15日恢复营业。于是，会员行就立即采取行动，帮助大都会国民银行恢复营业。这种做法极大地缓解了储户们的激动情绪，有效地抑制了恐慌的发生。尽管人们并没有马上恢复对大都会国民银行的信心……但并没有出现暂停支付的现象……贷款凭证的发行也仅限于纽约市的一些银行，并且它们很快就能收回贷款，并补足准备金。

很明显，在1884年，大都会国民银行对它的所有往来行的重要性足以让纽约票据清算所对其提供援助，从当时在场的人的观点中就能窥到这一点。美国外汇银行总裁兼大都会国民银行审查委员会委员乔治·S. 科（George S. Coe）在1884年6月4日发表演讲说："当我们审查其账簿时，马上就发现了这一重要的事实，它欠储户800万～900万美元存款，其中很大一部分属于往来行的储蓄准备金。如果不想造成更大范围的灾难，就必须刻不容缓地补足其准备金，或想尽一切办法支付储户的存款。"（斯普瑞格，1910，372）

1884年的恐慌有一个重要特点，那就是仅大都会国民银行的贷款额就占全部清算所贷款凭证金额的1/3。然而，令人震惊的是，大都会国民银行存款额下降速度之快出乎人们的意料。1884年5月17日，它吸收的存款额还为740万美元，但仅仅两周后就降至170万美元。在此情况下，纽约票据清算所不得不采取暂停一周对外发布银行特定信息的措施。到5月31日清算所发布银行每周的资产负债表时，大家才发现，原来大都会国民银行已出现了储户大额提现的情况（提现金额为560万美元）（《纽约论坛报》，1884年6月2日，第4版）。当时，不仅公众知道了大都会国民银行的经营状况，而且有关它的报道也时常见诸报端。但是，报纸上的报道和《美国货币监理署年度报告》的描述还是有所差异的。报纸认为，大都会国民银行目前面临着巨大挑战："该行账户上的资金在近两周已发生了明显转移。"也可能是内地银行将存款从其往来行大都会国民银行取了出来，又存到了它在纽约市的另一家往来行。从总体上来讲，纽约各银行的现金储备并没有发生持续大量流失的情况。布鲁登和帕克（2015，1）则认为："纽约票据清算所对系统内重要银行的援助，可能会阻止一场全面的银行恐慌。"

以1890年的金融危机为例，票据清算所贷款凭证是清算所在危机之初发行的，当时银行并没有出现大量挤兑的现象。美国财政部在当年夏季所采取的行动，实际上起到了延缓通货紧缩的作用。在1890年7月至9月间，美国财政部向市场上投放了近7000万美元的货币，仅在9月份就投放了5500多万美元。[16]

据斯普瑞格（1910，142-4）的推测，纽约票据清算所在得知伦敦和巴林发生金融危机的消息后马上发行了贷款凭证。在1890年的危机中，有三个清算所会员行遇到了麻烦：北河银行、北美银行和机械交易国民银行。最终，这三家银行都获得了票据清算所贷款凭证。斯普瑞格在其著作中写道："票据清算所雷厉风行的举措在防止恐慌的蔓延中起到了重要的作用。"（142）

注意

暂停支付

暂停支付其实意味着银行拒绝履行其债务合约，也就是说，拒绝向储户支付活期存款。在国民银行恐慌时期，清算所从未组织和宣布过暂停支付。[17]如果它这样做，不仅不符合法律规定，全体会员行也不一定会执行（参见戈顿，2012）。

由于纽约的银行多次向西部往来行输送现钞，致使纽约的银行现金告罄，于是它们不得不使用清算所贷款凭证来结算清算所借方余额。诺伊斯（1894）对1893年银行的经营状况恶化和暂停支付情况做了如下描述，"许多银行都采取了拒绝支付储户支票项下款项的极端措施"；"而且拒绝兑现储户支票银行的数量也在增多，以至于一些知名的货币经纪人都在报纸上刊登广告，称他们愿意用经认证的银行支票来支付现金溢价。"这种描述或许能够解释纽约清算拒绝宣布暂停支付的原因。随着越来越多的银行宣布暂停支付，现金市场马上对此做出了反应。

在1873年、1907年和1893年的三次恐慌中，暂停支付和发行清算所贷款凭证的日期是不太一致的。在1873年和1907年的两次恐慌中，这两个日期相同，而在1893年的恐慌中，清算所发行清算所贷款凭证的日期则发生在暂停支付之前。在1884年和1890年的恐慌中，清算所发行的清算所贷款凭证似乎起到了阻止暂停支付的效果。

一旦有一家或几家大银行采取了暂停支付措施，其他银行也被迫如此，因为此时它们从公众或其他采取暂停支付措施的银行接受现金储蓄的渠道已被全部掐断了。正如1873年清算所报告所讲的那样，储蓄问题是一个十分重要的问题，原因是银行准备金的分布是不均衡的（1873年的恐慌除外，当时准备金是集中管理的）。斯普瑞格（1910，181）写道："在1893年的恐慌中，银行采取暂停支付措施的真正原因与1873年结算所委员会报告中所讲的如出一辙，各家银行的准备金数量并不均匀。虽然我们无从知晓当时持有大部分银行存款的几家大银行的确切情况，但毫无疑问，它们准备金短缺的情况要比一般银行严重得多。"接着，他又对1907年的恐慌进行了描述："纽约市的银行似乎已形成了一种习惯性思维，即发行清算所贷款凭证和银行暂停支付实际上是一回事。"（171）

恐慌期间纽约票据清算所采取行动的时机和结果

如上所述，1884年和1890年危机期间的票据清算所贷款凭证明显起到了阻止恐慌的作用。然而，在1873年、1893年和1907年的三次严重的恐慌中，清算所采取了更多的措施来稳定金融市场。它通过发行清算所贷款凭证、实施部分暂停支付以及禁止银行特定信息泄露等一系列组合拳，使得在现金净留出内地行的情况下，全国的清算和支票支付工作依然得以持续。不仅如此，在1893年和1907年的恐慌中，银行还扩大了信贷规模，维持了纽约证券交易所的正常交易活动，同时也促进了黄金的进口，大大增加了货币的存储量。

在1873年的恐慌期间，纽约票据清算所封锁了银行的特定信息，并于恐慌发生的当日发行了清算所贷款凭证（见第8章表8.1）。但两日后，银行暂停支付情况就变得非常普遍了。1873年的恐慌与1893年及1907年的恐慌的重要区别是，后两次恐慌发生在美国财政部恢复金本位之后。尽管1893年的恐慌在一定程度上是由于美国储户担心财政部可能会被迫放弃金本位所致，但在后两次恐慌中美国财政部并没有放弃金本位，这反而促使了货币溢价推动下的大量黄金进口。尽管在1873年的恐慌时美国并没有采取金本位，黄金也不会使货币增值，但仍有相当于货币溢价的黄金从海外流入，这就使得外国投资者在证券市场下跌之后投入了大量黄金购买美国债券。

1893年的恐慌始于当年的6月，当时纽约票据清算所停止发布银行的特定信息，并发行了票据清算所贷款凭证。但这些措施并没能阻止恐慌的发生。1893年8月初，纽约的银行规定了储户每日取款的额度。暂停支付使货币产生了溢价，导致了国外黄金的大量流入。据报道，仅3周的时间就有价值近4000万美元的黄金流入纽约市货币市场。而在6—7月，从国外流入的黄金总价值还不到500万美元。

在1893年，由于人们担心美国政府会放弃金本位，担心美国财政部黄金储备基金的稳定性，于是便纷纷到银行取现，这就使得美国国家财政资金的流动性变得非常差。截至1893年4月，美国财政部的黄金储备还不到1亿美元（9300万美元）。杜威（1922，447）指出，美国财政部被迫动用了黄金储备基金来支付经常性开支。因此，在应对1893年的恐慌中，美国财政部并没有起到重要作用。

在1907年的危机中，发行清算所贷款凭证、对外封锁银行特定的信息，以及暂停支付都发生在1907年10月26日这一天。此次危机与1893年危机的不同之处在于，在银行实施暂停支付措施以后的几周内，黄金的流入量急剧增加（而在1893年的危机中，黄金流入的时间比较晚）。流入黄金的价值在11月9日那一周是500万美元，一周后就迅速飙升至2000多万美元。如第8章表8.3所示，截至1907年底，从国外流入纽约的黄金净流入量累计就达8500多万美元。在1893年的危机中，货币供应量的快速增长主要源于黄金的大量流入（穆勒曼，1908，110）。

在1873年、1893年和1907年三次严重的金融危机中，黄金都是从国外流入纽约货币市场的。黄金的大量输入是美国金融市场交易意愿的信号，是人们乐观态度的体现。在1893年和1907年出现银行暂停支付后，随之就出现了第一波黄金输入热。这主要得益于近4%的货币溢价给投资者带来的可观回报。即使在1873年危机期间，当时黄金并不能完全替代现金流，黄金的流入主要来自国外的资本市场。

总结

我们从恐慌着手研究了纽约票据清算所在金融恐慌期间采取的每一项行动。在国民银行时期发生的5次恐慌中，纽约票据清算所在授权其贷款委员会发行清算所贷款凭证的同时，对银行特定的信息进行了临时抑制。在最严重的恐慌中，票据清算所并不公布申请贷款凭证银行的名称及其贷款金额，这也是清算所所抑制信息的一部分。纽约票据结算所采取的信息抑制措施，目的在于预防因挤兑而导致会员行财政危机，从而在本质上把纽约票据清算所变成美国唯一的一个金融机构。

5 信息生产、抑制及紧急流动性支持

在金融危机期间对信息进行管理，不仅需要抑制银行的特定信息，而且还必须生产出关于银行的各种特定信息。19世纪危机期间的信息生产主要表现是在暂停支付期间清算所对几家特定银行的专项审查。清算所不仅不公布它对被审行审查的细节，而且还出具了证实被审查行有偿付债务能力的证明。仔细回顾一下，对银行的纾困似乎有着十分重要的作用的票据清算所贷款凭证也与这种银行特定信息的生产有关。在本章中，我们将详细探讨清算所对危机的反应。

在正常时期清算所对银行的例行审查为信息抑制时期的专项审查奠定了基础。在国民银行时期发生的5次恐慌中，纽约票据清算所都采取过暂停每周发布银行资产负债表的措施（按照纽约州银行监管部门的要求，应公布在《纽约时报》上）。虽然清算所对外封锁了银行的特定信息，但仍对特定银行进行了公开的专项审查。清算所在对一些受谣言中伤的银行进行专项审查的同时，又联合会员行对这些银行给予了帮助和救济。

清算所在信息封锁期间对特定银行进行的专项审查结束后，只对外公布审查结果，并且还向被审查行出具由清算所委员会签发的状况良好证明。但该证明并不描述审查的详细情况，只证明该行具有一定的偿付能力。事实上，即使在正常时期，清算所对特定银行审查的详细情况也从未对外公布过。按理说它本应光明正大地对陷入困境的会员行提供贷款（实际上是救助）。

清算所除了通过提供票据清算所贷款凭证对会员行援助外，还直接向特定银行提供紧急贷款。

在本部分，我们将对清算所进行的专项审查和提供的贷款进行探讨。

暂停支付期间的银行专项检查

在银行暂停支付期间，清算所只对外发布如下信息：第一，清算所（所有会员行的）的总资产负债表；第二，应某银行的要求，对特定会员行进行专项审查的结果。虽然专项审查是清算所对某些银行实施援助的先决条件，但是在大多数情况下银行要想获得援助还必须经过权威机构的审核批准。在对某些银行进行专项审查后，票据清算所并不向外界透露太多的信息，只是表明它已对该行进行了审查，并出具该行资信状况良好的证明。事实上，有关银行在收到票据清算所出具的证明后，会把它展示给媒体。其实这与现代监督审查并没有什么两样，即使审计署出具的审查结果也是保密的，还需要什么信息来保证被审查行的信誉？披露的信息太多了，借款人和储户都会感到迷惑不解。

虽然在1884年或1890年的恐慌中并没有出现银行暂停支付的情况，但在本章的表5.1中，我们还是列出了纽约票据清算所在5次恐慌期间进行的专项银行审查。从表中可以看出，纽约票据清算所进行的专项审查并不是特别多，总共才13次，其中包括1907年对3家州立银行的审查。算下来，清算所在每次恐慌中对银行进行的审查平均不到3次。而在这被审查的13家银行中，有5家不是纽约票据清算所协会的成员。

在1873年的恐慌时期，纽约票据清算所会员行联邦国民银行接受了其他银行的援助。虽然清算所建议它不要采取暂停支付的措施，但它最终并没有采纳这一建议（《纽约时报》，1873年9月21日，第1版）。国家银行特许监管机构——货币监理署的一名联邦政府银行审查员和一名接管人（如果认为有必要，可以对银行进行接管的官员）对该行进行了审查。审查结束后，官方并没有发表任何声明。据接管人的描述，储户们很快就会得到全额的支付（《纽约时报》，1873年9月24日）。但是在10月初，该行的董事拒绝接受破产接管人出具的审查报告，称该报告陈述不实，并向清算所提出了重新审查的申请。在10月7日清算所又组织了一个委员会对该行进行审查（《纽约时报》，1873年10月8日，第5版）。票据清算所发表的声明称："我们接受了申请，并组成了一个五人特别委员会，和联邦国民银行总裁及其董事们一道对该行进行了审查，并已将审查报告提请票据清算所协会会议批准。"（《票据清算所委员会会议纪要》，1873年10月1日，第1.1卷，1854年3月11日—1894年12月10日）。

虽然没有证据证明特别委员会对外公布了它对联邦国民银行的审查情况，但该行最终还是破产了。斯普瑞格（1910，43）讲，联邦国民银行虽然破产了，但债权人并没有受到损失。很显然，该行的破产并不是什么重要新闻。他还谈道，"联邦国民银行的偿付能力一直备受质疑，其业务规模较小，贷款金额仅为200万美元左右。因此，在目前的形势下，人们对它的破产并未感到奇怪"。（43）

在1873年的恐慌中，纽约票据清算所也对非会员行进行了审查。1873年10月1日的《票据清算所会议纪要》称，"票据清算所委员会在一年内对3家银行进行了彻底审查，其目的在于查验这3家银行是否确实存在影响支付能力的情况。据审查，其中有两家银行并不存在谣言所说的情况，于是票据清算所委员会就出具并公布了其审查证明。这两家银行业也因此幸免于难"。（《纽约票据清算所会议纪要》，第1.1卷，1854年3月11日至1894年12月10日）斯普瑞格（1910，151）讲，这3家银行都是州立银行，并不是纽约票据清算所协会的会员行。

在1893年的恐慌中，清算所对一家最终被清算的银行进行了审查。滨海国民银行（Seaboard National Bank）系纽约票据清算所会员行，是国民储蓄银行（The National Bank of Deposit）的结算代理行。由于国民储蓄银行的存款额锐减，它的偿付能力受到存款人的质疑。于是，滨海国民银行就拒绝继续担任国民储蓄银行的结算代理行，并申请票据清算所对国民储蓄银行进行审查。"滨海国民银行于昨日下午向清算所提出了对国民储蓄银行进行审查的申请，随后清算所委员会对国民储蓄银行负责人进行了询问，并对其资产进行了盘点。审查结束后，清算所委员会向该行提出破产清算建议。"票据清算所经过两个小时的审查后，于当晚9点在储蓄银行发表声明称，"票据清算所委员会今日下午盘点了该行的资产，大家一致认为该行应该破产清算。委员会认为，即使对该行进行了破产清算，存款人还是很有可能会拿回全额存款的"（见《纽约时报》，1893年5月23日，第1版）。

在1907年的恐慌中，纽约票据清算所的三大会员行都受到了审查。其中一家是商业国民银行（The Mercantile National Bank）。据《纽约时报》（1907年10月18日，1日）的报道：

> 昨晚（10月17日）营业结束后，清算所协会派了一个委员会进入商业国民银行，对该行进行了审查。"事实上，清算所早已决定，如果该行经营状况良好，将对其提供支持，并帮助它辟除谣言渡过难关。"午夜时分，票据清算所主席发表声明称："审查结果显示，该行完全有偿付能力，能够偿还所有的债务。其300万美元

的资本金完好无损，并且还有大量盈余。""银行应于次日早上照常营业。"

清算所并没有进一步公布审查细节。结算所于10月18日对外透露："结算所委员会于昨日上午召开了会议，正式投票通过了尽力援助商业国民银行的决议……有9家会员行向该行伸出了援助之手，每家银行向其援助20万美元，共计180万美元。"（《纽约时报》1907年10月19日报道）这批贷款实际上是清算所提供的贷款，也就是纽约票据清算所向该行提供的紧急贷款（而不是清算所贷款凭证项下的贷款）。紧接着，1907年10月19日，清算所又决定再向该行提供90万美元贷款（《清算所委员会会议纪要》，1907年10月17日，第337页，手记）。

> 但是，该项援助计划有一个先决条件，那就是商业国民银行的所有董事必须辞职……清算所委员会认为，银行的新总裁在该行治理机构构建方面应该享有充分的自主权。正是基于这种考虑，清算所委员会要求该行的所有董事必须辞职。尽管在董事会中有些董事非常适合留任，但是清算所委员会认为，保留现有的董事不利于恢复人们的信心。
>
> （《纽约时报》，1907年10月19日，第1版）

1907年10月22日，《纽约时报》报道称："认购援助基金的清算所会员行，从9家增至25家。新加入的银行每家出资40万美元，总计1000万美元。在清算所的53家会员行中，差不多有1/2的会员行认购了援助基金。"（1）威克（2000，90）讲，商业国民银行从票据清算所援助基金中获得了190万美元的贷款。

1907年10月26日，《商业与金融纪事报》对此事进行了深入报道：

> 继上周商业国民银行重组事件后，纽约票据清算所在周末进一

步扩大了审查范围，对北美国民银行（The National Bank of North America）和新阿姆斯特丹国民银行（The New Amsterdam National Bank）展开了调查。莫尔斯（Morse）先生主要负责这两家银行的审查工作。在审查结束后，他出具了一份证明这两家银行有偿付能力的证明：

> "结算所指派的委员会已对协会点名批评的银行进行了审查。经查发现它们具有偿付能力。结算所委员会认为有必要向它们提供援助，以支付其储户存款。"（1059）

1907年10月19日的《纽约时报》称，"清算所保证银行偿付能力的消息，对金融界来讲不啻一大幸事"（1）。比如，为了向商业国民银行提供贷款，票据清算所就将贷款凭证的发行时间延至1907年10月26日。这表明纽约票据清算所正致力于解决一些燃眉之急。下一个需要解决的问题是海因策－莫尔斯－托马斯银行（Heinze-Morse -Thomas Banks）。[1]

对1884、1890年危机间虽未暂停支付但经营困难的银行的审查

1884年的金融恐慌并没有出现银行暂停支付的情况。该次恐慌始于涉猎格兰特－沃德经纪公司（Brokerage house of Grant and Ward）破产案的海事国民银行。该行在破产前，纽约票据清算所对它进行了审查，并做出了对该行不予援助的决定，还对外声称该行资不抵债，不足以重新营业。

在此我们重点探讨大都会国民银行的情况。该行于1884年5月14日被迫暂停营业，由纽约票据清算所"审查委员会"（《商业与金融纪事报》，1884年12月6日，第634页）派遣审查员对该行进行审查，认定该

行的资产状况良好，可以得到清算所贷款凭证下的资金援助。纽约票据清算所于大都会国民银行暂停营业当日召开了会议，就银行目前的营业状况进行了讨论，并决定对其进行审查。审查结束后，清算所委员会发出通告说："票据清算所委员会对大都会国家银行进行了审查，发现该行目前的资产状况足以使委员会有理由向贷款委员建议向其提供贷款，以助其立即恢复营业。"（《纽约票据清算所及其纽约票据清算所委员会联席会议纪要》以及《清算所委员会大都会国民银行会议纪要》，1884年5月14日，纽约票据清算所协会档案室）在后文谈到流动性时，我们还会进一步讨论该案。

其实，纽约票据清算所早已敏锐地觉察到了大都会国民银行不容乐观的经营状况：

> 清算所委员会主席明确表示，鉴于有关大都会国民银行的谣言已被传得沸沸扬扬，他专门召开了一次会议，讨论对大都会国民银行的经营状况进行审查的事宜。与会人员表达了各自的观点，大家一致认为应该立即对该行进行审查。威廉·纳什先生（清算所执行委员会的五位成员之一）表示，他已经筹备好了一支银行审查员队伍……最后，大都会国民银行审查委员会出具了一份审查报告。该报告称："经审查，委员会发现，该行的资本金并没受到损害……决定向该行提供援助，以使其支付40万美元的应付账款。"（《票据清算所委员会会议纪要》，第1.1卷，1854年3月11日—1894年12月10日，第337-338页，手记）

纽约票据清算所于1884年5月14日完成了对大都会国民银行的审查，于5月15日在《纽约论坛报》上发布了公告。公告称："票据清算所委员会对大都会国民银行进行了审查，发现该行资产并未受到损害，有理由建议贷款委员会对该行予以援助，使其能够立即恢复营业。"清算所经理威廉·A.坎普（William A. Camp）在5月14日午夜时预阅了审查报告，清算所的所有审查人员在仔细审阅了审查报告后匆匆离开，并未对报告提出异议。

在1890年的恐慌期，纽约票据清算所对3家会员行进行了审查，如表5.1所示。在1890年11月11日星期二那天，这3家银行向纽约票据清算所提出了援助申请。在次日的早会上，清算所9家会员行的总裁很快就得知了北美银行（Bank of North America）陷入困境的消息，于是他们就以各自的证券作抵押向北美银行援助了10万美元，北美银行在当日晚些时候用这笔资金进行了交易，从而度过了"短暂的""尴尬期"（《纽约时报》，1890年11月12日，第1版）。

在1890年11月12日周三那天，纽约票据清算所发行了金额为149.5万美元的贷款凭证，其中北美银行获得了90万，机械交易国民银行获得了50万，北河州立银行获得了9.5万（《纽约时报》，1890年11月13日，第1版）。这3家都是陷入困境的银行。两天后，即1890年11月14日，清算所委员会完成了对北美银行的审查，并出具了一份审查报告，称该行"资本状况良好，且有大量盈余，足以履行其全部债务"（《纽约时报》，1890年11月15日，第8版）。虽然上述3家银行在财务上都存在明显的问题，但纽约票据清算所仍公然宣布向它们提供贷款的举措向外界释放了一个积极信号。

紧接着票据清算所委员会在1890年11月15日完成了对机械交易国民银行的审查，并和上次一样出具了一份审查报告，同样声称该行的"资本状况良好，且有大量盈余，足以履行其所有债务"（《纽约时报》，1890年11月16日，第2版）。

在上述3家银行中，只有北河银行于11月12日被纽约州银行监管机构责令停业，且没有恢复营业，其他两家银行都涉险度过了此次危机。

表5.1 纽约清算所协会在恐慌期间对会员行的审查

时间	所涉银行	审查日期	是否为清算所会员行	一些细节
1873年恐慌	联邦国民银行	1873年10月8日	是	清算所是应银行总裁邀请对该行进行审查的，因为他认为接管人的报告所描述不正确（《纽约时报》，2009年9月20日、22日、23日、24日；《纽约时报》，1873年10月7日、13日）。
	三家州立银行	1873年10月1日	否	《结算会议纪要》，1854年3月11日—1894年12月10日，第1.1卷。
1884年恐慌	大都会国民银行	1884年5月14日	是	清算委员会对其审查。公布结果并提供贷款。于5月15日恢复营业。
1890年恐慌	北河银行	1890年11月13日	是	在1890年11月12日，该行被国民银行审查员质询关闭。由于不愿意看到它破产，因此结算委员会对该银行进行了审查。结果是"非常怀疑"这家银行是否会重新开张（《纽约时报》，1890年11月14日，第5版）。
	北美银行	1890年11月14日	是	清算委员会对其进行了审查，出具了一份简短的审查报告，证明"该行资本完全无损，有大量盈余。足以履行所有的义务"（《纽约时报》，1890年11月15日，第8版）。
	机械交易国民银行	1890年11月15日	是	清算委员会对其进行审查，并证明其"资本完好无损，且有大量盈余。完全有能力履行其所有义务"（《纽约时报》，1890年11月15日，第8版）。
1893年恐慌	麦迪逊广场国民银行	1893年8月9日	否	银行将其账簿送到清算所，有就审查结果发表声明。一名在场的官员非正式地表明该行存在问题（《纽约时报》，1893年8月5日，第5版）。
	国民储蓄银行	1893年5月22日	否	清算所会员行拒绝担任国民储蓄银行的清算代理人。清算所委员会对该行进行了审查，建议其进行清算（《纽约时报》，1893年5月23日，第1版）。
1907年恐慌	商人国民银行	1907年10月17日	是	清算所委员会对其审查后，发表声明，声称"审查结果表明，该行完全有偿付能力"（《纽约时报》，1907年10月18日，第1版）。
	新阿姆斯特丹国民银行	1907年10月20日	是	清算所委员会对该行进行了审查，发现它具有偿还能力，并同意向其提供紧急贷款（《纽约时报》，1907年10月21日，第1版）。
	北美国民银行	1907年10月20日	是	清算所委员会对该行进行了审查，发现它有偿付能力，并同意向其提供紧急贷款（《纽约时报》，1907年10月21日，第1版）。

政府监管机构的专项检查

表5.2中列出了官方银行审查员在历次恐慌中审查过的银行，总计10家。

在政府监管机构的审查中，对银行审查次数最多的是1884年和1890年的金融危机时期，但这两次危机都没有出现银行暂停支付现象。国家银行审查员对海事国民银行的审查始于1884年5月6日，其审查结果与纽约票据清算所的审查结果并无二致，都认为该行无救助价值。海事国民银行于1884年5月14日宣布破产。此外，政府监管机构还采取了一些措施，以减轻人们对大规模银行破产的担忧。5月15日，第二国民银行因其总裁挪用了300万美元而被其父亲取代其职位受到了政府监管机构的积极评价。1884年12月6日的《商业与金融纪事报》描述了货币监理署如何在财政危机即将来临之际于5月14日派可靠之人前往纽约，驰援国家银行审查员（635）。国家银行审查员在审批票据清算所贷款凭证和大都会国民银行的重新开业中都发挥着重要的作用。这一点在表5.2对大都会国民银行审查的描述中有所体现。

在星期一，也就是1884年5月26日，货币审计署署长称国家银行审查员"一直在密切关注着局势的发展，并向他汇报说国民银行经营状况良好"（《纽约银行状况》，《纽约时报》，1884年5月27日，第1版）。

表5.2 恐慌期间监管机构对纽约市银行的审查

时间	所涉银行	审查日期	是否为清算所会员行	一些细节
1873年恐慌	联邦国民银行	1873年9月22日	是	政府银行审查人员对该行进行了审查，发现传言"属实"（《纽约时报》，1873年9月23日和24日，第1版）。该行拒绝接受检查报告，并请求对纽约所清算所清算。审查后，清算所所同意原审查报告内容（《纽约时报》，1873年10月14日，第5版）。
1884年恐慌	海事国民银行	1884年5月6日	是	审查人员到该行后便马上着手调查（《华尔街日报》，1884年5月6日，第1版）。5月7日，结算所无限期暂停该业务（《纽约时报》，1884年5月7日，第1版）。5月14日，该行破产，该行自愿申请破产清算。
	大都会国民银行	1884年5月14日	是	1884年5月13日，清算所任命了接管人（《纽约时报》，1884年5月14日，第1版）；5月14日，国民银行暂停接管了该行的财产（《纽约时报》，1884年5月15日，第1版），5月15日，国家银行审查员外宣布该行的资本没有受到损害，于是，开始恢复营业（《纽约时报》，1884年5月16日，第1版）。1884年11月18日，该行自愿申请破产清算。
	第二国民银行	1884年5月14日	是	国家银行审查员宣称，他对"该行的资金状况和偿付能力比较满意"。（《纽约时报》，1884年5月15日，第5版）。
	大西洋国民银行	1884年5月14日	否	大西洋国民银行是大都会国民银行在布鲁克林地区的往来行。在大都会国民银行暂停支付不久，大西洋国民银行就于5月14日停止营业（《纽约时报》，1884年5月15日，第1版）。5月16日，国民银行审查员对其进行了审查（《纽约时报》，1884年5月17日，第1版）。但是，该行并没能恢复营业。5月21日，国民银行监管机构宣布该行破产（《纽约时报》，1884年5月22日，第8版）。
1890年恐慌	北河银行	1890年11月12日	是	该行被国民银行审查员强制停业。然后，国民银行审查员就开始对其审查。清算所所也对该行进行了审查，结论是"非常怀疑"它是否能重新营业（《纽约时报》，1890年11月13日，第1版）。13日，票据交换所向该行发行贷款凭证，监管机构对其拒绝向该行发行贷款凭证。（《纽约时报》，1980年11月14日，第1版）。

续表

时间	所涉银行	审查日期	是否为清算所会员	一些细节
1893年恐慌	坚尼街银行	1893年6月6日	否	国民银行审查员开始对该行发起审查(《纽约时报》,1893年6月7日,第9版),并于6月8日宣布不允许银行"继续或恢复业务"(《纽约时报》,1893年6月9日)。
1907年恐慌	汉密尔顿银行;第十二区银行	1907年10月24日	否	国民商业银行宣布将不再为这两家银行办理清算业务(威克,2000.90)。10月19日,银行审查委员会宣布这两家银行有偿付能力,但它们仍暂停向储户支付(《纽约时报》1907年10月25日,第5版)。
	尼克博克信托公司	1907年10月21日	否	国民银行宣布不再为该公司办理清算业务(《纽约时报》,1907年10月22日,第1版)。清算所所拒绝了尼克博克的贷款请求(《纽约时报》,1907年11月1日,第2版)。
	美国信托公司	1907年10月22日—11月1日	否	在先后经历了多次检查之后被关闭。监管机构指定接管银行的接管人(威克,2000,91)。司信任度遭到多次检查之后被关闭。

清算所即时提供流动性资金的行动

在前文"暂停支付期间的银行专项检查"一节中，我们讨论了纽约票据清算所可能承担储户损失的一些情况。在此我们将讨论清算所向其会员行提供显性援助而非预期偿还临时贷款的情况。

在1884年的恐慌中，纽约票据清算所会员行大都会国民银行陷入了困境。到1884年5月14日，大都会国民银行共欠清算所贷款57.5万美元，但无力支付。《纽约票据清算所会议纪要》曾记载："结算所委员会对大都会国民银行进行了审查，根据该行资产情况，有理由向贷款委员会建议对该行予以援助，使其立即恢复营业。"[2]据《纽约时报》估计，该行对外欠300万美元预付款。但是据结算所审查委员会成员、北美银行总裁威廉·多德（William Dowd）证实，大都会国民银行将于次日重新营业。他表示，"每一家资本金充足的银行，在需要帮助的时候，都会得到清算所的帮助"，但他认为不会再出现其他银行倒闭的情况（《纽约时报》，1884年5月15日，第1版）。[3]虽然大都会国民银行在资金窘迫的情况下顽强地生存了下来，但储户挤兑现象还是有增无减。从5月17日到31日短短半个月的时间里，其净存款额就从740万美元降至170万美元，截至6月21日，更是骤降至120万美元。在此情况下，该行于1884年11月18日自愿提出了破产清算申请。

根据威克（2000）和斯普瑞格（1910）的说法，大都会国民银行三分之二的存款来自其往来账户的余额。由于大都会国民银行是许多银行的代理行，许多被代理行都可以从它那里大量提取现金。值得注意的是，并没有确切的证据表明银行纷纷提现是受交叉感染的影响。我们注意到，大都会国民银行曾在票据清算所贷款凭证的帮助下顶住了挤兑的压力，其支付给储户的现金数量大致等于危机时的净存款负债额（最高负债为754万美元）。

在1907年的恐慌期，纽约票据清算所还对北美国民银行和新阿姆斯特丹国民银行进行了审查。审查的结论为北美国民银行的资本"没有受到损害"，而新阿姆斯特丹国民银行"在适当的干预下，也可以安全运营"（《清算所委员会会议纪要》，1907年10月17日，第339页，手记）。后来，"委员会进行了投票，一致表示愿意除以前提供给该行的贷款外，再向其提供金额为33.5万美元的援助——由各会员行认购"（《票据清算所委员会会议纪要》，1907年10月17日，第342页，手记）。

在1907年的恐慌中，新阿姆斯特丹国民银行得到了票据清算所的援助。据《纽约时报》的报道，在1907年10月21日，纽约票据清算所曾发表声明称：

> 票据清算所委员会审查了备受诟病的两家会员行（北美国民银行和新阿姆斯特丹国民银行）。经查发现它们并没有丧失偿付能力，于是，票据清算所委员会决定向它们提供必要的援助，以满足其支付储户提现的需要。虽然清算所并没有公布事件的后续经过，但请相信，清算所的会员行一定会履行其承诺，向受审查行提供其所需援助，并要求它们提供一定的抵押物做抵押，就像给商业国民银行提供援助那样。（1）

尽管纽约票据清算所宣布了援助计划，但是在接下来的一周里，这两家银行还是出现了挤兑。从清算所于1907年10月26日公布的会员行的每周资产负债表中，我们可以发现新阿姆斯特丹国民银行的现金准备金与存款比率降至12%，北美国民银行则降至7%。而截至1907年10月19日的那一周，每家银行的准备金与存款的比率都在20%以上。北美国民银行的存款在一周之内就从1300多万美元降至800多万美元，而新阿姆斯特丹国民银行的存款在一周内则从490万美元降至340万美元。

据1907年10月28日的《纽约时报》的报道，"新阿姆斯特丹国民银行总裁发布公告称：'……纽约票据清算所对我行进行了一次严格而非同寻常的审查，结果发现我行资产充足，偿付能力有余。这次审查会使我行变得更加强大。'"（3）这种情况一直持续到1月底。据《纽约时报》的报道，新阿姆斯特丹国民银行是在1908年1月4日恢复储户自由提现，1月29日决定停止营业（自愿申请破产清算），并被接管人接管，该行总算渡过了危机（威克，2000，9）。

北美国民银行也得到了清算所的援助。有报道引述1907年10月21日《纽约时报》的评论说，"昨晚一些知名银行达成了协议，它们都相信，只要清算所采取措施，就能够成功地应对这种局面。包括詹姆斯·施派尔（James Speyer）和雅各布·H.希夫（Jacob H.Schiff）在内的几位银行家都对《泰晤士报》的记者表达了他们对此事的看法"。（1）

因为信托公司的经营范围与银行差异较大，所以它们并不能加入纽约票据清算所。[4]正基于此，即使是在商业国民银行的请求下（10月21日，周一），纽约票据清算所也并没有对尼克博克信托公司（Knickerbocker Trust）提供援助。但是，在某些情况下，清算所也确实为某些信托公司提供过帮助。斯普瑞格（1910）和威克（2000）认为，纽约票据清算所拒绝对尼克博克信托公司提供援助是犯了一个大错。一天后，摩根大通公司（J. P. Morgan）也犯了同样的错误。

据《纽约时报》的报道，1907年10月22日美国信托公司发生了一次挤兑（1）。储户提款金额为50万美元。一名州立银行审查员对美国信托公司的所有贷款进了审查，发现该公司并没有向查尔斯·莫尔斯（Charles Morse）提供过任何贷款，而给尼克博克信托公司前总裁提供的贷款也只有17.5万美元，而且利息也很高。[5]在得知州立银行审查员对美国信托公司的审查结果后，摩根大通向其提供了100万美元的贷款。

然而，这并未能阻止挤兑的发生。23日，储户提取了1300万美元的存款（威克，2000，92）；24日，又提现900万美元（《纽约时报》，1907年10月25日，第1版）。

在1907年的恐慌中，美国财政部应当采取相应的措施来应对银行恐慌，但当时可用的财政结余较少，这限制了它的行动。好在穆勒曼（1908，110）通过纽约市的银行将大约4600万美元贷记给了美国财政部。

斯普瑞格（1910，263–266）对此解释说，美国财政部在纽约市的国家级银行中共有近3600万美元的存款，其中有3000万美元分别存在了最大的6家银行里。威克（2000，98—100）进一步强调，其中的2400万美元集中存在3家大型银行中（国民城市银行、第一国民银行和汉诺威银行）。它这样做的目的在于向信托公司提供现金支持。

据1907年10月24日《纽约时报》的报道，美国财政部长宣布，"根据财政安排，我已指示有关部门在本市存款2500万美元"。（1）这一数额后来增至3500万美元（托尔曼和摩恩，1990，8；威克，2000，93，99）。这笔款项主要用来帮助那些没有得到纽约票据清算所协会直接援助的信托公司。该批资金的主要来源如下：国民城市银行和第一国民银行各出资250万美元；一家松散的信托公司协会联合出资850万美元；汉诺威国民银行、第一国民银行、国民城市银行和摩根银行共出资150万美元。在1907年11月2日"对信托公司的另一次调查显示，情况并'没有预想的那么悲观'，众信托公司同意筹资1500万美元"（威克2000，97）。

发生在信托公司的挤兑在11月4日那天平息了，此前有一家信托公司财团筹集了2500万美元资金，并将其分配给那些遭遇挤兑的信托公司以解燃眉之急。纽约市的信托公司虽然没有再发生暂停支付情况，但吸

收的存款数量陡转急下，再也无法恢复到与纽约市国家级银行相抗衡的
地步了（尤其是存款额）。

总结

值得注意的是，无论是对会员行还是非会员行，纽约票据清算所协
会都可以进行专项审查，并提供紧急贷款。但是，这些银行并没有义务
接受清算所的审查，也没有义务对接受审查的银行提供紧急贷款，而是
完全出于自愿。清算所只需要制定适当的程序以确保这些行动有条不紊
和负责任地进行就可以了。由于清算所对金融恐慌比较了解，在参与这
些活动时的胜算更大，故会员行都希望纽约票据清算所出面，带领大家
应对恐慌。

为什么有些银行会对其他银行提供支持或申请清算所对其进行专项
审查，然后自信地向公众公布审查结果？这与票据清算所对信息的管理
方式是分不开的。纽约票据清算所对会员行资产负债表中的信息进行了
抑制，仅披露所有会员的总资产，而且对公众提出质疑的许多银行，经
专项审查后往往得出资产充足的结论。它在对特定银行提供贷款时，对
该行流动资金的信息也是保密的，目的在于确保整个银行系统不会因实
力较弱的银行发生挤兑而土崩瓦解。票据清算所对银行的审查报告在一
般情况下都是可信的，因为在某些审查中，清算所一旦认定哪些银行资
不抵债，就会勒令其破产（如联邦国民银行和海事国民银行）。[6]

清算所对缺少流动资金的银行提供支持的目的在于筛选出资不抵债
的银行，以防会员行因向其提供贷款而遭受重大的损失。纽约票据清算
所协会的会员行一般都不会向实力较弱的银行发放贷款，除非它认为这
样做对所有的银行都有利。一般来讲，小银行的破产对整个金融系统的

破坏性并不大。如果不对其施以援助，这些银行一般都会倒闭。援助的重点是那些还具有一定的偿付能力或那些一旦破产对银行系统破坏性较大的银行。

6 美联储时代的"大而不能倒"

"大而不能倒"一词是由国会议员斯图尔特·麦金尼（康涅狄格州，1981—1987）提出的，指的是1984年美国政府对伊利诺伊州大陆国民银行（Continental Illinois Bank）救助一案。[1]该行由于购买了涉嫌石油投机业务的下游银行佩恩广场银行（Penn Square Bank）的油气开采业务贷款而濒临破产。此案正好发生在拉丁美洲债务危机（1983—1989）的大背景下，联邦存款保险公司总裁威廉·艾萨克（William Isaac）和美联储主席保罗·沃尔克（Paul Volcker）认为，大陆银行的破产将会导致美国其他大型银行发生挤兑（考夫曼，2004）。伊利诺伊州大陆国民银行破产案也是2007—2008年金融危机之前美国历史上最大的一桩银行破产案。实际上，大陆银行的破产已引起了许多没有购买储蓄保险的债权人纷涌前去银行提现，这也是2007—2008年金融危机的前兆。在伊利诺伊州大陆国民银行破产后的几年里，银行进行风险投资的规模比以往更大，因为它们认为自己规模太大，政府绝不会袖手旁观，坐视不管，肯定会伸出援助之手，这也可能是导致或促成2007—2008年金融危机的原因。在本章中，我们将通过研究国民银行时期来重新审视这个问题。在这一时期，大家都认为银行太大而不能倒闭，并由此得到了其他大银行的救助。

目前，并没有证据证明大型银行是政府隐形"大而不能倒"政策的受益者，因此此政策的风险比以往更大。贝克（Beck）、德米尔吕格－昆特（Demirgüç-Kunt）和莱文（Levine，2006）在1980年至1997年间对69个国家进行了研究，发现在集中体制（即对银行实行不同形式的监管、干预竞争的国家机构和宏观经济体制）（也参见埃夫伦塞尔2008）下银行发生系统性金融危机的概率更小。艾哈迈德（Ahmed）、安德森（Anderson）和扎鲁斯基（Zarutskie，2015）经研究发现，信贷衍生品利差对银行规模的敏感度并不比对非金融公司的敏感度高，而且很难解释为什么从1934年（储蓄保险被采用的时候）至2007年这段时间里并没有出现这种情况。然而，一些机构太大而不能倒的问题仍然是一个值得研究的重要课题。

一些机构"大而不能倒"的观点由来已久，在国会议员麦金尼创造这个术语之前就已存在。在美国国民银行时期以及美联储和储蓄保险出现之前，私人银行票据清算所就在金融危机期间向规模较大的会员行提供紧急贷款，并对需要帮助的会员进行过援助。[2]1901年8月，《银行家杂志》（*Bankers' Magazine*）中的一篇社论对此进行了解释：

> 如果银行资产状况良好，只是因为缺乏流动资金难以进行结算而暂时陷入困境，清算所协会通常会对其提供援助。事实上，它也是这样做的，预防重要的会员行破产是协会的责任。同时，这种困境也正好使银行暴露出弱点。但是，如果清算所委员会在对会员行的资产进行审查时，发现它连贷款担保都提供不了，就会拒绝给予其援助，那么无论哪个银行，清算所一旦拒绝对其提供援助，它的下场都是非常悲惨的。（第63卷，第2册，第162页）

在本章，我们将讲述纽约票据清算所作为最终贷款人在国民银行业时期所采取的"大而不能倒"的政策。在危机期间，清算所承担起了帮助其会员行度过危机的责任。那时还没有任何一家中央银行堪当此任。在危机中，由于救援行动是由银行机构组成的一个私人市场联盟采取的，这就更加表明"大而不能倒"的做法或政策本身（以及加剧银行风险的"道德风险"问题）并不是引发危机的根本原因。会员行也有防止其他银行给整个金融系统带来风险的动因，这表明，在道德风险不严重的情况下，"大而不能倒"的政策是确实存在的。在前美联储时代，救助大型银行是解决短期债务易受挤兑影响的合理方式。挤兑可能会威胁到大型银行的生存，进而对整个银行系统产生重大影响。

银行破产与清算所援助

在国民银行时期，纽约市共有12家银行倒闭（《美国货币监理署年度报告》，1920年，第2卷，第56—79页）。可以说银行倒闭的数量非常少。在表6.1中，我们列出了被审查的银行，其中黑体字部分是破产银行和由票据清算所援助的银行。表中把各银行的数据和纽约票据清算所（CH）汇总统计的数据都列了出来，以供比较。这些数据来源于《美国货币审计署经济状况和收入财政报告》（*The Call Reports of Condition and Income of the US Comptroller of the Currency*）。关于票据清算所的数据，主要来源于其所有会员行当年的数据。[3]表6.1中的数据主要来源于第三列所示日期之前的某个时间段。第四列所示的破产日期是指定接管人的日期。银行在倒闭时的状况与破产前一年大不相同，这两栏中的日期就存在差异。阴影部分表示主要的恐慌，即1873年、1893年和1907年的恐慌。

表6.1 在国民银行时代,破产的银行和得到纽约清算所协会援助或救助的银行

银行	是否为清算所会员	数据日期	失败或协助的日期	总资产 清算所均值(银行不良总资产)(美元)	总资产 清算所中值(美元)	总资产 清算所标准方差	应付+应收 清算所均值(不良银行)(美元)	应付+应收 清算所中值(美元)	应付-应收 清算所均值(不良银行)(美元)	应付-应收 清算所中值(美元)
清算所		1866.10.1		7794403	5425182	7558552	1674700	576362	1229648	352916
克罗顿国民银行	是	1866.10.1	1866.10.1	2527883			192009		6085	
清算所		1871.10.2		8377293	4994797	8122750	2263636	681584	1544753	205632
海洋国民银行	是	1871.10.2	1871.12.13	4542551			1585327		1291601	
联合广场国民银行	否	1871.10.2	1871.12.15	678612			60826		-55612	
第八国民银行	是	1871.10.2	1871.12.15	1074773			4433		-4433	
清算所		1872.10.3		8370216	5748511	7362133	1947783	649259	1254767	181015
大西洋国民银行	是	1872.10.3	1873.9.22	1191230			162371		32960	
联邦国民银行	是	1872.10.3	1873.9.22	7614822			984888		765568	
清算所		1883.10.3		9284117	6069928	8326248	3178363	1218725	2293712	365400
海事国民银行	是		1884.5.13	6072313			837519		363089	
大都会国民银行	是		1884.5.15	17652227			8067882		5496866	
清算所		1890.10.2		11729109	7267218	10174929	4481209	4481209	2379762	1075158
北美银行	是	1890.10.2	1890.11.12							
机械交易国民银行	是	1890.10.2	1890.11.12	1341254			58283		32691	

续表

	是否为清算所会员	数据日期	失败或协助的日期	总资产			应付+应收		应付-应收	
				清算所均值/银行不良总资产（美元）	清算所中值（美元）	清算所标准方差	清算所均值/不良银行（美元）	清算所中值（美元）	清算所均值/不良银行（美元）	清算所中值（美元）
北河银行	否	1890.10.2	1890.11.12							
清算所		1892.9.30		12892959	8520158	10907902	5215760	2781476	3720372	1652404
国民储蓄银行		1893.3.6^a	1893.5.22^b	1742211			519864		227600	
清算所		1900.9.5		24271097	10901817	33077232	7629665	1389722	6353220	778331
第七国民银行	是	1900.9.5	1901.6.27	5471405			1655827		870969	
清算所		1903.9.9		12938347	12511765	39299110	4244859	1710332	3187577	862000
衡平国民银行		1903.9.9	1904.2.10	511366			31913		765	
清算所		1907.8.22		40489030	24093411	54453221	13048241	1796310	5843367	174518
纽约第一国民银行		1907.8.22	1907.10.25	5820383			2245004		351658	
国民商业银行		1907.8.22	1907.10.19	24093411			7898580		4016170	
新阿姆斯特丹国民银行	是	1907.8.22	1908.6.30	7298000			1937260		1022306	

资料来源：美国货币监理署，《使用状况和收入报告》。

a. 已发布的资产/破产日期：1893年9月6日（破产管理）。

b. 停止营业/破产日期：1893年9月6日（破产管理）。

每一家倒闭的银行都对应有一所清算行的数据。清算所数据在上面，倒闭银行的数据在下面。表中也显示了清算所会员行总资产均值、中值和标准偏差。我们还对衡量成员银行相互联系程度的指标感兴趣，将其作为衡量系统重要性的指标。我们采用了两种方式来衡量其关联性：（1）应付给其他银行的金额加上来自其他银行的金额（衡量该行在银行市场的规模）；（2）应付给其他银行的金额减去来自其他银行的金额（衡量银行作为交易对手的风险）。对于"净到期"项目，我们假定纽约市往来行持有的内地银行存款量大于其他银行的存款量。请注意，我们从票据清算所得到的所有数据均值始终大于中值，呈正偏态分布。这种积极的正偏态分布反映了这样一个事实：在清算所所有的会员行中，有少数几家银行的规模明显大于其他会员行（斯普瑞格在1910年就指出了这一点），它们左右着纽约市甚至整个美国的金融活动，这也可以用标准偏差来表示。这些银行（大约有6家）的总资产约占清算所所有会员行总资产的40%。

非危机期间纽约票据清算所的援助

在非恐慌时期，除了银行倒闭的数量较少之外，倒闭银行的规模也比清算所会员行的平均规模小得多，与其他银行的联系更少。表6.1显示，第一家倒闭的银行是克罗顿国民银行（Croton National Bank）。它于1867年10月1日倒闭，总资产为250万美元，而清算所会员行的平均总资产为780万美元。此外，克罗顿国民银行与其银行的联系也较少。表6.1显示，它与其他银行的活动指标低于清算所会员行的平均活动指标。该银行其实是一个孤立的金融实体，它的倒闭对整个银行系统几乎没有什么影响。

另一个例子是第七国民银行（the Seventh National Bank）。它于

1901年6月27日破产。如表6.1所示，第七国民银行的总资产规模比较小，银行间的活动指标也低于清算所会员行的平均活动指标。清算所并没有对它实施援助（参见《纽约时报》，1901年6月28日，第3版）。

在非恐慌时期，还有一个比较典型的例子就是海事国民银行。该行于1871年12月13日破产。当海事国民银行刚陷入困境时，票据清算所就让它提供抵押物，并贷款给它，起始日是12月8日星期五（参见《纽约时报》，1871年12月19日，第2版）。《纽约论坛报》在1871年12月13日报道说，"清算所人员一直怀疑海事国民银行的偿还能力"（1），当清算所委员会在审查海事国民银行时，发现"它的经营状况非常糟糕"。于是，纽约清算所协会就取消了该行的会员资格。海事国民银行于1871年12月13日破产。

即使当时没有发生金融危机，海事银行的破产也在所难免，因为当时正好是"银行的亢奋期"。1871年12月15日《纽约论坛报》报道，"一大早，联邦国民银行发生了挤兑……但票据清算所会员行的官员们纷纷出面证明该行具有稳健卓越的管理能力，能够满足储户提现的需要"（1）。纽约票据清算所委员会1871年12月14日《会议纪要》的记载："由于联邦国民银行经营不善的谣言在民间四处蔓延，纽约票据票清算所担心挤兑的状况会进一步恶化，于是清算所主席立即召集票据清算所委员会的委员们在联邦国民银行召开会议，并对该行的经营状况进行了审查。审查结果在第二天的早上见诸市报报端"，并盖有票据清算所的官方印鉴，审查报告写道："签署人于今日下午营业结束时，对联邦国民银行的经营状况进行了彻底审查，经查发现该银行完全具有偿付能力。清算所对该行的债务清偿能力充满了信心。"

危机期间纽约票据清算所的援助

在危机期间，纽约票据清算所的政策倾向于向那些有关联关系的大型银行提供援助，而让那些小银行自生自灭，也不管它们是不是其会员行。换句话讲，它的政策是拯救那些"大而不能倒"或"关联太多而不能倒"的银行。当时银行家们的行为就是例证。

在1873年的恐慌期，有两家清算所会员行倒闭。如表6.1所示，它们分别是大西洋国民银行（Atlantic National Bank）和联邦国民银行。大西洋银行的规模很小，但联邦国民银行的规模并不算小，其资产达760万美元，略低于清算所会员行的平均资产840万美元。[4]很显然，它比两年前刚刚倒闭的海事银行的规模要大得多。然而，联邦国民银行与其他银行的关联度并不比海事银行广多少。据我们对银行间活动总量的衡量（负债额加上应收额），联邦银行的余额为984888美元，而当时清算所会员行的平均余额为200万美元。至于风险信贷，联邦国民银行的风险信贷规模为765568美元，而结算所会员行的平均额为120万美元。据1873年9月22日《纽约论坛报》的报道："结算所委员会对联邦国民银行的资产和负债进行了彻底审查，据估计其资本存量约为109万美元……其总裁乔治·埃利斯（George Ellis）曾就援助一事和其他国民银行的总裁进行了磋商，虽然有些银行答应给予援助……但是援助迟迟没有到位。"（2）

随后，联邦国民银行接管人宣布"……他将全额支付储户的存款"（《纽约时报》，1874年11月18日，第8版）。但是，他的这种承诺是否能够兑现尚且存疑。《纽约时报》曾在1874年7月发表文章称："联邦国民银行前总裁乔治·埃利斯因挪用资金53000美元于昨日被捕……"（《纽约时报》1874年7月2日）

关于纽约票据清算所"大而不能倒"政策的最具说明力的例子或

许发生在1884年的恐慌期间。1884年5月14日，大都会国民银行被迫暂停营业。大都会国民银行是纽约市的重要金融机构，在1857年的恐慌期间，它曾在提供流动资金方面发挥了重要作用。斯普瑞格（1910，115）在其著作中写道："无论怎样来讲，第二家国民银行（已破产）都纯属一家没有任何存款的地方性金融机构。另一方面，它约70万美元的存款（占大都会国民银行存款总额的近三分之二）还是其他银行存在它那里的，并不属于它的真正存款。如果不是票据清算所以迅雷不及掩耳之势对其提供援助，毫无疑问，将钱存放在它那里的外地银行也会惶恐不安。估计所有的外地银行都有这样的感觉。"

纽约票据清算所敏锐地意识到大都会国民银行会受谣言困扰，于是在该行采取暂停支付措施后马上派员对它进行审查。对该行审查的是纽约票据清算所组成的"一个审查委员会"（《商业与金融纪事报》，1884年12月6日，第634页）。经审查，委员会认为大都会国民银行资产状况良好，于是在提供担保的情况下，委员会就以票据清算所贷款凭证的方式对它提供了援助。委员会在审查大都会国民银行后出具了审查报告，报告写道："经审查，委员会发现该行的资本金并没有受到损害……决定向该行提供40万美元的援助，以帮助其支付借方余额。"（《票据清算所委员会会议纪要》，第1.1卷，1854年3月11日—1894年12月10日，手记）[5]

1884年5月16日的《纽约时报》报道说，"大都会国民银行在中午时分恢复营业有助于储户恢复信心，而清算所协会对它的大力援助则起到了定海神针的作用"。（1）从票据清算所贷款委员会的会议纪要中，我们可以看到，大都会国民银行共收到了4张清算所贷款凭证，其金额分别为183万美元（5月15日周四收到）、250万美元（5月16日周五收到）、78万美元（5月17日周六收到）和119万美元（5月19日星期一收到），共计630万美元。截至5月17日，票据清算所提供的贷款金额就占其存款额的80%。虽然票据清算所向大都会国民银行提供的流动资金暂时缓和了它的恐慌，但该行的命运在很大程度上还是最终取决于它暂停支付后两周内储户的提款量。不幸的是，该行的吸储水平从1884年5月17日的740万美元降至5月31日的140万美元。

1884年5月15日的《纽约时报》指出："大都会国民银行是许多家国民银行的清算所，但是现在它们的资金全部都被冻结在这里。除非大都会国民银行立即恢复经营，否则它的往来行都会毫无疑问地被迫采取暂停支付措施，这将在全国范围内产生广泛和灾难性的影响。"（1）在纽约市的大型代理行中，大都会国民银行的存款量占第六位。[6]根据银行间的相互关联性来衡量，大都会国民银行的同业拆借活动总量是纽约票据清算会员行均量的两倍多，几乎是纽约票据清算所银行间存款净敞口均值的两倍（银行存款量的集中也说明了这一点）。

大都会国民银行对其往来行余额（即存款）的持有量所反映的银行间的相互关联性，显然是纽约票据清算所审查委员会需要考虑的一个重要因素。下面我们将介绍乔治·科（George-S. Coe）在1884年6月4日的会员行大会上所做的演讲的部分内容，乔治是美国外汇银行行长、纽约票据清算所协会主要成员和审查委员会的参与者。他的演讲词发表在7月份的《银行家杂志》上，演讲针对的就是多数人认为6月中旬危机已经可控的事情。

在演讲中，乔治·科坦率的态度和清晰的思维给人们留下了深刻印象。但是，由于事情发生在1884年，现在我们可能感到他的发言有些晦涩难懂。为了清楚地了解其演讲内容，我们对他的观点做了如下归纳。首先，乔治·科认为，在决定是否援助大都会国民银行之前的短短几个小时里，审查委员会是无法确定该机构是否有偿付能力的；其次，审查委员会经审查发现，大都会国民银行持有其往来行的大量余额（即存款）；再次，审查委员会做出援助大都会国民银行的决定是考虑到它的往来行较多,一旦大都会国民银行破产,其往来账户上的余额就会受到重大影响;最后,乔治·科在其演讲中清楚地表明,纽约票据清算所作出以清算所贷款凭证方式向该行提供贷款的决定是在冒着损失"一两百万美元"的前提下做出的。

在演讲中,乔治·科就缓解1884年危机表达了自己的看法:

> 在此情况下,清算所委员会连夜召开委员会会议,讨论审查该行事宜,并研究了下一步的行动计划,清算所委员会在仓促之中承担了这项重如泰山的责任。然而,忧心忡忡的委员们要在短短的几小时里对资产规模如此巨大、账目又如此繁多的银行的价值做出明确的判断又谈何容易。当我们审查它的账目时,一个非常重要的事实浮现在我们眼前:该行欠储户的存款竟高达八九百万美元,其中很大一部分是其往来行的准备金,这些准备金是不能受到危险或被冻结的,这种情况哪怕只出现一天,也会造成灾难性的后果。因为随之而来就会出现其往来行暂停支付和依靠这些银行贷款的商人们破产的情况,也会出现使持有类似存款准备金的银行难以支付巨额汇票项下款项的局面。我们的城市面临的危险是与银行的负债及其手头上的现金存量成正比的。如果任由这种危险肆虐全国,所有的银行及商家都会停摆,就会造成无法估量的重大损失。因此,委员们一致认为,最好通过接管该行总资产的方式偿还存款人的债务,即使损失一两百万美元也在所不惜。绝不能坐视全国性的金融和商业混乱爆发,从而招致无限期的更大灾难。很显然,委员们有信心得到协会的批准和支持,并迅速肩负起这一重任。于是,为了保护协会会员行约1亿美元的资本盈余以及30亿美元的共有资产,委员会毫不犹豫地采取了行动,从而使国家幸免于难。很明显,大都会国民银行是全局的关键。当清算所委员会第二天早上宣布接管

该行的决定时，储户们立即恢复了对该行的信心，银行的业务也恢复了正常，八分之七的储户存款被清偿。该行的股东摆脱了个人责任的威胁，他们的巨额财产也可以转换成金钱。信心的恢复和信心丧失同样来得如此突然，以至于人们在巨大的危险面前仍然处于懵懂的状态之中。

这次演讲是乔治·科在1884年5月14日大都会国民银行首次暂停支付仅三周后在清算所发表的，它全面概括了银行恐慌的所有重要特征。清算所在1884年援助大都会国民银行的理由与我们最近为防止重要的金融机构破产所做的努力是一致的。由于事发突然，纽约票据清算所审查委员会并没有足够的时间来评估大都会国民银行的真实偿付能力。但是，大都会国民银行毕竟与海事国民银行不同，如果允许它破产，将会给整个金融系统带来不良影响。如果大都会国民银行继续拒绝向储户支付存款，其往来行的900万美元的款项将会被冻结，而这些款项中的大部分是内地银行存放在大都会国民银行的准备金。此外，乔治·科还表示，清算所宁愿冒着损失200万美元的风险也要向大都会国民银行提供贷款。诚然，因为纽约票据清算所对大都会国民银行进行了井然有序的清算，它自身才没有受到这样的损失。

因为大都会国民银行真是"太大了，故而在危机中不能倒"。实际上，乔治·科在他的演讲中谈到，清算所于1884年5月15日向大都会国民银行提供了援助，这就清楚地表明它是一个"在恐慌期间无序出现的""太大而不能倒"的范例。由于票据清算所以贷款凭证的方式对大都会进行了援助，故该行的清算最终被推迟了好几个月。

早在1884年6月中旬，报纸曾报道，票据清算所向大都会国民银行建议，让其考虑自愿申请破产清算事宜。在当年的11月份，大都会国民银行进行了清算。清算所对这一事件的处理（斯普瑞格，1910；威克，

2000）并没有像乔治·科说的那样先对其评估，而是在对其偿付能力并不知情的情况下向它提供了援助。此外，《美国货币监理署年度报告》（1884，XLIII）也对该行的状况进行了合理的解释，它认为清算所之所以如此做，是因为该行的破产是谣言造成的。不过，乔治·科的描述清楚地表明，人们可能觉得大都会国民银行会倒闭，但是，为了防止这家重要的代理行在银行恐慌期间破产，票据清算所的会员行甘愿承担这一风险。也许我们还记得，它是纽约市的第六大代理银行，与许多银行之间有着错综复杂的关系，在整个金融系统中具有举足轻重的地位。既然它是自愿申请破产清算的，那么就不会对金融市场带来太大的冲击。从目前来看，大都会国民银行的清算模式为我们有序地解决问题提供了一个范例。

在第5章，我们曾谈到，纽约票据清算所在1890年的恐慌中对3家银行进行了审查。在这3家银行中，北河州立银行并不是清算所的成员。纽约银行监管机关于1890年11月12日责令该行停业，而且它再也没有重新开业。当时清算所成立了一个审查委员会，对其他两家成员行北美银行和机械交易国民银行进行了审查，并于11月14日和15日作出了两份同样的声明："该行资本状况良好，且有大量盈余，足以履行其所有债务。"这表明上述银行能够经得起恐慌期间暂时困难的考验。

在这场恐慌所采取的行动中，纽约票据清算所有两项行动尤其值得关注。第一，在1890年11月11日刚发生恐慌时，清算所就召开贷款委员会会议，批准了清算所贷款凭证的发行；第二，发放贷款凭证扩大援助的举措已向社会公开，且援助金额也透明化，这与暂停支付导致的恐慌形成了鲜明对比。清算所向这三家陷入困境的银行发放贷款的举措表明，至少在它看来，1890年的银行恐慌还是可控的。人们认为，清算所对这三家银行的关注和对贷款金额的公开向外界释放了一个积极的信号。

1893年5月22日，美国货币审计署办公室国家银行审查员勒令国民储蓄银行停业。审查员认为，它已丧失偿债能力，所以该行于1893年6月9日被接管人接管。值得注意的是，虽然国民储蓄银行并不是纽约票据清算所协会的成员，但它出具的支票也必须通过会员行结算。滨海国民银行是国民储蓄银行的存款行。国民储蓄银行的破产事出蹊跷，有人指责说，正是它的往来行芝加哥哥伦比亚银行（Columbia Bank of Chicago）的破产才引发了挤兑，[7]所以通过纽约票据清算所进行清算的国民储蓄银行的代理行滨海国民银行宣布，不再为国民储蓄银行办理清算业务。由于通过清算所会员行进行清算的银行必须接受清算所的审查，清算所就派了一个委员会对国民储蓄银行进行审查。纽约票据清算所向国家银行审查员强调，对国民储蓄银行审核的重点应该是其经营状况。经审查发现，国民储蓄银行的存款从150万美元迅速下降至90万美元。[8]

正如我们在第5章所提及的，在1907年的恐慌中，纽约票据清算所协会共审了3家大银行。在这3家银行中，商业国民银行最为重要。在10月17日商业国民银行交易结束后，清算所选派了一个委员会对该行进行审查。据1907年10月17日和18日《纽约时报》的报称，清算所审查员在决定是否对被审查行进行援助时有一个原则，那就是在委员会认为该行经营状况良好的情况下，才向它提供援助，以帮助它渡过难关。在对该行进行审查后，清算所主席于当日午夜时分发表了一份声明，证实该行具有偿付债务的能力，并称其在次日就可以重新营业。

1907年10月19日的《商业与金融纪事报》指出："票据清算所在支付了商业国民银行74.5万美元的借方余额后，要求商业国民银行的全体董事集体辞职。在听到此要求后，银行的所有董事立即辞职了。"次日（10月20日），《纽约时报》的头版头条就出现了题为"纽约市银行成功避险于'海因策式破产'事件：清算所委员会发现商业国民银行经营状况良好"的文章。

1907年10月21日，《纽约时报》头版刊登了一篇题为"银行稳健，获得援助"的文章，其主要内容为："票据清算所承诺给予必要的支持；托马斯出局，塞思·M. 米利肯入主商业国民银行，W. F. 海维梅尔主政北美银行；勉为其难的控制已经结束，斯派尔和希夫等其他几位主要银行家都认为目前的形势已经明朗。"此文还报道说，清算所已决定给上述银行提供更多援助，其中9家会员行将联手给它们提供180万美元的贷款。[9]随后，这9家银行预先提供了90万美元的贷款（《票据清算所委员会会议纪要》，1907年10月17日，第337页，手记）。《泰晤士报》还爆料，清算所委员会已"同意弥补商业国民银行对外所欠款113.7万美元中的不足部分。即这笔款项的大部分都由清算所支付"。

此外，《纽约时报》（1907年10月21日，第1版）还报道："清算所对受储户批评的其他几家银行（北美国民银行和新阿姆斯特丹国民银行）的审查表明，这些银行并未丧失偿付能力，于是委员会就决定向它们提供必要的援助，以满足存款人的提现需求。"

> 全国各地对票据清算所在商业国民银行问题上采取的行动表示完全满意。经纪公司认为票据清算所采取的这一果敢有力的行动表明，银行业的任何弱点都是能够迅速地被掩盖的。他们还进一步表达了对此事的看法，即银行的弱点一旦被掩盖，就等于它并不存在致命的弱点。票据清算所的行动以及它对特定银行的保护的确已被金融界接受，而且确实起到了提升股票市场人气的作用。
>
> （《纽约时报》，1907年10月19日，第13版）

很显然，纽约票据清算所在帮助会员行上是毫不含糊的。但是在1907年的金融危机中，它也出手援助了一些金融中介机构，这成了被别人批评的口实。纽约票据清算所允许尼克博克信托公司独立运作的决定受到了当代观察家斯普瑞格（1910）、古德哈特（1969）和威克（2000）的批评。我们对此观点也表示赞成，并响应他们为乔治·科对援助尼克博克信托公司一事正名所作出的号召。虽然纽约票据清算所有合理的理由不冒险拯救这家非会员机构，但拒绝援助尼克博克信托公司以及该公司一旦破产所带来的代价将是非常沉重的。1907年金融危机本来就已经非常严重，尼克博克信托公司一旦破产，会使危机雪上加霜。因此在有信托公司联盟愿意分担风险的情况下，清算所诚心地对它实施了援助。在1907年危机中，如果所有的复杂问题都能够得到妥善的解决，那么它很可能就不会像1884年危机那样严重，但可惜事与愿违。

总结

虽然纽约票据清算所协会章程中并没有规定它在危机期间有救助会员行的义务，但是，它确实组织会员行对可能破产的会员行实施了救助。会员行之所以这样做，也是基于自身的利益考虑。它们意识到，在恐慌期间"非自愿地被迫与其他会员共担风险，参与实际救助也是得以自保的权宜之计"（清算所五人特别委员会，1884年6月16日；《清算所委员会会议纪要》，1878—1885，158）。因此，在谈到1884年的恐慌时，布鲁登和帕克（2015，1）认为，"纽约票据清算所对金融系统内重要银行的救助阻止了一场全行业的银行恐慌"。

乔治·科在演讲中详细描述了1884年清算所审查委员会决定向大都会国民银行发放贷款凭证这一关键问题。作为一家关联关系较广的大型会员行，大都会国民银行一旦破产，极有可能会引发全国性的金融恐慌。于是，在尚未确定该行偿付能力的情况下，审查委员会的委员们一致同意对大都会国民银行实施援助。虽然这么做大都会国民银行一旦倒闭，可能会给会员行带来一定的损失，但是委员会还是做出了援助大都会国民银行的决定。因此，私人市场的参与者们敏锐地意识到，它们实际上是在对处于受困境中的银行进行救助，这样做的好处在于能有效地防止银行恐慌大范围地蔓延。

在2007—2008年的金融危机期间还出现了私人救助的情况。这些救助大多发生在处于危机核心地带的经营货币、与银行性质类似的准金融机构。在2007—2008年间，货币和银行的形式都已经发生了变化。像回购、资产支持商业票据（短期债务的一种形式）和货币市场基金都以资产支持债券和抵押贷款债券等这些私人生产的抵押物形式为基础。而在这里，私人救助也出现了。例如，货币市场基金的发起人对其关联基金的救助就属于私人救助（麦克凯布，2015）。此外，在回购、资产支持商业票据、资产和抵押贷款支持债券等短期债务的情况下，我们也看到了信用债券的发起者在对这些债务工具使用者进行的援助（见罗伯逊，即将出版）。事实上，这些信用支持证券化产品的投资者早就预计到会有人对它们提供援助。戈顿和索勒莱斯（2006）有证据表明，发行信用卡资产支持证券时的利差就包含了发起人及信用卡应收账款的潜在风险。虽然以上所有的救助都没有出现在有关公司和投资工具的书面合同明文规定中，但与国民银行时期那些旨在缓解金融危机的私人举措相比，这些现代私人救助措施还是比较温和的。

7 保付支票及货币溢价

19世纪初，要想在纽约市获得银行的有关信息相当困难。为满足人们对银行信息的需求，银行监管机构要求纽约票据清算所会员行（即金融系统中的一些重要银行）每周在《纽约时报》上公布其资产和负债，以表明其财务状况。在国民银行时期的金融危机中，纽约票据清算所协会有时会禁止会员行在报纸上公布其具体信息。票据清算所在对外发布信息时，总是抑制会员行的具体信息，而以其自身的名义发布会员行的整体资产状况。但是，人们还是有办法通过其他途径获得银行的一些信息。在信息被抑制和银行暂停支付的情况下，有一个新兴的金融市场它不仅开放，而且价格透明，人们通过其市场价格可以推测纽约票据清算所会员行，乃至整个美国的银行系统有无破产的可能性。新兴金融市场的价格不仅显示了美国银行系统的整体状况，也反映了人们在银行暂停支付期间对市场的信心。

货币饥荒

在正常情况下，商业银行在央行存入部分准备金的目的是吸收更多的存款，进行大量的交易清算。但是，当人们普遍担心其存款的安全性或者怀疑银行的偿付能力时，银行准备金就面临某个银行甚至（更糟糕的是）整个银行系统的挤兑风险，就像恐慌时期那样。

在恐慌期间，储户们想持有的是现金，不是银行存款，但银行缺的就是现金。根据货币乘数效应，银行会把储户的存款投放到流通中，因此不可能同时满足所有储户的提现要求。这就造成了银行不得不暂停支付，而许多企业和家庭把现金存放在银行系统之外的机构囤积现金的奇怪现象。例如，在1907年8月22日至12月3日间，纽约市银行的现金持有量减少了4300万美元，降幅超过15%。博伊斯（1908，82）对1907年的恐慌进行了描述："在该国历史上，人们从未像现在这样狂热地囤积货币，自10月份恐慌爆发以来，巨额的货币源源不断地退出了流通领域……可以肯定地说，至少有1亿美元的货币被胆小的个人、银行和公司囤积了。"

那些被囤积的现金要么原本就没有被存在银行里，要么储户在银行暂停支付之前就从银行取了出来。那么人们把现金囤积到哪里去了呢？博伊斯（1908，82）写道："报纸上报道了银行暂停支付的消息后，保险公司就收到了上千个申请'保险柜'的电话，这就意味着货币囤积者想觅得一个安全之地来储存他们的货币。"安德鲁（1908b，294）也谈到了同样的问题："10月26日，阿斯特安全储蓄公司（the Astor Safe Deposit Company）应摩根先生（Mr. J. P. Morgan）之邀，对该市33家主要的安全储蓄公司进行了调查，发现在发生恐慌那一周的星期二至星期五，有789只保险柜被租了出去，据估计，大约是平常的6倍。"1907年10月26日的《白氏周刊》写道，"现在是通货紧缩最糟糕的阶段，但数百万美元的提现使这种情况变得更加糟糕，惊慌失措的储户们在市场最需要货币的时候却把钱锁在了保险柜里"（3）。在美国的其他城市也有类似的情况。一些区域性的银行也在囤积现金，除了南部、西部和沿太平洋各州储备城市以外，银行的现金持有量都比原来多了一倍多。[1]

在现代话语中，虽然囤积现金一词并不常见，但在某些情况下仍然适用。现代囤积现金发生在2008年雷曼兄弟公司破产之后。在该公司破产之后的几天里，许多金融公司的管理层都明确发出了严禁现金离开公司的指令，换句话说，他们是在命令其财务部门囤积现金。目前最常见的囤积现金的做法是，公司派员到商业银行开立储蓄保险限额下的支票账户（后来，这种做法随着现金流入公司的保险账户被正规化）。企业和个人大量购买美国国债是囤积现金的另一种方式。因为德国和日本的政府债券的收益率最近为负数，所以人们购买美国债券就像进了保险柜一样，债券持有人都愿意以这种形式储存现金。

在国民银行时期，一旦发生了恐慌，人们常常会把货币锁在保险柜里来囤积现金，这就意味着一些现金退出了流通领域。在本书中，我们所要讲的就是它的现代主题，即囤积现金导致了安全债务的严重短缺。因为在银行恐慌期间大家都在囤积现金，所以我们通常将其称为"恐慌囤积"或"货币恐慌囤积"。另外，还有一个用来形容囤积现金的术语——"货币饥荒"。约翰·德·威特·华纳（1895，3）在其文章中写道："人们发现，他们不仅失去了货币，而且还被精心制定的法规规定禁止采用本应是最自然、最有效的权宜之计。没有一个文明国家经历过如此严重的货币饥荒，也没有人会在自我拯救的挣扎中受这种成文法的束缚。从来也没有人能够迅速果断地应对这种情况。"在这句话中，华纳指的就是法律规定对私人银行发行货币（如美国内战前银行发行的银行券）进行征税一事。据1893年8月12日《白氏周刊》的报道，"普遍的非理性的货币囤积使批发商和制造商比以往任何时候更加热衷于现金交易，这不利于全国贸易的发展"（511）。然而，在恐慌期间，私人资金是以票据清算所贷款凭证（在第4章中讨论）和保付支票（在本章中讨论）的方式在市场上流通的。

　　为了防止现金流失，银行会对储户的提款数量设限，这就是所谓的部分暂停支付，即银行只允许储户提取少量的现金。在恐慌期间，当储户想从银行提取更多的现金时，银行往往并不向他们支付现金，而是给他们开立一张保付支票（或贷款凭证，在1907年的恐慌中使用），并且在保付支票上加盖"票据清算所支付"戳记（参见安德鲁，1908a；尼芬，1916）。在支票上加盖此戳记的意思是储户可以通过此支票贷记和借记其往来账户，也可以用它购买商品或股票，有时雇主们也可以用它来支付工资。实际上，保付支票起着临时货币的作用。当地储户也接受它，但是在恐慌时期，储户是难以支取其名下的货币的。

　　在英国，虽然有票据清算所，但也有央行英格兰银行。尽管如此，在恐慌时期发生囤积现金的现象时，英国人也在使用支票，有下例为证。在1866年英格兰恐慌期间，

> 　　银行每日进行余额结算时不再需要现钞，而是通过英格兰银行签发的支票来支付。银行只需要将结算余额从一个账户贷记或借记到另一个账户即可。然而在伦敦，这种支票使用的数量之大简直超乎人们的想象，在过去的一年里，通过清算所结算的支票就有1489137张，其中有一天的支票数量更是达到了9552张。就连海关每天征收关税也不再需要银行钞票了。为了方便业务的往来，纳税人可以到英格兰银行以支票的方式缴税。海关只要求商家从它的银行开立一张与关税等额的支票，这样纳税人就不用再冒着从银行提取现金的风险。在去海关交税的途中，现金很容易丢失或被偷走。
>
> （加西奥特，1867，16）

　　在美国，10美元的保付支票与10美元的国家纸币或10美元的硬币并不是等值的。国家纸币是在政府支持下发行的（如果一家国有银行想要发行纸币，必须将它持有的政府债券存入财政部）。硬币的价值是根

据其金属的含量来"衡量"的，而保付支票则属于清算所会员行的共同负债。因为支票以私人信誉做保证，所以它存在着清算所违约和支票价值损失的风险。由于现钞和保付支票并不相同，在银行暂停支付期间就诞生了一个新市场，即通过保付支票买卖货币的市场。例如，购买1美元现钞可能需要1.05美元的保付支票，这5%就是货币溢价。有人可能会认为货币溢价反映了未偿贷款的总金额，从而增加了清算所破产的可能性。但是货币溢价究竟会产生多少未偿贷款，并没有人详细统计过，所以也没有数据来验证人们的直觉。

持有人持有的保付支票是以"货币溢价"的价格与现钞进行交换的。这种溢价是新兴现钞市场的产物，是衡量家庭、企业和银行对纽约票据清算所偿付能力和对美国整个银行系统是否有信心的试金石。换句话说，虽然清算所封锁了银行的特定信息，但这个新市场向人们透漏了银行暂停支付的预计期限以及整个银行系统偿付能力的信息。人们对暂停支付期限的担忧表明，银行在流动资金方面出了问题。如果美国金融系统没有一个功能齐全的运作体系，就很难安全运转。我们可以把以前恐慌持续的时间作为一种参考，来审视一下美国金融系统现有的运行机制。在以前的恐慌中，人们也对整个金融系统的偿付能力担忧，但大多是出于对货币溢价的担心。由于缺乏银行和货币溢价信息，企业和家庭的注意力都集中在金融系统的整体偿付能力上。

保付支票

作为危机期间的一种货币形式，保付支票在1873年的恐慌期被引入并开始交易。斯普瑞格（1910，54，56）在谈到1873年的恐慌时写道：

（纽约结算所）通过了以下重大决议：

> 所有的银行保付支票都应该加盖"保付"的戳记或写上"通过结算所支付"的字样。该项决议还涉及银行部分暂停支付。但这并不意味着银行将拒绝支付这些款项，而是慢慢减少货币供应量，并把货币的使用权牢牢地置于清算所委员会的控制之下……纽约银行部分暂停支付产生的第一个也是最直接的后果是，保付支票出现了溢价。

汀布莱克（1984，5）指出，该决议"将保付支票和票据清算所贷款凭证等同了起来"。会员行们通过清算所协会达成了共识，同意在结算时使用保付支票，但在使用后并不需要用法定货币再赎回它们。换句话说，票据清算所对保付支票要承担连带付款责任。

保付支票有助于缓解囤积货币带来的交易媒介短缺问题。1893年8月12日的《白氏周刊》写道："在当前紧缩压力下，由于货币稀缺，有人就提出了用保付支票来支付员工的工资，以及在其他方面有限度地代替货币的建议。"（501）保付支票看起来就像钞票一样。

> 在许多城市发行的清算所支票虽然在性质和功能上与贷款凭证相同，但在形式上并不一样。就像贷款凭证一样，它也是会员行在清算所存入经核准的有价证券后，由清算所协会签发给会员行的，也可以作为存款被任何一家会员行接受且通过票据清算所支付。它也有一定的面额，且制作精良，在工艺上与货币类似。它与贷款凭证的重要区别在于，它不仅是票据清算所协会的债务，而且是由特定的银行以支票形式开出，且由票据清算所经理签署的一种票据。
>
> （安德鲁，1908a，509）

保付支票的抬头通常是"向持票人支付"或"仅通过票据清算所

支付"。有时也可能是"付给约翰·史密斯，或持票人"等诸如此类的内容。

在清算过程中，清算所会员行一旦接受了保付支票，所有银行都将面临保付行倒闭的风险。因此，会员行就有了相互监督的动机。但是，与发行票据清算所贷款凭证不同的是，保付支票并没有明示的保证。尽管如此，保付支票仍被人们当作一种直接交易的货币使用。《银行家杂志》上有一篇文章写道："'清算所支票'的发行表明，在恐慌时期，它是一种极具优势的货币表现形式……也许货币的持有者并不会遭受多大的损失，因为清算所会员行无疑会确保它发行的所有票据都具有足够的安全性。"（中央银行计划，《银行家杂志》76[1908年1月]：7–8，引述于第8页）那么，清算所一共发行了多少万美元的保付支票？诺伊斯（1894，29n1）讲道：

> 由于显而易见的原因，我们很难对进入市场的资金量作出可信的估计。经营绝大部分结算业务的华尔街公司估计在货币溢价期间经手的票据金额达到了1500万美元。虽然本人曾亲历保付支票的结算过程，但以上的交易额在很大程度上还只是基于一种猜测。一些市区的零售店每天都在出售它们自己的货币收据，有些零售公司在当时的广告中吹嘘它们常常将现金收据存入银行就明显说明了这一点。

在恐慌期间，使用货币替代物包括票据清算所贷款凭证和保付支票的现象在美国相当普遍。安德鲁（1908b）曾经讲道，在1907年的恐慌期间，在美国145个大城市中，就有71个城市的银行使用了这些货币替代物，另外还有20个城市的银行被要求在向储户出具的支票上标明"仅通过票据清算所支付"字样。

美国当时也出现了质疑保付支票是否合法货币的声音。1864年美国曾通过了一项对私人银行发行的银行券进行征税的法律，此法有效地遏制了自内战以来州立银行主导货币发行权的情况。如果州立银行想发行货币，它就必须支付巨额的铸币税。因为有关机构（非正式）认为保付支票不属于货币，所以出具保付支票的机构并不需要纳税。然而，从本质上来讲，这纯属狡辩。根据《美国国民银行法》的规定，"未经授权，严禁州立银行发行任何形式的流通票据"。此外，该法还对发行货币的州立银行课以10%的税收。尽管如此，许多州立银行还是出具了一些实用且具有一定面值和流通功能的现金支票……虽然这些支票的抬头是'向持票人付款'，但都注明了"仅通过票据清算所付款"，或"仅通过票据清算所交换"，或"凭清算所资金支付"字样（安德鲁1908a，510）。此外，一些较小的银行认为，把保付支票的抬头做成向持票人或法人付款是大银行在规避法律。但是在法庭上，法官似乎从未质疑过保付支票的合法性。人们在实践中确实需要这种流通媒介，于是法院就对它持一种宽容的态度。实际上，人们在危机时期往往会忽视某些法律规定。

除了确定保付支票属于非货币外，有关机构还需要考虑它能否替代现金参与流通这个问题。根据法律规定，除非另有约定，必须以法定货币来支付被提示或被储存的支票。安吉尔特（1908，26）举例说："假如有一乡村银行向其城市的存款行提示支票时被拒付，并且在随后的诉讼中有证据表明支票项下的款项根本不会导致银行挤兑和暂停支付，这时法院会问，拒付对乡村银行而言是一种损失，根据损害赔偿规则，这种损失难道不应该得到赔偿吗？"《金融家》（1873年10月4日，182）认为，由于贷款凭证本身没有问题，货币审计署对此并不能采取任何官方行动，因为它并不违法。《美国国民银行法》第50条规定，"根据该法规定，任何协会拒绝支付上述流通票据，都构成违约，货币审计署可以任命一名接收人员接管该协会"。《金融家》还进一步指出，1869年

3月3日通过的法案规定，除非有实际存款，否则将禁止使用保付支票，任何机构如违反此限制性条款，将受到该法第50条处罚。如果某家银行没有以法定货币赎回其票据，而且其准备金低于法定利率时，"在审计人员发出通知30日后仍未能弥补差额，且其工作人员能够证明支票票面金额超出出票人当时实际存款额的"（《金融家》，182），审计署可以采取行动。接下来该银行就会走向烦琐的破产程序。

对于活期存款而言："除了对准备金、股东个人责任以及旨在保护银行使其免于破产有各种限制以外，法律并不承诺对存款人提供保护。"（《金融家》，1873年10月4日，183）《金融家》最后得出的结论是："看来审查人员在责令银行关闭时的权利似乎比我们认为的要小，法律并没有向其授权让他们接管陷入困境的银行，就像对海事国民银行、华盛顿第一国民银行和联邦国民银行采取行动时那样。"（182）

安吉尔特（1908）指出，上述案例并不会发生。相反，乡村银行可能会出现暂停支付现象，城市银行也会。但是，似乎从来也没有发生过此种案例来验证这项法律。《白氏周刊》在1893年8月12日报道："此类做法的合法性问题已经提交给了货币监理署……并且他还提出自己的看法，大意是他认为这种做法在法律上站得住脚。"（501）诺伊斯（1894，26）也谈道："每日新闻和美国参议院发言人称，纽约市有的银行拒绝用法定货币兑换其存款人的支票。虽然提出此指控的人实属无奈之举，但并没有人否认此事。然而，民众对参议院拟调查此事的提议反应很强烈，且被拒绝支付的储户们也从未公开表示过不满，更没有人诉诸法律。"

货币市场

之所以开放货币市场，是因为在金融危机中保付支票并不能完替代国家纸币（national banknotes）、美钞（greenbacks）、金银券（silver and gold certificates）或硬币（这些构成"现金"，参见附录D）。在货币市场上，用现金可以兑换保付支票。在恐慌期间，对现金的需求是非常旺盛的。出于某种目的，现金历来是人们唯一可以接受的货币形式。例如，公司在发工资时发的是现金。在某些情况下也只能用现金，如向海关纳税。但是，金融恐慌之间的现金囤积往往使现金供应不足。诺伊斯（1894，28）讲述了1893年恐慌期间发生的一些事情：

> 货币……与保付支票相比更容易出现溢价。有两三个活跃在华尔街的货币经纪商同时在报纸上刊登广告称，愿意以溢价的方式购买金银硬币或法定货币。他们出的溢价率在最初时为1.5%和2%，后来曾一度升至4%。在看到报纸上的广告后，纽约及其周边地区的货币囤积商纷纷到经纪商的华尔街办公室出售货币，这些经纪商反过来又以其银行的保付支票来购买这种货币。货币囤积商出售货币的平均溢价率为1.5%。购买货币的买主主要有两类：第一类是每周或每月必须向工人支付大量工资的雇主，因为他们虽然在银行有存款，但银行拒绝支付他们出具的现金支票；第二类，也是更多的是那些不愿意采取暂停支付措施，但需要补充现金储备的银行。

1893年8月12日的《纽约时报》写道：

> 虽然华尔街的气氛看似比较轻松，但是现金交易仍然在紧张地大规模进行……在货币经纪商的办公室里，昨天的一幕在重复上演。这里人流如织，有急于出售法定货币或金银硬币的人，也有

急于购买的人。但总体而言，卖的人要比买的人多。其原因在于经纪商做的大量高价收购货币的广告吸引了众多的货币囤积者，他们持有的货币量从数万美元到数千美元不等……一些经纪商说，他们的大客户大多是那些来自城里的商人，因为他们需要现金来支付关税。（9）

我们在此提到的货币经纪商很显然是那些非银行金融公司。人们常常会去这些公司兑换保付支票，反之亦然。"货币经纪商的办公室并不大，有些人在里面交易，也有几十个潜在的买家或卖家在门口排队等候。"（《纽约时报》，1893年8月11日，第6版）参与货币市场交易的一方是卖方，通常是那些囤积货币并受溢价吸引的人；另一方则是买方，是那些急需现金支付工资的公司，或那些意欲囤积现金的人。例如在1907年11月8日的《纽约时报》上刊登的一篇题为"溢价引起货币囤积"的文章，文中谈道：

> 在目前这种混乱局势下，华尔街的货币经纪商一直在经营着货币买卖。据他们自己的估计，本周他们已经成功兑换了500~800万美元的现金。昨天，有家公司一下子就预定了1000万美元现金……这家公司是一家大型房地产商，它明天需要大量现金来支付工人的工资，但从银行中取不了那么多现金。一家位于新泽西州的大型冶炼厂也购买了10万美元的货币，溢价率为3.25%。（3）

虽然清算所对外封锁了会员行的具体信息，但保付支票市场的货币溢价率向公众透露了它们的信息。人们对银行系统偿付能力的信心反映在货币溢价率上，货币溢价率反映了人们对清算所所采取的措施的信任情况，这些措施包括发行清算所贷款凭证、对成员和非成员进行专项审查，以及增加清算所货币准备金。储户们对纽约票据清算所偿付能力

（本质上是对美国银行系统的偿付能力）的信心可以在保付支票的溢价率上得到反映。

货币溢价

图7.1A、B、C分别显示了1873年、1893年和1907年恐慌期间的货币溢价率。虽然在恐慌接近尾声时货币的溢价率接近或者等于零（最终以零溢价结束），但是值得注意的是，在这几次恐慌中，暂停支付期间货币的溢价率并不总是呈下降趋势。在这3次恐慌中，溢价率最高达5%。5%的溢价率意味着一张10美元的保付支票只能兑换9.5美元现金。在恐慌刚开始的时候，货币的溢价率最高，因为当时人们尚不清楚纽约票据清算所采取的措施是否能够奏效。在1893年的恐慌中，货币的溢价是在8月3日银行采取暂停支付措施后出现的，离首次发行票据清算所贷款凭证还有将近6周的时间。因此，1893年的恐慌期间的货币溢价与金融市场不确定性之间的联系并没有1873年或1907年的恐慌那么密切。我们将在下一章进一步探讨在1893年和1907年危机期间货币溢价与黄金进口之间的关系。

在1893年的恐慌中，银行在8月初就采取了暂停支付措施，而货币溢价（至少如媒体报道的那样）出现得相对晚一些。在1907年的恐慌中，货币溢价在很长一段时间内都一直处于高位，直到该国有了足够的黄金储备（随后将对其进行讨论）纽约票据清算所才号召其会员行取消暂停支付措施，完全恢复了储户取款自由，直到此时，货币溢价才真正下降。这种模式也从另一方面说明了美国在1907年的恐慌后建立美联储的原因，在这次恐慌中出现的情况远远超出了纽约票据清算所所能掌控的范围。

什么是货币溢价？纽约结算所协会的偿付能力意味着什么？为了

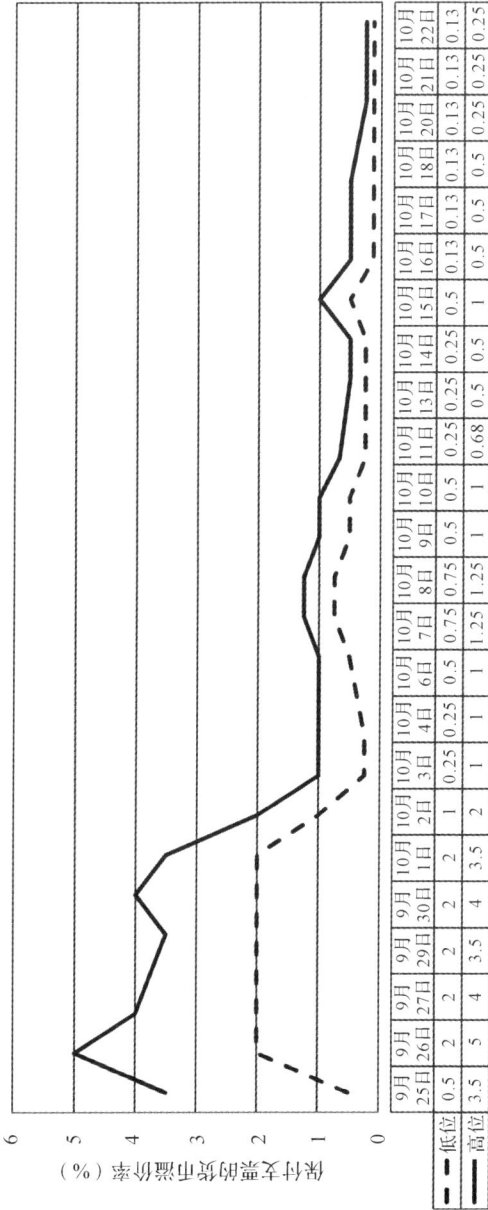

	9月25日	9月26日	9月27日	9月29日	9月30日	10月1日	10月2日	10月3日	10月4日	10月6日	10月7日	10月8日	10月9日	10月10日	10月11日	10月13日	10月14日	10月15日	10月16日	10月17日	10月18日	10月20日	10月21日	10月22日
低位	0.5	2	2	2	2	2	1	0.25	0.25	0.5	0.75	0.75	0.5	0.5	0.25	0.25	0.25	0.5	0.13	0.13	0.13	0.13	0.13	0.13
高位	3.5	5	4	3.5	4	3.5	2	1	1	1	1.25	1.25	1	1	0.68	0.5	0.5	1	0.5	0.5	0.5	0.25	0.25	0.25

图 7.1A 1873 年恐慌期间的货币溢价率（%）

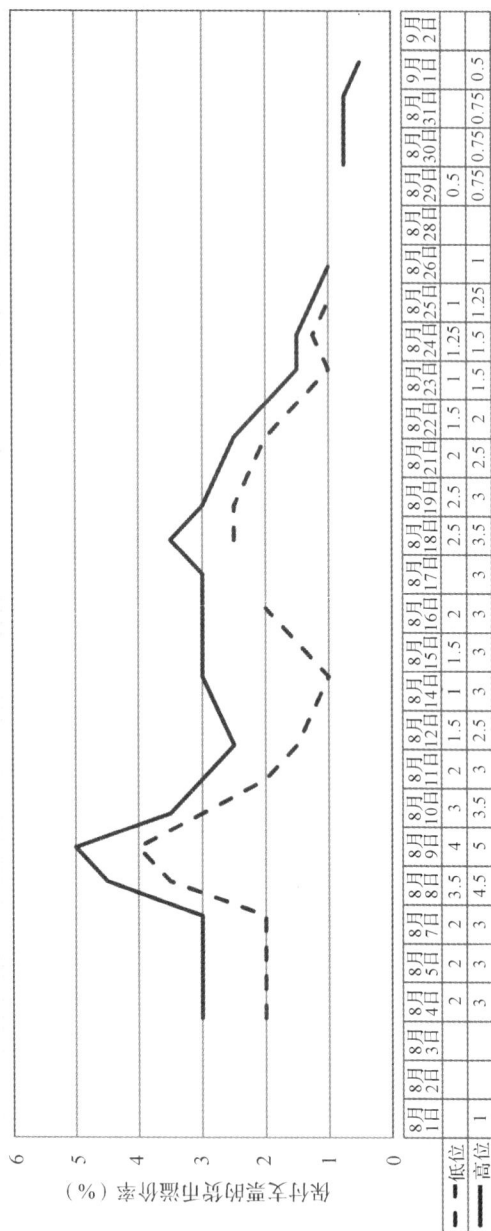

图 7.1B　1893 年恐慌期间的货币溢价率（%）

	8月1日	8月2日	8月3日	8月4日	8月5日	8月7日	8月8日	8月9日	8月10日	8月11日	8月12日	8月14日	8月15日	8月16日	8月17日	8月18日	8月19日	8月21日	8月22日	8月23日	8月24日	8月25日	8月26日	8月28日	8月29日	8月30日	8月31日	9月1日	9月2日
低位				2	3	2	3.5	4	3	2	1.5	1	1.5	2	3	2.5	2.5	2	1.5	1	1.25	1	1		0.5	0.75	0.75	0.5	
高位	1			3	3	3	4.5	5	3.5	3	2.5	3	3	3	3	3.5	3	2.5	2	1.5	1.5	1.25							

纵坐标：货币溢价率（%）

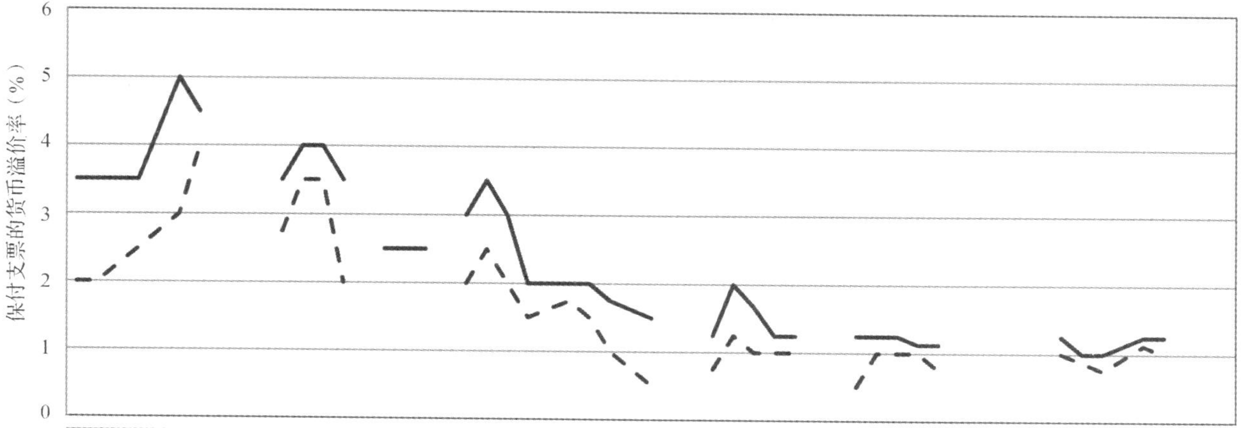

	11月1日	11月2日	11月3日	11月6日	11月7日	11月8日	11月9日	11月11日	11月12日	11月13日	11月14日	11月15日	11月16日	11月18日	11月19日	11月20日	11月21日	11月22日	11月23日	11月25日	11月26日	11月27日	11月29日	11月30日
低位	2	2	2.5	3	4			2.8	3.5	3.5	2		2			2	2.5	2	1.5	1.8	1.5	1	0.5	
高位	3.5	3.5	3.5	5	4.5			3.5	4	4	3.5		2.5	2.5		3	3.5	3	2	2	2	1.8	1.5	

	12月2日	12月3日	12月4日	12月5日	12月6日	12月7日	12月9日	12月10日	12月11日	12月12日	12月13日	12月14日	12月16日	12月17日	12月18日	12月19日	12月20日	12月21日	12月23日	12月24日	12月26日	12月27日
低位	0.8	1.3	1	1	1		0.5	1	1	1	0.8		0.8			1	0.9	0.8	1.1	1		0.7
高位	1.3	2	1.7	1.3	1.3		1.3	1.3	1.3	1.1	1.1		0.9			1.3	1	1	1.3	1.3		0.8

图 7.1C　1907 年恐慌期间的货币溢价率（%）

资料来源：《纽约论坛报》和《纽约时报》（刊载于多期上），斯普瑞格（1910, 6, 86, 80）

理解溢价的含义，我们可以计算一下（风险中性）违约的概率。尽管这只是一个非常粗略的衡量标准，但它可以使市场参与者对恐慌期间纽约票据清算所的偿付能力有一个大致了解。要进行这种计算，我们首先要清楚保付支票是一种纯贴现债券（由于货币溢价而折价出售），也就是说，一张1美元的支票，它目前的价值并不值1美元，但是在银行恢复支付后的某个日期，当持票人再向银行提示支票时，其票面的价值可能就等于1美元了。不过到底支票的到期日何时到来，是不可知的。

贴现率不仅反映了资金的时间价值，也反映了票据清算所本身的违约概率。[2]我们可以对隐性违约概率做如下理解。要计算货币溢价的隐性违约率，我们需要考虑三个要素：（1）纯贴现保付支票的到期日；（2）设定的纽约票据清算所破产时的支票回收率（每美元保付的支票）；（3）支票到期日时的无风险收益率（像美国国债利率）。而这三个因素都是未知的。由于支票属于非固定到期日票据，随着危机的持续，它的到期日会变得遥遥无期。在所有到期日票据中，美国政府债券的到期日最长。而且由于美国并没有票据清算所破产的先例，我们很难取得支票回收率的具体数据。然而，在合理的参数范围内票据清算所的隐性违约率还是很高的，这是重点所在。

隐性违约率的基本计算如下。假定货币溢价率为c，零息债券的价格也就是保付证支票的价格是$100/（100+c）\equiv P$。从此价格中我们可以计算出收益率。我们通过计算得到的年中性风险违约率是一个近似值。

$$\frac{y-r}{1-RR}$$

其中y是收益率，r是无风险利率，RR是回收率（如果票据清算所破产，持票人期望收回的金额）。然后，我们就可以了解在货币溢价中隐含的纽约票据清算所的违约（风险中性）概率。图7.2描绘了假如到期日为180天支票的隐性违约率。无风险收益率有两种情况：0%和1%。一种情

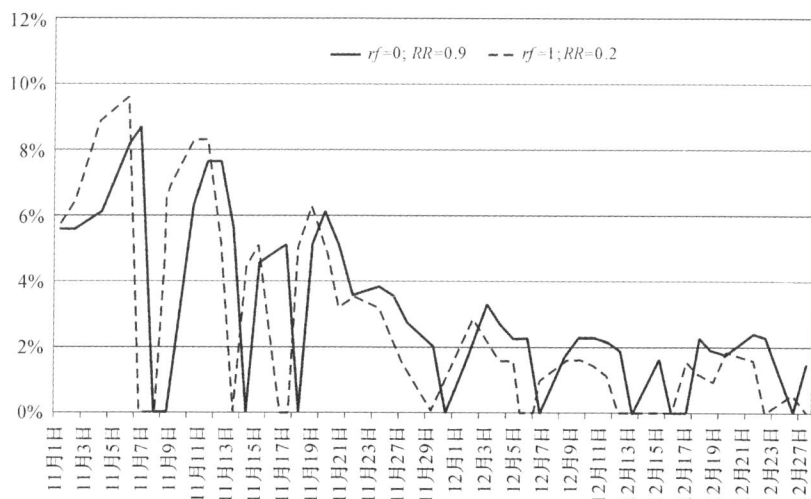

图 7.2　1907 年恐慌中的隐性违约率

资料来源：数据来自于《纽约论坛报》和《纽约时报》（不同发行日）；斯普瑞格
（1910）文章中的货币溢价数据和笔者对违约率的计算。

注：支票的有效期为180天。

况是，假设你把现金囤积起来，一分钱的利息也赚不到，这是唯一的无
风险选择；另一种情况是，假设r=1%，那么就有两种回收率：RR=0.9和
RR=0.2。

　　从图7.2可以看出，（风险中性）违约率最高达近9%，最低为零。
纽约票据清算所的违约概率为2%，虽然这一数字并不低，但它只是一个
隐性数字，因为我们很难确定实践中的支票到期日，也难以确定其他参
数。更为重要的是，虽然货币溢价率看起来似乎并不高，但其隐含的违
约率可能相当高。

　　隐性违约率较高的情况表明，在恐慌的高峰期人们认为纽约票据
清算所破产的概率大约为10%。之所以会出现如此概率，是因为恐慌是
一种系统性事件，当时整个金融系统正处于崩溃的边缘。同样，2007—
2008年的金融恐慌也威胁到了整个金融系统的偿付能力。美联储主席

本·伯南克（2010）曾在金融危机调查委员会的证词中谈道："……在美国最重要的13家金融机构中，就有12家在近一两周内面有倒闭的风险。"在2007—2008年的现代金融危机中，有一种金融工具几乎使整个银行系统崩溃，那就是衍生合约，也就是信用违约互换（Credit Default Swap），这是一种对个别银行违约损失进行承保的保险合同。但从整体上讲，这些工具的价格可以反映出整个系统银行倒闭的风险。（吉利奥，2011；艾肯格林等，2012）。

货币溢价的重要性

货币溢价实际上是公众信任银行系统偿付能力的反映。与其他金融市场一样，货币溢价（或价格）体现了公众对金融系统的信任和对信息的反应。按照惯例，清算所会把溢价率刊登在报纸上，以便所有的人都能看到，因此，大家对金融系统的看法都彼此心照不宣，看法一致。货币溢价是人们心理状态的体现。在历次恐慌中，货币溢价都是在银行采取暂停支付后措施后立即升至最高点，然后回落并在高位震荡。再过几周，汇率溢价就会降至零点，而且是曲线下行。从历史上来看，公众对票据清算所所采取的措施和看法以及银行总体的统计数字似乎更有助于金融市场的稳定。下一章我们将对市场的一些特殊信号进行研究，而这些信号正是储户应对银行系统状况不稳定的重要因素。

8　银行暂停支付期间储户信心的变化

在恐慌刚开始时，储户通常会争先恐后地去银行提取存款，这听起来像是银行挤兑，但它与恐慌期间的挤兑并不相同。在发生恐慌时，整个银行系统都会发生挤兑，而不是仅发生在某个银行中。几乎所有银行都出现储户纷涌提现的情况要比挤兑仅发生在某家银行严重得多，因为普遍的挤兑会导致金融机构大幅度紧缩信贷。在恐慌这种系统性事件发生的时候，银行也不得不加大现金储备（或替代品），以支持其贷款和投资。虽然我们在前文曾对纽约票据清算所为消除恐慌而采取的诸如票据清算所贷款凭证、保付支票、信息抑制、专项审查和公告等一系列措施进行了论述，但是在这些措施中并没有任何一项措施能彻底解决金融危机问题。在历次恐慌中，都是清算所在采取多管齐下的措施几周以后，金融市场才趋于稳定。从发生恐慌到储户再将款项存入银行，存款人（个人、家庭或内部银行）必须改变他们对银行系统偿付能力的看法，才会把原本从银行取出的现金再重新存入清算所会员行。不知为何，储户们对银行的态度也发生了改变，从最初的不信任变得坚信起来。基于前几章的讲述，现在让我们调查一下储户的信心是如何恢复的。暂停支付和随后的黄金进口促使清算所采取了一系列行动，并产生了积极的结果，这为人们在危机中重新树立对银行系统的信心创造了条件。

危机中事件的时间顺序归纳

我们可以从事件发生的时间顺序上了解更多的信息。表8.1归纳了纽约票据清算所采取行动的时间，也对美国国民银行时期的5次恐慌进行了归纳。在附录A中，我们对表8.1信息来源中的详细信息进行了说明。该表列举了一些重要的日期。对于严重的恐慌，我们在表8.1中是按时间顺序来排列的，这一点很重要。

表中1-5列是恐慌的开始时期。第1列通常被认为是恐慌开始的日期，尽管如前文所言，早期发生的事件是杂乱无章的；第2列是纽约票据清算所在历次恐慌中公布的银行特定信息的最后日期；第3列显示的是票据清算所首次发放贷款凭证的日期；第4列是银行采取暂停支付措施的日期；第5列显示的是保付支票的货币溢价首次呈正数的日期。当发生恐慌时，第2列和第3列中清算所的政策是相互呼应的。货币溢价表明，恐慌正在持续中。

如上所述，在1873年、1893年和1907年的3次严重恐慌中，票据清算所采取的措施首先是抑制银行的特定信息，然后发行票据清算所贷款凭证，最后采取暂停支付措施。但这些措施并不是清算所刻意而为之，而是自然而然发生的（如第4章所述，当银行挣扎于不断恶化的现金流之际，就会采取暂停支付措施）。在采取了这些措施后，货币溢价开始变为正数。在最严重的3次恐慌中，我们可以看到事件的发生是有先后顺序的。就1884年的恐慌而言，它有两个显著特点：第一，它是唯一的一次票据清算所贷款凭证只在纽约市发行的情况（并没有在其他城市发行票据清算所贷款凭证）；第二，在这场恐慌中，清算所的重点是通过

表8.1 纽约市国民银行时期恐慌事件日期

恐慌开始年份	恐慌开始						恐慌结束			
	恐慌开始日	票据清算所发布银行特定信息日	票据清算所首次发放贷款凭证日	暂停支付日	货币溢价率为正数的首日	货币溢价率归零日	支付恢复日	最后发放贷款凭证日	银行信息恢复日	取消贷款凭证日
1873	9月18日	9月20日	9月20日	9月22日	9月25日	10月23日	11月1日	11月20日	12月6日	1874年1月14日
1884	5月14日	5月24日a	5月14日	No suspension	NA	NA	No suspension	6月6日	6月7日	1886年9月23日
1890	11月11日	11月15日	11月12日	No suspension	NA	NA	No suspension	12月22日	1891年5月7日	1891年2月7日
1893	6月16日	6月17日	6月21日	8月3日	8月5日	9月2日	9月2日	9月6日	11月4日	11月1日
1907	10月21日	10月26日	10月26日	10月26日	10月31日	12月28日	1908年1月1日	1908年1月30日	1908年2月8日	1908年5月28日

注：附录A包括事件的各种日期。"NA" 意为 "不适用"，因为它在恐慌中没有发生；"No suspension" 意为 "无暂停支付"。
a. 《商业与金融记事报》于5月31日发布了一份资产负债表，但数据与5月24日发布的那份相同。

预防少数几家银行发生挤兑以保护整个金融系统，并且成功地避免了囤积货币。

从表8.1可以看出，除1884年和1890年的恐慌外，在其他3次恐慌中，清算所采取的第一项措施就是在某一特定日期停止对外发布银行特定的信息。表中的5次恐慌都有一个共同特点，即抑制银行特定信息和发放贷款凭证。贷款凭证的发行日期也是值得注意的，因为清算所何时发放贷款凭证，取决于它所掌握的清算所会员行的信息。在某些情况下，清算所能够预见恐慌的发生，但无论在何种情况下，清算所都必须迅速采取行动应对恐慌。在1873年的恐慌中，票据清算所贷款凭证是在银行暂停支付的前两天发行的，而在1893年的恐慌中，贷款凭证的发行要比暂停支付早一个月；在1907年的恐慌中，暂停支付和首次发放贷款凭证是同时发生的。虽然在1884年和1890年的恐慌中没有出现银行暂停支付情况，但清算所发行了大量的贷款凭证。尽管在1884年的恐慌中这种情况只持续了两周的时间，纽约票据清算所协会也没有对外公布银行的具体信息。在最严重的三次恐慌中，货币溢价都出现在银行采取暂停支付措施之后，而且当时还发行了票据清算所贷款凭证和保付支票。总之，在以上所有恐慌中，纽约市金融系统的现金储备从总体上来讲比较短缺。

那么，表中是如何显示危机结束的？6-10列是与恐慌结束日有关的日期。第6列显示的是货币溢价率为零的日期。第7列是银行恢复储户取现日期。这个日期比较难以确定，因为银行在恢复储户提现时也从来不对外公开。第8列显示的是票据清算所贷款凭证发行的最后日期。清算所恢复对外发布会员行特定信息的日期在第9列。值得注意的是，这一日期通常发生在银行恢复储户提现后的一两个月。第10列是贷款凭证最终被注销的日期。

媒体讨论了汇率溢价率的变动情况，尤其是溢价率为零时的情况。

例如，1873年11月1日的《金融家》写道："国家的金融形势总体上稳步趋好。银行法定货币的存款额正以每天75万多美元的速度增长。银行在悄然中恢复了货币支付，货币溢价已一去不复返了。"（234）

1907年11月30日《邓氏评论》对1907年的恐慌中清算所采取应对措施后的情形进行了描述，它写道："几家暂停营业的银行都已恢复了营业，银行在开业当日存款额就超过了取款额。人们对金融业信心的恢复和囤积货币的返流使国家的金融形势大大改善。还有一个比较好的现象是货币经纪商们宣布不进行货币溢价交易了。"（6）1907年12月7日的《邓氏评论》报道说："囤积货币的现象正在消失，货币溢价和人们信心的恢复使大量现金重返流通领域。"（6）然而《邓氏评论》在1907年12月14日的评论却这样报道："上周的货币仍存在着溢价。"（9）报道中这些自相矛盾的观点清楚地揭示出货币溢价率并不是简单地下行，它可能会降至零点，然后再次上升。

恐慌是怎样结束的？在严重恐慌时期，事件发生的顺序值得关注。在人们恢复信心和清算所开始披露会员行的信息之前，货币的溢价率通常会降至零点。换句话说，系统性风险下的市场价格在市场恢复正常之前就已经为零了。可以这样讲，市场的参与者此时已看到了漫漫隧道尽头的曙光。这些预期都反映在货币溢价中。清算所之所以在银行界恢复支付一两个月后才对外公布会员行的信息，可能是因为仍有一些银行之间的交易不平衡。如果有的银行缺乏现金，它们照样可以利用票据清算所的贷款凭证与其他银行进行结算。如果清算所此时对外发布银行的信息，就等于向储户发出了一个不良信号，指明了哪家银行还在使用票据清算所贷款凭证进行结算。因此，清算所通常在市场上未清偿的票据清算所贷款凭证的存量相对较少后，才对外公布银行的特定信息。在清算所既没有对外宣布恢复支付，也没有媒体广泛报道和票据清算所声明的情况下，银行似乎顺理成章地参与到了金融市场中。请参阅附录A。

费城是仅次于纽约的美国第二大金融中心。表8.2显示的是费城发生恐慌的信息。从表中可以看出，在1884年费城并没有发生恐慌。费城票据清算所协会在国民银行时期发生的4次恐慌中也都对外封锁了会员行的具体信息，并发行了贷款凭证。它和纽约市的金融市场一样，货币溢价率降为零标志着暂停支付的结束，也是在人们对市场恢复信心后的一段时间之后才对外发布银行的具体信息。

黄金的进口

纽约票据清算所采取的行动向储户发出了一个银行系统具有偿付能力和流动性的信号。它所采取的措施对提升银行系统的流动性和偿付能力至关重要，媒体对此已进行了公开的报道。有证据表明，在1893年和1907年的恐慌中，美国有一套允许纽约票据清算所会员行及其他金融中介机构从国外进口黄金的机制。该机制依赖于现有的制度结构，使纽约市大型的国民银行以及国际黄金套利者能够与海外金融中心签订黄金进口合同。

大量黄金通过进口流入纽约市纽约票据清算所会员行，向公众传达了其具有偿付能力（和流动性）的重要信号。就连媒体也在密切关注黄金进口。如1907年11月16日的《邓氏评论》写道，"黄金的自由进口大大改善了金融形势。一大批黄金正在运输途中，下周将至。其运送速度之快远远超乎了人们的想象"（6）。

劳克林（1912，262）表达了现实且具有可操作性的类似观点："作为一种治疗恐慌的手段，目前发行的纸币存在着致命的缺陷。对1907年的恐慌而言，我们需要做的唯一一件事就是要扩大合法货币储备。我们必须面对事实，不要被理论所误导。纽约的银行正通过两种方式获得这些合法货币：（1）通过黄金进口；（2）通过从美国财政部提

表8.2　国民银行时期费城恐慌事件发生日期

恐慌开始年份	恐慌开始						恐慌结束			
	恐慌开始日	票据清算所发布银行特定息日	票据清算所首次发放贷款凭证日	暂停支付日	货币溢价率为正数的首日	货币溢价率归零日	支付恢复日	最后发放贷款凭证日	银行信息恢复日	取消贷款凭证日
1873	9月18日	9月30日	9月24日	9月21日	9月25日	10月24日	11月17日		12月1日	
1890	11月11日	11月18日	11月19日	No suspension	NA	NA	No suspension		1891年2月16日	1891年5月22日
1893	6月4日	6月20日	6月16日	8月7日	8月9日	9月5日	9月5日	11月20日	11月20日	1984年12月9日
1907	10月21日	11月5日	10月28日	10月28日	11月4日	1908年1月7日	1908年1月7日	1908年2月8日	1908年2月10日	1908年2月10日

注：附录A包括事件的各种日期。"NA"意为"不适用"，因为它在恐慌中没有发生；"No suspension"意为"无暂停支付"。

取存款。"

由于1873年的恐慌发生在美国金本位恢复之前，黄金的流动可能在危机复苏中发挥了一定的作用。但是，黄金在1873年的恐慌中所起的作用与其在1893年和1907年的恐慌中起的作用并不相同。在1873年的恐慌中，虽然黄金的流入表明银行的资产在增加，但是现金流动性并没有增强。在讨论了1893年和1907年的恐慌后，我们将对1873年的恐慌单独进行探讨。

黄金流入美国银行本身表明，外国投资者对纽约票据清算所会员行的偿付能力充满了信心，所以黄金进口对储户而言是很重要的。此外，这也是对银行流动性缺乏期间会员行暂停支付的一种回应。对于在纽约银行存有款项的往来行来讲，黄金的大量进口也使它们认为目前的危机局势比以前有所缓解。由于内地银行在纽约的各代理行中存有大量的款项，一旦爆发恐慌，它们就会从其代理行中取走大部分现金。纽约当地的储户们从银行取出存款后通常会暂时将其存放在保险柜里，然后择机存入银行，内地的银行也是这样。在时机成熟时它们会再将现金运往纽约，并存入其代理行中。这些款项是纽约票据清算所银行存款的重要来源。由此可以看出，黄金进口和内地银行存款额的净增加是纽约票据清算所会员行恢复向储户支付的重要条件，而存款可兑换性的恢复标志着恐慌的结束。

有证据支持以下观点，即当纽约票据清算所会员行的整体流动性明显恢复时，存款人就会改变对银行的信任度。这种信息一旦广为知晓，在货币溢价中就会有所体现。因为此时从内地流入纽约清算所银行的净存款已经由负数变为正数。储户对银行信任度的改变一般都会发生在暂停支付取消之前。

在1893年和1907年的恐慌中，在银行暂停向储户支付后，清算所银行采取的最公开和最有效的应对措施是从国外进口黄金。我们认为，选定一个特定日期向公众公布观察结果和发表公开声明很重要，表明人们的信念已发生了变化，而这一变化主要源自内地银行在纽约代理行存款额的增加。因此，我们认为，纽约票据清算所银行采取增加准备金余额、向公众公布其行动以及其他的一些有助于增加准备金余额的措施提升了存款人的信心。1907年1月11日的《邓氏评论》写道，"外国黄金就像一股巨大的洪流涌入这个恐慌不安的市场，这就使国际汇兑在1907年这个划时代的金融史上占据了一席之地"（31）。

纽约票据清算所汇总的会员行总体数据

由于在暂停支付期间清算所公布了其会员行总的资产负债情况，我们还是可以了解银行系统整体经营状况的。在这一部分，我们将研究纽约票据清算所在恐慌期间流动性方面的总体情况，审视票据清算所发行的贷款凭证和与法定准备金相关的净准备金盈余（或赤字）方面的数据。

基于安德鲁（1910）、摩恩和托尔曼（2015）的数据，我们对纽约票据清算所银行在恐慌期间的表现进行了研究。由于纽约票据清算所规定其会员行的法定准备金率最低为25%，当一家银行的准备金余额低于法定准备金率时，就应该是危机的信号。图8.2、图8.3和图8.4显示了纽约票据清算所的准备金盈余、清算所贷款凭证的未偿水平和货币溢价。通过研究这些数据，我们可以看到票据清算所贷款凭证和银行准备金赤字之间存在着镜像反映的关系。它们的相关性在1893年为0.68，在1907年则为0.75（基于每周数据）。从本质上讲，当货币从银行流出时，票据清算所就会发放贷款凭证。而且随着准备金盈余的增加，未偿还贷款凭证的水平也会下降。这些数字也包括货币溢价率。货币溢价率与准备金盈余之间呈负相关，其相关性在1893年为0.47，在1907年则为0.74。

1893年7月31日的《白氏周刊》记载："上周六每周银行的对账单仍是负数。唯一重要的变化是其法定准备金减少了81.2925万美元。"（463）

1893年的恐慌

威克（2000）明确指出，1893年的恐慌在最开始时主要集中在美国内地。在最初时它对纽约市或纽约票据清算所的影响并不大。但在6月份恐慌爆发后，纽约票据清算所会员行的准备金盈余有所减少；在7月初出现了赤字，并始终徘徊在500万美元左右。长期以来，纽约票据清算所会员行的净存款一直都维持在3.75～4亿美元之间，因此，其赤字不会超过净存款的1%（约为准备金的4%）。虽然纽约票据清算所在6月下旬发行的贷款凭证明显缓解了恐慌，但并未从根本上改变准备金余额继续下降的趋势。8月3日银行采取的暂停支付措施使该次恐慌开始恶化。

1893年7月21日的《纽约论坛报》声称，纽约票据清算所的银行家们曾担心，芝加哥票据清算所不同意发行票据清算所贷款凭证（事实上，在1893年的恐慌期，纽约票据清算所也没有发行）。此外，报纸还声称，纽约市的银行和金融利益集团对1893年的《谢尔曼白银采购法案》（*Sherman Silver Purchase Act*）普遍表示不满［部分是出于政治原因，因为它远没有被它取而代之的《布兰德艾利森法案》（*Bland Allison Act*）那么扭曲］。不过美国财政部准备供应黄金的消息表达了人们对美国维持金本位可能面临的威胁的担忧，而中央准备金城市之间的动作不协调也表明，这些城市在金融危机期间已陷入一片混乱。在该报的第二页刊登了一篇题为"资金离开城市了吗？"的文章，该文强调说，随着货物大量输往内地，纽约市银行将会再次出现现金外流的情况。该文还提到，据银行家们的推测，纽约市现金的净流出量将超过流入量。有一篇重要评论指出，银行家们正在考虑进口黄金，但前提是能够赚取合理的利润。但是一篇刊载在7月22日的《纽约太阳报》（*New York Sun*）上的文章称，银行家们对"黄金进口疲软"表示担忧，认为从目前的汇率来看维持必要的黄金进口十分困难。

1893年8月4日载于《纽约太阳报》头版的一篇文章指出，货币溢价主要是某些银行不愿意满足储户对货币的需求造成的。我们认为，这实际上是银行在向外透露一条它将采取暂停支付措施的信息。此文对纽约市的银行深表同情，文章指出，在整个夏天，纽约市银行的现金都处于持续外流状态，并对纽约票据清算所银行的准备金余额造成了威胁。纽约市的现金外流和银行拒绝储户提现的消息引起了广大储户的恐慌，并使他们产生了从票据清算所会员行提取现金的投机动机（尽可能多地获得现金）。此外，在同一期的《纽约论坛报》上，还载有一篇有如下标题的文章：

> 几乎是一场货币饥荒
>
> 小额钞票争夺战导致货币溢价
>
> 资金囤积是惹火上身的重要原因

银行在1893年8月3日采取了暂停支付措施，周末就出现了货币溢价。实施暂停支付措施后，银行流动性紧张的问题主要表现在纽约票据清算所会员行的货币总量和溢价上。在8月8—9日，货币的溢价率达到最高水平（4%～5%）。截至8月11日，纽约票据清算所银行的准备金赤字也达到了此次恐慌中的最高点，为1600万美元。"法定准备金"的百分比只有16%。

纽约及其他地方的货币溢价导致海外黄金大量流入，黄金进口商也因此赚取了高额利润。1893年，金本位下美元与英镑的法定平价汇率达到了4.86656：1，而在正常情况下，黄金的输入（输出）点为4.835

（4.899），低于（高于）平价汇率0.655个百分点。这一汇率差足以刺激黄金进口。

当汇率低于正常的黄金输入点（4.835美元）时，就会刺激黄金流入美国。它的运作机理是人们以较低的汇率（如4.81美元）买入（或借入）英镑，再拿英镑以汇率平价买进黄金（官方平价为4.86656美元），然后将黄金输往美国。以美元计价的黄金价值（以法定平价计算）高于最初购买英镑的支出（4.81美元），在扣除运输成本后进口商仍能赚取一定的利润。在本例中，4.86656美元－4.81美元=0.05656美元，毛利润为1.162%（再扣除约0.5%的运费）。此收益看起来可能不算太大，但是对黄金进口商而言，黄金的进口量巨大，可以赚取巨额的利润。进口商在两三周内就能完成一次进口，能得到高达8%至9%的年净回报率，而且相对而言，黄金的风险并不大。

当货币溢价率约为4.0%时，美元和英镑的汇率将会达到4.86656×1.04:1或5.0612:1，这就使它们之间的汇率高于正常的黄金输入点（4.899美元）。在这种情况下，进口商从国外进口黄金就变得极为有利可图[1]。因此，在大量黄金流入美国之前，银行采取的暂停支付措施就使货币产生了溢价。附录C用示例对黄金进口进行了描述。

在纽约票据清算所正式发布会员行的总体流动性指标时，我们很难看到各个会员行的具体数据，但是，我们在《纽约城市日报》上仍然可以看到许多银行零星的准备金数据。下面的报刊对清算所未偿付贷款凭证和纽约市银行黄金进口的情况进行了定量分析。

1893年8月11日，金融市场的报道变得乐观起来，原因是当时报纸上有文章报道说黄金进口合同已经谈妥。然而，在《纽约论坛报》上却刊登了一篇题为"银行不会支付现金"的文章，此标题令人尴尬不安。该文指出，经纪商通过货币兑换从中赚取的货币溢价率高达4%。然而，该文还指出，估计这种情况不会长久，货币溢价预计会推动价值约为

2300万美元的黄金进口。[2]据1893年8月13日（周日）《纽约论坛报》的报道，至周日为止，黄金进口累计已接近1400万美元（4）（次日有报道称进口总额为1320万美元，其中包括747.7万美元的美国硬币）。

1893年8月18日，《纽约论坛报》仍然报道说，尽管"大量黄金已经抵港"，但是货币仍有3%的溢价率。该文指出，清算所每天都在增发36.5万美元的贷款凭证，未偿付的贷款凭证金额已增至3，738万美元［数据截止日期为1893年8月17日。这与摩恩和托尔曼（2015）根据《清算所个人贷款凭证申请书》计算出来的未偿贷款凭证金额完全一致］。1893年8月19日，《纽约论坛报》上有文章称，在前4周黄金净进口额约为1730万美元（其中有3周都存在着货币溢价），并指出货币溢价一直存在。该文还报道说，更多的黄金进口仍在运输途中。据估计，至1893年8月21日（周一），黄金累计进口金额约为2446万美元，但这并没给人带来欢呼雀跃的感觉。相反，报纸上仍有文章指出，股市仍在下跌。

总体来讲，纽约票据清算所会员行的准备金余额在8月11日触底后，以后每周的数量都有所增加。由于有大量的黄金输入，会员行的准备金状况每周都在改善。而黄金进口的增加正是由货币溢价给进口商带来的巨大利益造成的。

1893年8月26日（周六）《纽约论坛报》上的一篇文章的语气也发生了明显变化。文章指出，货币溢价现象正在迅速消失（前两天已降至1%左右），有迹象表明议会将要废除《谢尔曼白银采购法案》，而且储户的存款量也有所增加，纽约票据清算所会员行的准备金也得以恢复。

> 四位著名的票据清算所经理昨天交换了意见。据估计，他们的准备金收益分别为400万美元、500万美元、600万美元和700万美元。由于财政部下属机构采取了一系列措施，银行本周的净收益超

过了370万美元。除非船上运送的货物超重，否则还会有数百万美元的进口黄金。有人认为，如果现在再大幅削减准备金赤字，那么在本周或下周商业银行还会大量进口黄金。（3）

由于黄金进口使准备金恢复到了8月3日暂停支付后的储备水平，关于纽约票据清算所会员行资金回流（可能是通过内部往来行）的报道也有助于金融环境的改善。报纸上刊登的，如准备金赤字和货币溢价率等银行系统的关键指标明显变得良性了。到8月31日为止，金融市场上的货币溢价率水平还不到1%（《纽约论坛报》报道的是0.625%，第3版）。

我们从股票和债券市场找到了与假设一致的证据。图8.1显示了从1893年5月20日到1893年11月4日间每周股票价格指数和债券价格指数的变化情况。该图说明了"收益的相关性"，显示出二者从6月4日至7月

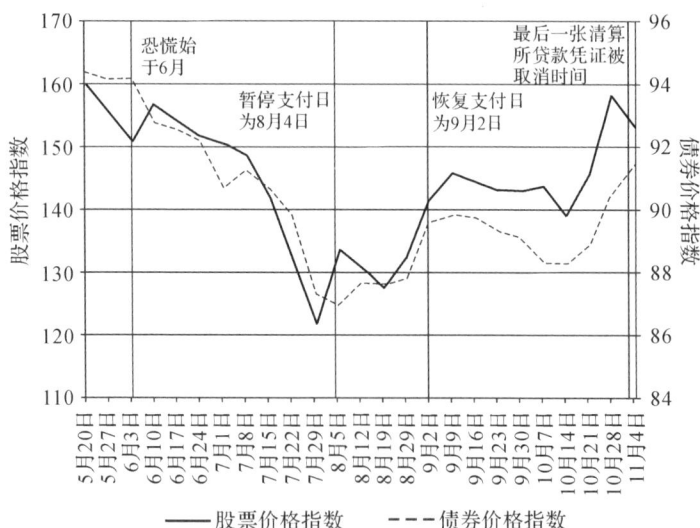

图 8.1　1893 年恐慌期间，每周股票价格指数与债券价格指数
资料来源：凯默尔（1910）和斯沃特（1990）。

29日间强烈的协同性。从图8.1中可以看出，从6月4日至7月29日间，股票价格指数和债券价格指数都呈明显持续下降的趋势。债券价格指数在1893年8月5日跌至最低点。就在银行采取暂停支付措施的当天，股票价格指数从上周的底部略有回升。在暂停支付期间，即从8月3日至9月2日期间，这两大指数都呈温和上升趋势。

一位当代著名观察家佐证了我们的观点。诺伊斯（1909，196）强调，"仅在8月份，美国就进口了价值达4100万美元的黄金。这种规模超乎寻常"，也是迄今为止美国历史上单月最大的黄金流入量。"随着黄金的流入，1893年的危机结束了。"

1907 年的恐慌

虽然在1907年的恐慌与1893年的恐慌期间，事情发生的先后顺序有些相似，但是，纽约票据清算所在两次恐慌期间采取的措施在时间上有明显的不同。在1907年的恐慌期，清算所宣布发行票据清算所贷款凭证与银行暂停向储户支付这两件事是同时发生的（见表8.1）。然而，事情发生时间上的差异并不能明显改变货币溢价和随后流入纽约市银行的黄金之间的关系。但黄金流入与衡量金融危机的指标之间显然是不同的。在1907年的恐慌期，先发生了货币溢价，然后才爆发了金融恐慌。这次金融恐慌是在黄金进口持续了好长时间以后才使危机得以缓解的。造成这种差异的一个重要原因是，在1907年的恐慌期，即使是在黄金进口到来之际，一些信托公司仍然在发生储户挤兑，而在1893年的恐慌期，恐慌主要发生在内地的一些银行中。

在1907年的恐慌期，每周都有进口的黄金（见表8.3）。在11月前两周的大部分时间里，货币溢价率一直徘徊在2%～3%左右。虽然黄金流入与货币溢价率之间有一定的关系，但是溢价率并非随着黄金的流入货

表8.3　纽约金融市场危机指数及货币数量

周	周末	货币溢价利率		活期存款利率		黄金净进口	纽约票据清算所贷款凭证	准备金赤字
		低	高	低	高	累计	净未偿付	包括黄金
42	1907年10月19日	0	0	2.25	10	0.018	1.3	11.175
43	1907年10月26日	0	0	5	125	-1.285	16.61	-1.225
44	1907年11月2日	1	3	3	75	-1.765	57.235	-38.825
45	1907年11月9日	1	4	4	25	5.508	72.095	-52
46	1907年11月16日	2.5	4	5	15	26.619	80.185	-53.725
47	1907年11月23日	1.5	3.5	3.5	15	39.032	84.885	-54.15
48	1907年11月30日	0.75	1.75	3	12	55.578	84.595	-53
49	1907年12月7日	0.5	2	3	13	69.389	86.97	-46.2
50	1907年12月14日	0.5	1.5	2	25	78.856	87.32	-40.1
51	1907年12月21日	0.5	1.25	6	17	84.560	87.865	-31.75
52	1907年12月28日	0.25	1.25	6	25	88.675	86.495	-20.225
1	1908年1月4日	0.125	0.375	5	20	97.763	80.815	-11.6
2	1908年1月11日	0	0	2	9	101.390	68.345	6
3	1908年1月18日	0	0	2.5	6	102.938	24.12	22.6
4	1908年1月25日	0	0	1.5	3	102.313	6.65	37.1
5	1908年2月1日	0	0	1.5	2	103.095	5.555	40.5

资料来源：托尔曼和哈恩（2012，285，表2）。

注：黑体数字表示观察结果，表明财务状况非常困难。黄金净进口，纽约结算所贷款凭证和准备金赤字以百万美元为计量单位。

币就会一直呈下降趋势。从1907年11月2日至1908年1月4日，货币溢价与累积黄金之间的相关性为 −0.89。在1907年11月29日的一周里，黄金进口一直在增加，导致准备金赤字较之以前略有减少，黄金进口额累计超过5500万美元。因为准备金的减少和黄金进口量的增加，12月初货币的溢价率一直在2%以下。在1907年全年和1908年1月份的大部分时间里，虽然黄金进口量一直在持续增加，但是在1908年1月4日之后，黄金的进口量有所减少。[3]

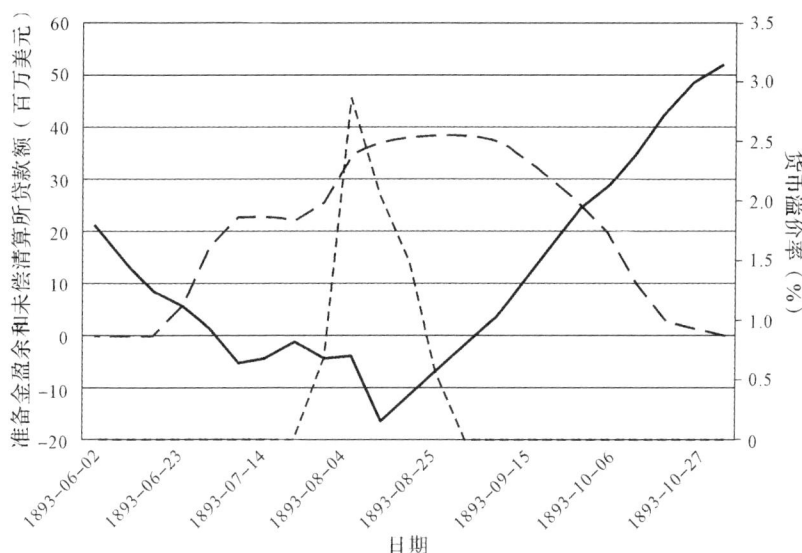

图8.2　1893年恐慌：双周准备金盈余、票据清算所贷款成本及货币溢价率

资料来源：数据来自凯默尔（1910）的著作、《清算所贷款委员会会议纪要》（不同日期）以及各期《纽约时报》和《纽约论坛报》中的货币溢价率。
注：实线代表准备金盈余（左轴）；长虚线代表未偿清算所贷款（左轴）；短虚线代表货币溢价率（%）（右轴）

　　图8.2（准备金变化图）显示，在1893年恐慌期间，货币溢价率随着准备金的持续流入是如何降低的。与1893年的恐慌一样，1907年恐慌间的货币溢价率（见图8.3）在1908年1月最终降至零点，而当时纽约票据

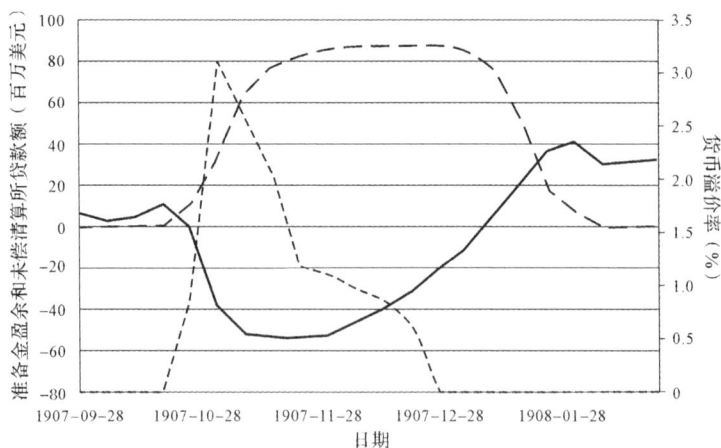

图 8.3　1907 年恐慌：月储备金盈余、票据清算所贷款成本及货币溢价率

资料来源：数据来自凯默尔（1910）的著作、《清算所贷款委员会会议纪要》（不同日期）以及《纽约时报》和各期的《纽约论坛报》中的货币溢价率。

注：实线代表储备金盈余（左轴）；长虚线代表未偿清算所贷款（左轴）；短虚线代表货币溢价率（%）（右轴）

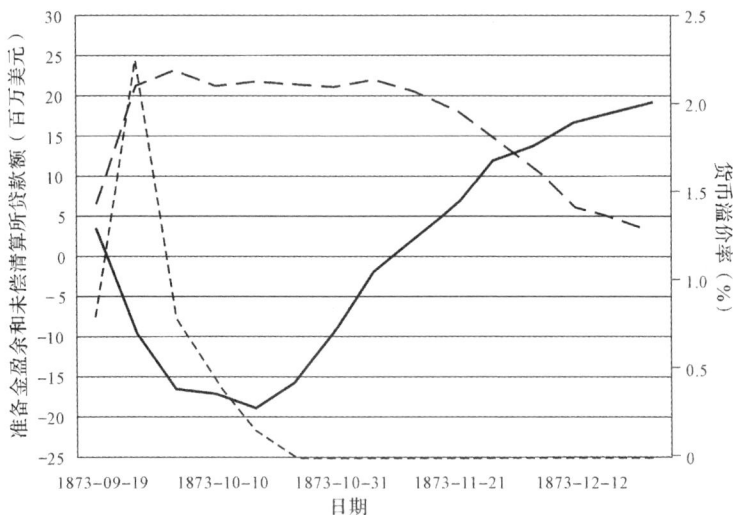

图 8.4　1873 年恐慌：三周准备金盈余，票据清算所贷款成本及货币溢价率

资料来源：数据来自凯默尔（1910）的著作、《清算所贷款委员会会议纪要》（不同日期）以及《纽约时报》和各期的《纽约论坛报》中的货币溢价率。

注：实线代表准备金盈余（左轴）；长虚线代表未偿清算所贷款（左轴）；短虚线代表货币溢价率（%）（右轴）

清算所会员行的准备金余额已接近正数。

1873 年的恐慌

1873年的恐慌是美国国民银行时期发生的第一次恐慌。这次恐慌与1893年和1907年的恐慌有所不同，是由多种原因造成的。首先，1873年的恐慌发生在美国内战以后，当时美国还没有采用金本位；其次，纽约票据清算所会员行正式同意将其准备金储放在清算所里；最后，恐慌发生的时候，纽约证券交易所已闭市10天。

尽管1873年的恐慌与另外两次恐慌有所不同，但是从图8.4来看，1873年的恐慌模型与图8.2和图8.3中1893年和1907年的恐慌的模型相似。该图显示，未偿还票据清算所贷款凭证与准备金盈余之间的相关度为−0.85，货币溢价与准备金盈余的相关度为−0.36。从图8.4来看，在准备金盈余变为正数之前，货币溢价率就开始下降，但直到准备金开始呈上升趋势时，货币溢价率才降至零。随着准备金的趋势好转，也就是说，就算准备金仍在萎缩，但是与1873年9月6—19日间的急剧下降相比，其萎缩速度要慢得多，货币溢价率就开始下降了。

因为美国在1873年时还没有采用金本位，所以我们前面讨论的货币溢价对黄金进口的激励作用并不明显。虽然美国当时并没有采用金本位，但是因为国际贸易支付需要黄金，贸易顺差也会导致黄金流入，所以黄金仍然是必不可少的。斯普瑞格（1910，58—59）在其著作中说，黄金确实流入了美国："9月25日（周五），出口商从英格兰银行提取了价值250万美元的黄金出口到美国。这只是这场大规模黄金进口运动的序曲，该运动一直持续到10月底，从欧洲出口到美国的黄金价值达1500万美元。"[4]《纽约时报》在1873年9月29日报道，"从伦敦运往纽约的第一批黄金将于下周抵达美国，其原因是英国最近为美国铁路公司和加拿大政府提供了大量贷款"（2）。尽管如此，此次黄金进口渠道并不像以后的恐慌中的进口渠道那么重要。

纽约清算所因采取的措施在应对危机中发挥了重大作用而更加引人注目。就在1873年9月20日，即清算所停止公布银行特定信息的那一天，纽约票据清算所协会通过了一项决议，其中有一个"均衡准备金"条款，其内容如下："为实现本协议规定之目的，凡属协会会员行所有的法定货币均应被视为协会之共同基金，以供相互援助和保护之用，有关委员会有权根据自我判断对其支配和使用。"（《商业与金融纪事报》，1873年9月27日，第411期）在1860年美国内战爆发时，清算所协会曾使用过该条款。正如斯普瑞格（1910，48—49）所解释的那样，虽然会员行的准备金充盈，但并不均衡，"此等均衡安排……有利于降低银行从事交叉业务的可能性，而这种危险仅凭清算所发行的贷款凭证是无法完全消除的"。斯普瑞格把缓解恐慌的功劳归功于准备金的集中和贷款凭证的使用。然而，国外资本的流入也释放出了国际社会对美国金融系统的偿付能力充满信心的重要信号。

1873年9月20日，经纽约票据清算所协会全体会员投票，一致同意成立一个委员会，对票据清算所贷款凭证的发行进行监督（1873年9月21日《纽约时报》，第1版）。1873年9月25日，《纽约时报》对此次危机中清算所协会采取的行动进行了总结：

> 今日早间，纽约清算所银行协会全体会员行对其在应对恐慌中的活动进行了总结：
>
> 第一，截至昨晚，已发行了1000万美元的贷款凭证。今天又批准了1000万美元的贷款凭证，并决定当凭证用罄时，将再次发行1000万美元……
>
> 第二，会员们团结一心、相互支持，共同防御应对了恐慌或其他紧急情况的发生。会员们一致同意仅通过清算所保付支票清算，

这就意味着借方银行于次日早间就可以在清算所通过贷款凭证或美钞进行余额结算……根据协会的规定，美钞、其他形式的美元以及以美钞形式发行的国库债券等都被集中或存入会员行，以供结算之用。

第三，会员行做出了如下决议，任何"拒绝充分参与该安排"的会员行，如发生试图背离决议中文字所体现的共同救济或防御精神而制造虚假声誉或信用的行为，经结算所经理批准，将被驱逐出本会。（原件中的斜体字，第2页）

清算所采取的一系列措施对市场起到了安抚作用。1873年9月23日，《纽约时报》对此做了如下评论：

当会员行在清算所召开会议时，陷入麻烦的银行会向大家据实陈述其经营状况。清算所得知实情后，毫不犹豫地签发了贷款凭证，并且一出手就是1000万美元，于是，市场的信心立即大振……为了使事态向更好的方面发展，清算所周六的清算手续比平时更加简单。虽然只有两家银行出现暂停支付的情况，清算所在周六居然也发行了贷款凭证。当华尔街都知道纽约票据清算所会员行经营状况良好，且在业务方面同心协力，并没有一家银行倒闭时，人们有了一种如释重负的感觉。（2）

几天后，《纽约时报》又报道说：

为缓解本周初因银行暂停支付而出现的资金流动性困难局面，纽约清算所会员行发行了大量清算所贷款凭证。贷款利息按抵押公共基金和一般债券（当然，包括任何需求量的应收票据或贴现票据）最低市场价值的75%征收，利息仅为7%……目前，资金紧张的局面已得到了进一步缓解。（1873年9月29日，第2页。原文对此进

行了强调）

1873年9月20日，纽约证券交易所关闭，10天后重新开放。因为许多经纪人都在透支支票购买股票，股票经纪人使用保付支票进行清算是交易所关闭的重要原因（《纽约论坛报》，1873年9月24日，第6版）。证券交易所委员会曾致函清算所委员会，并对证券交易所的关闭做了如下解释："证券交易所在重新开业前，我们必须清除的最大障碍是……我们的结算方式。只要开立支票的银行间存在着彼此不信任的情况，毫无理性的银行恐慌现象就会持续下去……在这种情况下重新开放证券交易所……只会导致银行挤兑。"（《纽约论坛报》，1873年9月25日，第5版）

但是，证券交易所的关闭为那些不良股票的潜在买家提供了以低价买入股票的投机获利机会：

> 华尔街股票市场在昨日（周六）收盘时，市场上出现了利好消息……一伙外地人携数十万美元进入了纽约股市，他们急于抄底优质证券……证券交易所的重新开业可能会使这些资金流动起来，并将再次被存放在银行里……由于交易所的重新开业有助于恢复股民的信心，证券的交易量一定会增加，银行也不会再将资金挪作他用，自然而然地，银行吸收的存款量也会增加。（《纽约时报》，1873年9月30日，第1版）

证券交易所是在1873年9月30日重新开业的。当年10月1日，《纽约论坛报》对其进行了报道："证券交易所于昨天重新开业，其间并没有出现银行恐慌现象；在交易结束前，官方也没有宣布有银行倒闭的消息，并且也没有任何一家拖欠储户存款的银行参与到早市交易中。这实际上标志着恐慌已经结束，公众的信心在很大程度上得以恢复，贸易和商业也在恢复正常。"（1）事实上，1873年9月26日是货币溢价率最高的一天。从那天之后，货币溢价率一直呈下降趋势。请参见图7.1A（1873年恐慌期间货币溢价图）、图7.1B（1893年恐慌期间的货币溢价图）和图7.1C（1907年恐慌期间的货币溢价图）。

证券交易所的重新开业有助于银行出售它罚没的借款人的违约抵押物。正如1873年10月6日《纽约时报》报道的那样：

> 结算所贷款凭证的减少无疑是由于证券交易所重新开业后股票的价值回归所致。这就使一些持有即期股票贷款且在交易所关闭期间无法收回贷款的华尔街银行，不得不在银行极端恐慌的情况下以最低市场价值的75%质押这些贷款，以归还贷款凭证下的款项……清算所就是通过向经纪商贷款这种救济方法（其中有一些属于强制性贷款）……对一些一旦破产不仅会加剧危机而且还会极大地损害商业利益的大型银行提供支持的。（2）

在金融危机期间，关于政府在法律上可以为某种行为和不为某种行为的讨论颇多（参见《商业与金融纪事报》，1873年9月27日，第406期）。美国财政部的行动也受到了法律限制，但是政府确实也回购了1300万美元债券。1873年9月23日，《纽约时报》对此报道说："今日，财政部以110.72美分的利率回购了价值约为350万美元的美国5-20s债券。"1873年9月29日，《纽约时报》再次报道："上周，财政部共出资3500万美元购买了各种票据。其中2200万美元被用于回购面值为5000美元、10000美元的贷款凭证（此前许多大城市都用它进行清算）和美国5-20s债券。自爆发恐慌以来，财政部还向南部和西部的国民银行提供了大约300万美元的流通票据。"（2）但斯普瑞格（1910，42）认为，这对缓解恐慌而言徒劳无益，因为这些债券都是从储蓄银行购买的，储户们并不愿意把钱存入商业银行。

总结

存款人对纽约金融系统偿付能力的信心需要一定的时间和一些足以给人慰藉的事件发生才能重振。在一定程度上，当来自海外的黄金不断充实到银行资产负债表的重要项目准备金余额时，人们才会对银行重树信心。即使纽约票据清算所银行的净"需求"准备金余额仍处于赤字状态，只要准备金余额一直朝好的方向发展，人们对银行的看法也会改变。当存款行包括它内地的往来行相信纽约票据清算所有偿付和恢复流动性的能力时，金融市场才算稳定下来。我们可以用回归结果来对此加以总结，而这些回归结果则将我们的信念、货币溢价与票据清算所准备金的水平联系了起来。

让我们列出一个简单的回归方程，以强调纽约票据清算所会员行所持有准备金水平的变化，以及它与国民银行时期发生暂停支付的三次恐慌期间货币溢价变化间的关系。方程（1）说明了二者之间的关系：

$$（1）\Delta CP_t = \alpha + \beta_1 \Delta RSD_t + u_t$$

在此，CP为货币溢价（周平均）；RSD为每周末纽约票据清算所会员行持有的准备金。

表8.4A和8.4B列出了回归结果。在每个子样本期（每个恐慌期）以及综合样本估计期内，准备金变化的估计系数均为负值。在回归计算中，我们抽取了22个合并样本观测值，分别抽取了6个、6个和10个3次恐慌的子样本观测值。观测值的数量有限，所以很多观测值是基于我们的估算得出的。尽管如此，我们还是使用了异方差一致估计函数对标准误差进行了估测，发现在1893年和1907年的恐慌期及合并样本中，准备金的变化系数估值均为负数，并且在统计学上不等于零。研究结果显示了货币溢价是怎样随着准备金的减少和从银行系统的流出而上升的，同样也显示了随着准备金的回流、货币溢价的下降，储户对金融系统发展

前景的看法的改变过程。[5]如果我们把准备金盈余或赤字（相对于法定准备金）的变化作为解释变量，那么所有的回归结果都相似。

表8.4A 货币溢价率指标变化的回归结果

	因变量：货币溢价率变化			
	1873	1893	1907	混合样本
常数	−0.36（0.35）	0.12（0.43）	−0.03（0.23）	−0.08（0.19）
准备金变动				
1873	−0.09（0.06）			
1893		−0.14***（0.05）		
1907			−0.07***（0.01）	
混合样本				−0.08***（0.017）
校正系数	0.22	0.33	0.44	0.37
D−W统计量	1.76	1.54	1.53	1.58
观察次数	6	6	10	22

注：标准误差（括号中）是用艾克尔−怀特的异方差一致性标准差。
***表示1%置信水平下的显著性。

表8.4B 使用准备金盈余或赤字相对于所需准备金的变化作为回归因子的货币溢价计量变化回归结果

	因变量：货币溢价率变化			
	1873	1893	1907	混合样本
常数	−0.27（0.37）	0.15（0.46）	−0.06（0.20）	−0.05（0.20）
所需准备盈余或赤字的变化				
1873	−0.13（0.08）			
1893		−0.12***（0.04）		
1907			−0.07***（0.01）	
混合样本				−0.07***（0.013）
校正系数	0.22	0.18	0.56	0.35
D−W统计量	1.65	1.34	1.39	1.52
观察次数	6	6	10	22

注：标准误差（括号中）是用艾克尔−怀特的异方差一致性标准差。
***表示1%置信水平下的显著性。

9 危机余波

在最近的金融危机中，大众媒体经常报道说，2007—2008年的危机是在央行的干预下才"免于进一步恶化"，或许事实的确如此。但是，我们确实没有足够的证据来评估央行或清算所在这场危机中所起的作用。要评估纽约票据清算所协会在恐慌期中的作用，我们只能用一些简单的指标来衡量，那就是票据清算所会员行是否倒闭，清算所的贷款凭证是否遭受损失，如果遭受了损失，损失有多大，这些问题还涉及应对危机的性质问题。在金融危机期间，尽管人们对整个金融系统是否会崩溃有所担心，但几乎所有的银行都幸存了下来。如果恐慌在本质上是源于那些资不抵债银行的信息外泄问题，那么事实上几乎没有一家清算所银行真正破产，否则会员行承担了那么大的风险，早就该资不抵债了。

纽约票据清算所会员行的破产

纽约票据清算所在避免银行破产和损失方面做得到底如何？从表1.1可以看出，在恐慌造成的经济衰退期，少有纽约市的国民银行破产。那么，纽约票据清算所的一些会员行是在恐慌期间还是在恐慌之后较短期间内破产的？对此我们从以下几个方面进行探讨。

首先，1920年的《美国货币监理署年度报告》（56—73）把所有破产的国民银行及原因列举了出来。报告指出，有33种原因可能导致银行破产，而所有银行的破产都和一个原因有关，那就是"银行挤兑"。虽然有7家银行因此而破产，但是并没有一家银行是纽约市的国民银行。

其次，达德利（1890，6）列出了1890年之前由于某种原因脱离纽约票据清算所的20家银行，其中有3家银行在恐慌期间或之后被接管或破产：

- 联邦国民银行于1873年9月22日被接管。
- 大都会国民银行于1884年11月18日自愿申请清算。
- 海事国民银行于1884年5月6日破产。

在1873年的恐慌中，暂停支付日出现在9月22日；而在1884年的恐慌中，5月份就开始出现了暂停支付。《美国货币监理署年度报告》将联邦国民银行的破产归咎于"不良贷款和证券贬值"。联邦国民银行在恐慌伊始时就破产了。1920年的《美国货币监理署年度报告》并没有把大都会国家银行列入破产银行之列，但是1901年的《报告》则把大都会国民银行列入自愿申请破产清算的银行之中，[1]而把海事国民银行列入了破产银行，并指出其破产原因是"管理不善，向高管、董事和其他人员滥放贷款"。

最后，还有一种银行破产的情形。在恐慌发生之前看哪些银行属于纽约票据清算所会员行，8个月后再将现有的会员行的名单与之前的进行对照，看恐慌之后哪家银行不存在了（或被兼并）。也就是说，虽然有些银行在暂停支付期间得到了清算所的支持，但后来被清算所勒令或自愿申请破产。

1873 年的恐慌

1873年9月20日，纽约票据清算所开始发放贷款凭证。在恐慌发生之前，也就是1873年的9月13日，《商业与金融纪事报》上列出，纽约票据清算所有60家会员行。1873年11月1日，银行的支付恢复了正常。1874年6月6日，《商业与金融纪事报》上又列出了纽约票据清算所会员行名单，仍为60家。并没有任何一家银行从名单上消失。

1884 年的恐慌

纽约票据清算所于1884年5月15日开始发放贷款凭证。就在恐慌发生之前，也就是1884年2月23日，《商业与金融纪事报》上列出了纽约票据清算所会员行名单，名单上共有63家银行。到1884年9月1日为止，唯一未被兑付的是颁发给大都会国民银行的那些贷款凭证。1886年9月23日，清算所的贷款凭证完全被取消。1884年10月11日，《商业与金融纪事报》又列出了纽约票据清算所会员行名单，有61家银行赫然在列。要不是华尔街银行和纽约海事国民银行从名单上消失，这两份名单就完全一样了。

1884年的《美国货币监理署年度报告》指出，海事国民银行于1884年5月6日破产（XXXIII），属于自愿清算（CLXXVIII），而华尔街银行属于纽约州特许经营的银行。1885年的《纽约州银行监督年度报告》把华尔街银行列为破产行，破产日为1884年4月11日（viii）。这一说法表明，大都市国民银行曾经得到清算所的援助，因此，在5月份发生的金融危机期间，该行并没有破产。即使如此，有情况（失去大量存款）表明，该行的破产或清算似乎是不可避免的。在恐慌消退几个月后，即在1884年11月18日，大都市国民银行自愿提出了破产清算。该行在1884

年11月自愿清算债务时，仍有500多万美元的清算所贷款凭证没有被清偿。如上所述，它所拥有的贷款凭证都是最后被清算所取消的。[2]

虽然（1890）《美国货币监理署年度报告》并没有提及华尔街银行，但克卢斯（1888，521）则将这家银行列入倒闭银行之列，破产日期为1884年8月。按贝尔斯（1917，273）的说法，该行在破产时贴出了告示，上面称该行因"出纳人员的不规范行为而破产"。贝尔斯说，"华尔街国民银行……虽于1883年10月19日（原文如此？）转型为州立银行……但不到一年就破产了"（274）。

1890 年的恐慌

1890年11月12日，纽约票据清算所开始发放贷款凭证。到1891年2月7日，贷款凭证全部被取消。如果我们将1890年11月1日纽约票据清算所的会员名单与1891年5月16日的名单相比较，就可以看出，在危机发生之前清算所共有60家会员行，在危机发生之后剩下了59家，只有一家银行破产，这家银行就是北河银行。北河银行是一家州立银行，于1891年进行了破产清算。

1893 年的恐慌

1893年6月21日，纽约票据清算所开始发放贷款凭证。到1891年2月7日，贷款凭证全部被取消。如果我们将1893年5月27日纽约票据清算所的会员名单与1893年12月23日的名单相比较就可以看出，在危机发生之前清算所共有60家会员行，在危机发生之后还是如此，没有一家银行破产。这一结果与威克（2000）的观点完全一致，威克认为，1893年的恐慌并不是发生在纽约市，而是集中在内陆地区。

1907 年的恐慌

纽约票据清算所于1907年10月26日开始发放贷款凭证，到1908年3月28日将其全部取消。如果我们将1907年10月19日的纽约票据清算所会员名单与1907年8月1日的名单相比较，就可以看出，危机前纽约结算所共有53家会员银行，危机中有5家破产，这些会员银行分别是机械交易国民银行、东方银行、布鲁克林第一国民银行、北美国民银行和新阿姆斯特丹国民银行。然而，1908年12月31日的《纽约州监察总署年度报告》称，机械交易国民银行确实以布鲁克林联合银行的名义重新开业了，最后仅剩一家银行没有恢复营业（31），而这家州立银行好像就是东方银行。报告显示，东方银行的资产已全部移交给了大都会信托公司，1908年的《美国货币监理署年度报告》并没有将这两家银行列入破产或清算银行之列。1907年的《美国货币监理署年度报告》将布鲁克林第一国民银行列为资不抵债银行，该行于1907年10月25日破产，即在清算所发放贷款凭证的前一天倒闭。

虽然北美国民银行在危机期间被清算，但并没有给债权人造成任何损失。"北美国民银行在破产时也没有出现资不抵债的情况，这一点可以从破产债务的快速清偿中得以证明。该行在破产时，债权人的本息全部得到了清偿……该行于1908年10月31日被接管人接管。"（凯恩，1922，272）新阿姆斯特丹国民银行于1908年1月30日进入破产程序，并没有给债权人造成任何损失。"新阿姆斯特丹国民银行在停止营业时，储户的本息得以全额支付。1909年4月14日，该行在将102.7612万美元的现金和资产移交给股东代理人后被接管。"（凯恩，1922，272）

1908年10月16日，《华尔街日报》指出："在纽约和布鲁克林共有15家金融机构倒闭，有的是在10月份恐慌最严重的时候破产的，有的是因随后发生的银行挤兑而倒闭。""在这15家金融机构中，有3家国立银行，8家州立银行，4家信托公司……但更有趣的是……事实上，这些金融机构的储户并没有或者并不会遭受1美元的损失"（8）。

除了自动清算（大都会国民银行）和虽然被清算但储户并没受到明显损失的情况以外，纽约票据清算所会员行破产的最终统计数字是：在1884年的恐慌中，有3家银行破产（华尔街银行、大都会国民银行和纽约海事国民银行）；在1890年的恐慌中，有1家银行破产（北河银行）；在1907年的恐慌中，有两家银行破产（机械交易国民银行和东方银行）。但在1873年和1893年的恐慌中，纽约市并没有银行破产。当然也有一些模棱两可的情况，但总体来讲，破产的银行并不多。

清算所贷款凭证遭受的损失

清算所发行的贷款凭证并没有遭受任何损失。吉尔平和华莱士（1904，18）在其著作中写道："自1860年以来，清算所在不同时期总共发行了168774000美元的贷款凭证，而且这些凭证都是在没有损失1美元的情况下被适当赎回的。"与此类似，在最近的金融危机中，美联储在紧急贷款计划下发行的贷款也没有遭受任何损失。

总结

在发生金融危机时，整个金融系统都处于危险之中。如果不采取措施积极应对，就可能会分崩离析。但是，纽约票据清算所最终还是采取了行动，使金融系统幸免于难。危机过后，银行倒闭的情况并不多见，清算所发行的紧急贷款也没有遭受任何损失。乍一听，这两种说法似乎有些矛盾，但这正是信息本质作用的体现。

10　警钟长鸣——怎样才能终结金融危机？

本书研究的中心议题是，通过研究金融发展史来洞察现代经济中金融危机发生的方式和原因，尤其是应对金融危机的措施。那么，我们从研究国民银行时期的金融危机中能学到什么？

首先，研究发现，应对金融危机的巴杰特（1873）规则并不能终结恐慌，也不足以使人们恢复对金融系统的信心。在国民银行时期的危机中，要恢复储户的信心远非提供紧急贷款那么简单。恢复人们的信心是一个长期而微妙的信息管理过程，目的就在于向社会传达储户对银行系统已恢复了信心这一信息。在信息管理过程中，清算所需要对公众抑制或传递一些信息，这是应对危机的根本，也是危机作为信息事件这一概念的自然延伸。实际上，任何有关金融危机的概念，都暗含着某种应该如何应对并最终终结这场危机的方法，这就是我们研究国民银行时期恐慌的关键所在。

其次，主管当局必须控制金融机构的信息。从我们对国民银行时期金融危机的研究来看，对银行特定信息的抑制、综合信息的产生、偶尔对银行进行的审查，以及类似于"压力测试"的公告，都是恢复储户信心的关键。票据清算所贷款凭证的发行实质上是通过将所有会员行的资产集中起来支持贷款凭证的方式，使整个银行系统证券化。因此，在恐慌期间，清算所发布的信息都是整个清算所系统（纽约票据清算所就是一个有效的银行系统）的信息，并不是某家具体银行的信息，这就使储户对各个银行的具体信息不太关注。总而言之，清算所的这些行动打消了储户设法获取银行特定信息的动机，属于危机期间"信息环境管理"的范畴。其实，储户并不需要太多的信息。

再次，要正确应对金融危机，有时可能需要废除一些标准的行为规则，甚至突破法律的某些规定。例如，法律禁止银行拒绝储户提取存现金，但是这种规定在实践中并没有得到很好的执行。大家普遍认为，在法官审理案件中如果执行此法，对金融市场和经济而言简直就是雪上加霜。再如，在纽约票据清算所的协议上并没有规定它有援助会员行的义务，但是清算所委员会对经营状况不好的银行伸出了援助之手。而且与现代危机不同的是，如果接受救助的银行破产并最终被清算，清算所所有的会员行将直接分摊这部分损失。

最后，在下面几页我们将总结对美国国民银行时期银行恐慌的调研要点。虽然清算所在应对国民银行时期的恐慌中反复采取的措施并不能直接拿来应对现代恐慌，但是在某些情况下，我们现在采取的应对措施和过去的措施并没有多大区别。因此，研究过去的清算所采取的应对危机的措施对于我们找出危机的根源、采取有效措施应对现代金融危机仍然具有重要意义。无论是过去或现在，应对危机的原则都是一样的。

要想引导人们讨论如何应对国民银行时期的金融恐慌，我们可以考虑采用救治流血伤口的方法来启发人们的思维。首先，要找到伤口的位置（哪里流血），这类似于确定短期债务的形式和所处的领域；接下来，对伤口进行清洁处理，并找到止血的方法；在了解病情的情况下，建议首先用无菌绷带捆扎伤口，这类似于银行采取的暂停向储户支付措施。在包扎伤口时，要注意确保血液的流动，只有这样，高于心脏的伤口的血才会慢慢被止住。票据清算所贷款凭证的作用与此类似，贷款凭证的发行虽然使银行之间的流动性得以重新分配，但只是暂时增加了货币的供应量。因为出血量大的病人有时可能会狂躁不安，所以要让病人平静下来，这样才有利于医生采取其他措施，对他进行进一步的治疗。在金融危机中，对信息管理就类似于安抚病人。至于清算所的其他行为，如规避或突破某些法律的规定和采取措施避免规模较大的银行破产，虽然不太好与此类比，但是对缓解危机起着至关重要的作用。在伤口紧急出血的情况下，建议在包扎好伤口后，再用纱布在带血的绷带上缠一下，这在正常的情况下并不需要。也就是说，对于情况并不严重的恐慌，清算所既不需要采取暂停支付的措施，也不需要向大银行救助。另外，值得注意的是，当病人因伤口流血过多而狂躁不安时，医生千万不要抱怨或教训病人事先没有采取紧急措施。

短期银行债务及危机

在研究历次的恐慌中，我们发现，引发恐慌的关键是人们对短期银行债务的价值持怀疑态度。我们将这种情况称为短期债务对信息的敏感性，也就是说，当其价值波动不定时，人们就会怀疑其价值而不愿持有它。当清算所或央行披露的信息引起公众对支持银行债务的资产的价值担忧时，短期债务持有人就会惊慌失措，甚至想抛弃债券而持有现金。这是因为短期债务持有者理不清究竟哪些银行陷入了困境，即使听说了某家银行经营状况不佳，也不知道是否是道听途说。当银行债务持有人从对信息不敏感变得对信息敏感时，恐慌就要开始了。

对短期债务价值的怀疑是所有市场经济国家发生金融危机的根本原因。对这一共性进行研究有助于我们理清短期债务在金融恐慌中的重要作用。

随着时间的推移，短期债务的主要发行者和持有者都发生了变化，短期债务的形式也随之发生了改变。例如，在1873年的恐慌中，短期债务的主要形式是银行存款，这与1837年和1857年的恐慌形成了鲜明对比，因为在前两次恐慌中，短期债务的主要形式都是银行券（银行发行的货币）。在1873年的恐慌中，吸收银行存款的主要是一些国立和州立银行。而在纽约市，遭受银行挤兑冲击的银行都是纽约票据清算所的会员行。作为内地银行的代理行，它们在整个金融系统中起着举足轻重的作用。

在1884年的恐慌中，银行挤兑呈现出本地化的特点，它只影响到了纽约市的银行。纽约票据清算所会员行再次成为银行挤兑的主要目标，而大都会国民银行的存款量在那次危机中也大幅降至历史冰点。它的短期债务都是一些储蓄存款，而内地银行则是这些短期债务的主要持有者。大都会国民银行吸收的存款绝大部分都来自内地银行，很容易受到内地银行挤兑的影响。同样，在1890年的恐慌中，遭受挤兑的也是纽约票据清算所会员行的短期存款账户，但并不限于国民银行。两家州立特许清算所成员行也遭受了严重的冲击。

虽然1893年的金融危机是在纽约市金融市场之外爆发的，但纽约票据清算所的会员行仍面临着因外国投资者对美联储坚持金本位以及内地银行取走准备金的担忧而抽走黄金的局面。这时短期债务的主要表现形式是纽约票据清算所会员行的存款余额，即内地银行存放于中央储备城市银行的符合法定要求的准备金。在恐慌期间，这些存款余额的波动性非常大，并由此导致了纽约证券交易所短期拆放市场资金的短缺。当金融市场释放出储户怀疑纽约市银行偿付能力的信号时，内地银行实际上就开始对其存款账户挤兑了。

我们在讨论1907年的恐慌时，认识短期债务的风险尤为重要。在那场恐慌中，价值可疑的短期债务都是由信托投资公司持有的，而这些公司并不是纽约票据清算所的会员行。随着尼克博克信托投资公司（1907年10月22日）的破产，纽约市的信托投资公司爆发了恐慌性的提现。虽然作为纽约票据清算所成员的国民银行的存款实际上增加了，但是纽约金融市场陷入了危机之中。因为信托投资公司是纽约证券交易所获得资金流动性的重要渠道，所以受股民委托交易的经纪商，在代理股民质押股票获得短期贷款前，能够预先从信托投资公司获得无抵押贷款，即"日光贷款"，然后用该批贷款代股民购买股票。在短期贷款放下来以后，经纪商再将该贷款偿还给信托投资公司，并就该批款项向股民收取一定的费用和利息。在尼克博克信托投资公司破产后，信托公司遭遇了挤兑浪潮，这就使信托公司不得不终止"日光贷款"和其他短期贷款项目。如果清算所会员行连尼克博克投资公司破产对信托投资公司资金流动性的影响都认识不到，那么它们就低估了因该公司破产而引发的金融危机的严重性。

信心恢复——流动性、信息控制和现有规则的突破

我们采取适当措施应对金融危机的重要因素包括识别短期风险债务形式，确定债务持有机构身份，找出影响受挤兑债券资产估值的信息。即使如此，这些关键特征只是为我们应对金融危机奠定了基础。在恐慌中，我们需要解决的更为重要的问题是储户对银行丧失信心的问题。这个问题一旦解决了，未来我们就可以采取类似的措施去应对金融危机。

有效地控制信息和管理信息是终结银行恐慌的关键。因为银行债务既是一种交易媒介，也是一种短期价值储存手段，所以有效交易媒介的价格就应该保持稳定，这样才有助于银行债务发挥其短期价值储存作用。这样说来，有效的银行债务应该是对信息不具有敏感性的。但如果将有效的银行债务想象为对信息的不敏感，就偏离了标准价格理论，与

我们对价格系统的一般理解也大相径庭。然而，银行债务与一般的价格不同，它是价格规则的例外情况。

就金融危机而言，它本身就是一种信息事件。然而，矛盾的是，在金融危机中信息却是越少越好。因此，我们可以这样看待金融危机，即正常的价格体系在不需要起作用的时候却突然发挥了作用。也就是说，在银行债务不需要反映信息的时候，它却突然反映了"信息"，而且它反映出来的价格毫无意义，此时就发生了金融危机。在正常情况下，银行的债务不会反映任何信息，因为按照设计，它的价格不会改变。在金融危机中，短期债务持有人之所以会突然跑到银行去提取现金，是因为现金的价值或价格固定不变，债务持有人更喜欢拥有现金。但他们所认为的相关信息并不能真正说明支持该债务的资产之价值。从本质上来讲，银行债务一旦变得对"信息敏感"，就会造成极其糟糕的结果（即发生金融危机）。

那么，我们应该如何恢复储户的信心？从1873年起，我们就开始使用巴杰特规则，而且它反映了一些众所周知的实际应用规则，如各国央行应以高于市场的利率（但不是天文数字）借贷给（正常情况下）能提供良好抵押物的银行等。经研究，我们发现，在国民银行时期的历次危机中，纽约票据清算所都采取了以高于市场利率的方法发放贷款凭证的方式，来援助遭受挤兑的银行。巴杰特规则真的起作用了？

仅依靠巴杰特规则并不能恢复储户的信心。事实上，在没有其他措施配合的情况下，使用该规则是否能终结危机还是个未知数。该规则的基本思路似乎是，央行以抵押贷款的方式将款项借给借款行，以使其有足够的现金向储户或其他短期债务持有人支付，从而使储户认为他们存放在银行的钱可以取回。但是，到底是什么导致他们后来又将现金存回银行？从操作上来看，巴杰特规则主张将尽可能多的现金投入流通领域，使储户相信，如果他们愿意，随时可以从银行提取现金。当然，当储户意识到这种资金的流动性来自清算所的临时抵押贷款时，就无法将他们的信心重新树立起来。这就像前面谈到的伤口急救，临时性抵押贷款的发行并不能止住伤口的血。因此清算所只有多管齐下，才能安抚市场的参与者。

在国民银行时期，银行采取暂停支付措施的目的是防止储户把银行的现金取光。这种措施只会"减缓伤口出血"，和票据清算所贷款凭证一样，不能提升储户的信心。进一步讲，由于暂停支付措施的实施，储户无法将其所有的存款从银行取出。事实上，在发生恐慌时，储户从银行提取的现金也从未超过其存款总量的10%。暂停支付与巴杰特规则正好相反，它旨在抑制储户对现金的需求。但威克（2000）认为，暂停支付有时可能会加剧储户对现金的需求。

我们知道，票据清算所要想有效地应对金融恐慌，仅靠巴杰特规则是不够的，原因是它忽略了贷款计划中保密的重要性。在应对金融危机中，对借款人身份保密和对银行特定信息抑制特别重要。[1]在国民银行时期最严重的金融危机中，正如2007—2008年的金融危机那样，票据清算所虽然向公众公布了紧急贷款计划，但并没有对外透露借款行的名称。这种对私密性的保护不仅预防了短期债券持有人挤兑实力较弱的银行，而且使他们将注意力转移到了整个银行系统的偿付能力上。具体而言，票据清算所对外抑制了会员行的特定信息，使短期债券所有人不清楚到底哪家银行的实力存在问题。此外，票据清算所对向其申请贷款凭证的会员行的身份以及贷款凭证的金额都是保密的。在危机期间，票据清算所对整个金融系统的拯救也意味着它绝不会让实力较弱的银行陆续破产。

票据清算所首先暂停公布个别银行的信息，然后让会员行暂停向储户支付，以防止金融系统因发生挤兑而崩溃的方式，就像医生医治受伤的病人一样，首先让病人安静下来，然后把血止住。清算所一旦发行了贷款凭证，就把所有的会员行合法地捆绑在了一起。这种做法就使储户不得不关注清算所的偿付能力，而不用关注个别银行的实力。这实际上就把各个会员行的所有资产变成了一个大的投资组合。现在，储户是否需要提现只需判断整个银行系统的偿付能力即可，至于单个银行的偿付能力则无须关心。在开放的保付支票市场上，货币溢价率的高低反映出储户对票据清算所偿付能力的信心。

在恐慌期间，清算所之所以减少向公众发布其会员行的信息，是因为它并不知道哪些银行会出现资不抵债的情况。实际上，也没有任何一家机构能够可信地评估出信息并不透明的银行资产的价值。银行资产的不透明性也是导致银行恐慌的重要原因。因此，纽约票据清算所认为，隐瞒银行资产负债表和贷款项目中的特定信息是预防金融系统崩溃的绝佳方法。

纽约票据清算所只有通过将会员行单个投资组合捆绑成整体投资组合的方法，才能让储户相信它的偿付能力。而且如果将这些银行的金融资源组合在一起，资产的总量将是巨大的，这在很大程度上足以使储户们相信银行系统的偿付能力。但是在国民银行时期，即使清算所组合的金融资源再强，储户也不会相信银行系统的偿付能力，因为货币溢价率是正数——人们从中仍能感受到银行系统生存的不易。

因此，纽约票据清算所不得不采用其他办法来说服储户，使其相信银行系统的偿付能力。为此，清算所准备做一批新业务，即使属于非"正常"业务也在所不惜。清算所采取的这种额外行动意在向储户传递一个强烈的信号，即银行系统具有流动性和偿付债务的能力。

清算所采取的这种行动处于法律的模糊地带。金本位时期暂停支付和货币溢价的出现，为清算所带来了靠进口黄金获利的机会。在1893年和1907年的恐慌中，清算所向公众释放的重要信号是大量的黄金将从国外流入美国的银行系统。报纸上有关黄金进口及此后几周内将有大量黄金进口的报道，意在使人们相信纽约金融市场上的流动性在增强，同时也向人们传递了一个更加微妙的信号，即外国黄金持有者或投资人都愿意以输出黄金的方式向美国银行提供贷款。大量的黄金输出以及长时间的信用贷款表明，外国投资者对美国金融市场的偿付能力和流动性充满了信心。

在1893年和1907年的金融恐慌中，市场信心的恢复主要得益于金本位（即使存在货币溢价的情况下）的正常运行。然而在1873年的恐慌中，虽然美国官方进口了一些黄金，财政部回购了一批政府债券，但金本位的运行仍不顺利。而且股市一旦重新开业，银行就可以出售违约房主抵押的股票。由此看来，纽约票据清算所并没有建立起一种有效的银行准备金机制。因此，美国政府有必要采取一切措施，积累足够的流动资金，使储户相信他们存款的安全性。这就像我们前面打的急救比喻一样，给银行注入流动性就类似于输血——需要从外部输入。虽然黄金的流入与资本注入稍有不同，但从外部流向银行的黄金在银行账面上确实是一种持久性的储备资产。其实，黄金的流入与2007—2008年金融危机中政府制定的不良资产救助计划（Troubled Asset Relief Program）中的资本注入极为相似。

在国民银行时期暂停支付期间，纽约票据清算所有时会对会员行进行专项审查，以解决市场信息问题。虽然银行审查活动与信息管理有关，但清算所的做法与我们对危机期间银行偿付能力的信息可信度的看法并不一致。在1884年的恐慌中，纽约票据清算所即使在得知大都会国民银行偿付能力有问题的消息后暂时封锁了信息，但其随后的做法也预示着它绝不会让大都会国民银行在危机期间破产。清算所在对大都会国民银行实施专项审查后出具的报告称，该行资产状况良好，清算所将向它发行大额的贷款凭证，以使其重新开业。然而，在清算所做出该决定的几周后，乔治·科在清算所的一次讲话中称，审查小组根本无法评估出大都会国民银行的资产状况。难道纽约票据清算所做的声明错误了？如果有人认为纽约票据清算所对大都会国民银行实施援助是拿自己的资本在冒险，那倒不至于。从本质上讲，清算所之所以向大都会国民银行发放贷款，其根本原因在于它不想让该行因缺乏流动性而破产。假如大都会国民银行因亏损而破产，纽约票据清算所也早就有了应对之策，那就是让清算所所有的会员行分摊其损失。

1884年的大都会国民银行案给现代读者的启示是，清算所是绝不会让一家关联关系较广的大型金融机构在危机期间破产的。与1907年的金融恐慌相比，1884年金融危机造成的后果并不算太严重，当时人们普遍低估了尼克博克信托与其他信托公司之间的关联性。可以说，纽约票据清算所在1884年的举措成功地防止了小规模的银行恐慌恶化为大规模金融危机的情况的发生，这一成功举措在很大程度上归因于清算所做出的避免大型关联银行在危机期间破产的决定。大都会国民银行在金融市场稳定很久以后才申请了破产清算。

通过对尼克博克破产案的调查，我们发现，在危机期间防止大型金融机构破产是有好处的。当发生挤兑时，短期债券持有者急于取回他们的现金，而当尼克博克的现金被储户取尽时，它除了宣布破产，唯一的选择就是出售资产。而尼克博克并没有便宜甩卖资产，而是对外中止了一切营业活动，并关门歇业。一般情况下，遭受挤兑的金融中介机构即使处理资产，也会优先出售其最优质的资产，原因是即使在金融危机的情况下，这些资产也往往能够保值增值。如果多家银行同时廉价处理资产，就会出现待售资产供过于求的情况，金融资产的价值也会被压低，就会使急需现金的银行或其他金融中介机构造成极大的困难。在1907年金融恐慌期间，纽约票据清算所的部分会员采取暂停支付措施，其目的就是防止所谓的资产抛售情况的发生，而当时纽约市的信托公司没有像银行那样采取暂停支付的措施。虽然信托公司流动性的流失危及了整个金融系统的安全,但是美国财政部以及以摩根大通为首的私人银行家出手援助,才使整个金融系统幸免于难。就信托公司而言,其获取流动性的方式主要是在恐慌期间一些商业实体对其信托资产的购买。

避免在危机期间出售资产是自18世纪以来已广为人知的金融市场参与者采取的一种相当普遍的应对策略。当谈及1797年英国的那场恐慌时,普尔(1877,196)指出,"银行一宣布暂停支付,恐慌立即就消失了"。但是,在20世纪和21世纪,人们普遍认为金融危机不会发生在发达经济体中,他们早就把暂停支付和拒绝执行储蓄合同这些实用知识抛到九霄云外了。

对国民银行恐慌时期如何使人们恢复市场信心的总结

本章以纽约票据清算所在应对金融危机中所采取的措施为主题展开讨论,并从中得出在应对现代金融危机中哪些措施行之有效、哪些措施至今仍可适用的结论。在文中,我们主要讲述了短期银行债务是怎样引起恐慌,以及人们对其价值担忧时的反应。因此,了解短期债务的种类、发行机构、债务持有人,以及持有这些债务的形式至关重要。在美国南北战争前,大多数短期银行债务是以私人银行券的形式存在的,但是在内战后,银行债务的主要表现形式是银行存款,也有其他金融中介机构的存款,如1907年的信托公司。对国民银行时期的多数恐慌而言,那些在纽约票据清算所成员行中持有大量存款的金融中介机构大多是内地一些银行的代理行,因此,如何让短期债务持有人树立信心对结束恐慌非常重要。

在金融危机期间让储户树立信心是一项具有挑战性的壮举,但这正是纽约票据清算所应对金融危机时所必需的。在危机期间,票据清算所的领导人意识到了在向公众发布信息时对信息管理的重要性,因此,他们对要发布信息的数量和形式都进行了限制，而且所发布的是清算所的整体信息，而不是银行的具体信息。此外，在危机期间，他们还对银行的经营状况作出了重要声明，并通过延长流动性贷款来证明银行经营的稳健性以及他们对有关银行的支持。

金融危机并不是经常发生的，即使在美国国民银行时期（1863—1913年）的50年里，也只发生过5次，其中有3次危机尤为严重。在这3次危机中，纽约票据清算所在行使权力过程中超越了权力范围，实施了暂停支付或限制提现等法律严格禁止的措施。这一措施延缓了银行存款的清算速度，并使票据清算所会员行能够在应对危机时作出协调一致的反应。此外，暂停支付还导致货币溢价，引起了黄金进口，而国外黄金流入正是银行系统维持其持久流动性所必需的。如果美国没有像1893年的恐慌初期那样采取暂停支付措施，黄金能否进入美国还不得而知，但是一旦银行采取了暂停支付措施，货币溢价率就会上升，国外的黄金就会快速流入美国。

一提起防止大型关联银行在危机中倒闭的案例，我们总是想起1884年的大都会国民银行案。在危机中，由于纽约票据清算所的干预，大都会国民银行才幸存了下来，并艰难地维持了好几个月，直到危机结束6个月后才自愿提出破产清算申请。当我们将这一结果与1907年尼克博克信托公司破产后的恐慌进行对比时就会发现，在恐慌中并不一定要绝对避免金融机构破产——这似乎是一种大智慧。

在最后两章，我们将在前几章对国民银行时期讨论的基础上，总结出应对金融危机的对策，并归纳出在制度结构或金融市场交易技术与过去不同的情况下，对我们和前人都适用的应对危机的指导原则。

11 历史视域下的现代金融危机

无论任何时候，金融危机在最开始时都非常混乱，而现代危机（当央行存在时）造成的混乱比国民银行时期的恐慌更甚。在谈及2007—2008年的恐慌时，前财政部长蒂姆·盖特纳（2014，119）写道："无论任何危机，在开始时就像一团迷雾让人琢磨不透。"而在现代危机中，这团迷雾更大、更浓，波及的范围更广。

在现代危机中，一些重要事件发生的顺序与我们了解的国家银行时期（当时没有央行）重要事件发生的顺序不同。在现代金融危机中，人们总是寄希望于央行或政府以某种方式对市场进行干预，因此企业、家庭等银行短期债务持有人在了解到一些金融机构的资产状况并不乐观以后，并不会马上去银行挤兑。他们会观望一段时间，看央行和政府会如何反应。在最开始时，短期债务持有人可能会怀疑金融机构的资产状况有问题，而事实上，一些金融机构很可能会破产。然后，一些储户会慢慢地到银行大规模提现（而不是突然大规模提现，这就叫无声挤兑），这样银行的流动性就会出现问题。虽然此时银行并不会采取暂停支付措施，但它要想在拆借市场获得融资已非常困难。此时，我们尚不清楚这些事件是否属于系统性的金融危机。

如果挤兑不明显，央行和其他公共机构就判断不清这些事件到底是否属于危机。因此，政策的制定者需要静观其变，持有短期银行债务的家庭和公司也是如此。当事态进一步恶化（如雷曼兄弟银行破产）到出现大规模挤兑时，政府就需要出手干预了。于是，在最开始时并没有人知道究竟该怎么做。有些人认为，（任何）建议性的应对措施可能会滋生"道德风险"，因此政府首先应当采取一些常规性措施，对付在危机爆发很久以前解决比较有意义但在危机期间并不适宜解决的问题。[1]

在此情况下，政府会考虑为银行的债务提供全部或部分担保，或将其国有化，至少会启动紧急贷款机制。但是，此时政治状况很不稳定，稍有不慎，国民经济就可能遭到极大的破坏。（莱因哈特和罗戈夫，2009）

在发生金融危机时，政府并不清楚该采取何种应对措施，什么时候才是最佳的干预时机，应该由哪个机构去实施，所以它采取的大多数应对措施都是临时性的，并不系统，而且常常会滞后，以至于常常遭到政治集团的操纵和指责。在某种程度上讲，危机的混乱性质决定了危害结果，但混乱也是由人们未能认识到危机的性质造成的。由于缺乏相关的数据，我们对金融系统的真实情况并不太了解，也无法知道哪些公司是真正的"银行"，哪些债务属于真正的货币债务——也就是说，我们并不清楚短期债务风险的表现形式。之所以会发生这种情况，是因为政府当局的脑子里根本就没有危机这根弦。

由于上次危机已经过去太久了，积极的政策制定者对它的印象已模糊不清，而且危机过后又没有认真总结经验和教训，一切都在摸索中进行，再加之事件太过纷繁复杂，他们就想当然地认为每次危机都有其独特性，在本质上并不相同。我们在前文已经谈到，在国民银行时期并没有央行对危机进行干预，因此对那个时代的金融恐慌进行研究是了解危机本质的绝佳时机。历次恐慌表明，导致金融危机的核心要素是短期债务。在信贷繁荣之后，原本对信息并不敏感的债务可能会变得对信息异常敏感起来。短期债务的这种从对信息反应迟钝到对信息敏感的转变过程就是危机的开始。而现代危机的观察家们却对这一事实视而不见。

短期银行债务这种从对信息反应迟钝到在危机状态下对信息敏感的转变虽然并不是瞬间发生的，但转变的速度也非常快。从20世纪90年代初瑞典的一则金融危机案，我们就可以看到这一点。在瑞典信贷市场繁荣之后，房地产（尤其是商业房地产）市场的价格已经出现了拐点。到1990年底，瑞典房地产的价格较之最高点时已下跌了52%。从而导致一家名为尼克尔（Nyckeln，在英文中意思为"重要的"）的金融公司发生了挤兑，因为该公司拥有大量的房地产贷款敞口，后来尼克尔发现，它已经无法再对已到期的债券凭证（在瑞典语称"marknadsbevis"，是一种短期债务性质的商业票据）展期。就像美国2007—2008年危机期间的回购协议那样，瑞典的挤兑并非指储户纷纷提现，而是指债券凭证持有人不愿意再继续持有它。在很短的时间里，危机就迅速蔓延至整个债券凭证市场，并在短短的几日内迅速扩散至银行及其他市场。但是直到1992年9月，在上述事件已发生了两年多以后，人们才意识到那是一场系统性的金融危机事件（英格伦，2015，42）。

为什么经过了那么长时间以后，人们才意识到那是一场系统性的金融危机？那是瑞典自20世纪30年代以来发生的第一次系统性的金融危机，就像美国2007—2008年的金融危机那样。在20世纪90年代，世界金融市场的形势已发生了变化。瑞典依赖国际货币市场筹集资金的情况已经成为常态，以至于公司贷款不再仅仅依赖于银行吸收的存款，由此活期存款的重要性就显得不那么突出了。英格伦在其著作中写道（2015，42）：

> 现在，银行的流动性风险不再源于排着长队急于提现的储户，

而是来自那些担心在市场枯竭之前无法脱身的投资者。可以这样讲，虽然在20世纪90年代初瑞典并没有储蓄保险，但是储户还是认为他们的存款是安全的。因此，储户挤兑的风险也很小，即使出现了异常情况，储户蜂拥提现的可能性也不大。另一方面，短期稳定的市场融资渠道在抑制危机中也发挥着重要的作用。

由此看来，银行债务的形式和作为"银行"的公司都发生了变化，国民银行时期银行的债务形式也是如此。人们之所以看不见银行的货币形式及其本质已发生了变化，那是因为它是一个量变的过程，需要很长的时间才能发生质变。在国民银行时期，当活期存款的概念还难以被人们理解时，它的表现形式已发生了类似的变化。活期存款是"货币"吗？活期存款的使用范围有多广？布雷·哈蒙德[Bray Hammond，（1957）1991，80]在他的获得普利策奖的《美国的银行与政治学》（*Banks and Politics in America*）一书中写道："直到1900年以后，大多数美国经济学家还没有认识到存款的重要性……"而威克（1966，21）在其著作中引用了当时财政部长助理拉塞尔·C. 莱芬韦尔（Russell·C. Leffingwell）的一句话，（拉塞尔在1919年写道）"所有相信货币数量论的人……都把银行存款叫作货币，但银行存款根本就不是货币"。在1984年5月，面临挤兑的美国大型银行伊利诺伊州大陆国民银行的债务形式以及持有人也发生了变化。因为伊利诺伊州大陆国民银行严重依赖短期批发性融资（主要是国外的），所以融资贷款人最容易对它进行债务挤兑（卡尔松和罗斯，2016）。由于担心在拉美债务危机背景下大陆银行的破产会导致大范围挤兑，银行监管机构对大陆银行的所有债务（包括债券持有人）提供了担保，而此时美国的许多大型银行也都面临着金融危机。大陆银行现象是美国银行业正在发生变化的"矿井中的金丝雀"，但可惜的是这种变化并没有引起人们的注意。

24年后，在英国发生的北岩银行（Northern Rock）挤兑事件与此十分类似。当时，家庭活期存款只占北岩银行总负债的23%，其流动性主要依赖于批发性融资。但在英国，像北岩银行这样的情况并不属于特例（参见申，2009）。该行于2008年被英国政府国有化。像瑞典的监管机构一样，英国监管机构也未能及时发现危机并认识到危机事件的系统性。2007年9月，北岩银行秘密地向英格兰银行请求援助，但不知是谁把这一秘密给泄露了出去，导致英国发生了150年来的首次银行挤兑。

从对美国历次恐慌和以上提到的现代危机的分析中，我们可以得出一个明确的结论：活期存款并不是银行债务的唯一形式，凡是短期债务都容易发生挤兑。这种简单的洞察力对分析危机中的一些重要事件非常重要。

要想了解危机中的系统性事件，就需要对危机的概念有所了解。如果连系统性危机的概念都不知道，那么在事态发展到糟糕透顶且危机非常明显时，就很难采取果断的措施来应对它。如果银行机构并不静等监管机构的援助，而是像伊利诺伊州大陆国民银行那样果断地采取措施应对挤兑，那么人们就会认为政策的决策者采取的行动毫无意义，并指责他们制造了"道德风险"。清算所对伊利诺伊州大陆国民银行的援助案时至今日仍在引起人们对清算所"大而不能倒"政策的争论。但是，危机通常不会在同一代人中反复发生，公众也缺乏对危机的了解。

瑞典尼克尔金融公司、英国北岩银行以及美国伊利诺伊州大陆国民银行的例子和国民银行时期发生的事件极为相似。发生挤兑的债务都是缺乏储蓄保险的批发性债务。在这些事件发生之前，人们低估了批发性融资的风险，对它也没有进行充分的调查，因此也没有想到会发生挤兑。古德哈特在2008年9月19日的《金融时报》上写道："无论是从业者、监管人员还是学者，几乎没人会预料到批发融资市场会枯竭这么久。"回顾过去，有证据表明，由于大家都认为批发融资业务没有挤兑风险，市场参与者似乎并没有意识到央行会对市场进行干预。2007—2008年的金融危机也是如此，当时的危机主要集中在严重依赖短期销售和回购协议的美国自营商银行。

下面我们将就几次现代金融危机进行讨论。但我们并不是要详细讲述每次危机的情况，而是只关注各国的政府和央行对危机的管理，不关注危机根源。在上一章，我们从国民银行时期应对金融危机的讲述中归纳出了应对危机的措施，这些措施同样也适用于应对现代金融危机。虽然每次危机的情况不尽相同，涉及的机构也有所差别，但我们仍然可以从每次应对危机的措施中得到有益的启示。政府和央行对现代的历次危机都做出了反应。我们在此将列举出它们的反应在哪些方面与纽约票据清算所的反应一致。

1970 年以来的金融危机综述

莱芬和瓦伦西亚（2012）经研究发现，在1970年至2011年间，全球共发生了147次银行危机，其中有13次不太确定。这些危机既发生在发达经济体和新兴市场经济体，也发生在有储蓄保险的国家和没有储蓄保险的国家。莱芬和瓦伦西亚认为，系统性的银行危机应满足以下两个条件：

1.银行系统有重大财务困境迹象（如重大银行挤兑、银行系统亏损和/或银行清算）。

2.有针对银行系统重大损失的重要政策干预。[2]

在危机爆发的第一年，就应该满足这两个标准。

由于危机之初一切都处于混乱之中，政府或央行需要过一段时间才能对危机做出反应，于是危机开始的时间就被推迟了。博伊德、德·尼科洛和卢科亚诺瓦（2009）对此问题进行了研究，他们指出，学界所说的危机开始的日期比实际要晚。

政府应该如何遏制经济危机？莱芬和瓦伦西亚（2012）从147次危机中收集了65个案例的详细资料。在这65个案例中，有85%的银行接受了政府的紧急贷款援助；刚好有50%的银行接受了政府提供的全面担保，这就使银行本身的信息变得无关紧要；还有9%的银行存在着冻结储户存款的现象。政府在平息现代危机中采取的措施和国民银行时期纽约票据清算所采取的措施极为类似。正如本书前文所提到的，以高利率为优质抵押物提供流动性的巴杰特规则，是现代危机中反复出现的一个历史主题。85%的接受政府提供流动性便利的银行适用于这一规则。而在50%接受全面债务担保的案例中，政府提供流动性的行动与银行支持资产（银行贷款）的质量无关（假设担保是可信的），是政府承担了银行贷款可能恶化的风险。国家对银行的国有化也是如此。只要政府财政实力雄厚，储户就不用担忧银行的实力。在全面担保的情况下，由于储户的债权有了保证，存款人就打消了将债权兑换成现金的打算。他们也不用费尽心机去打听存款行的信息，因为银行经营状况的好坏对储户而言已毫无意义。在我们前面研究的（国民银行时期的）历史事件中，清算所并不会给存款人的存款提供全面担保，因为在危机爆发时，私人清算所的反应就是发行清算所贷款凭证和暂停公布银行的特定信息，在情况极其严重时也会让会员行暂停支付，这就是它们在面临危机时的最佳选择。而（罕见的）冻结存款与暂停支付之间也有着明显的相似之处。冻结存款是指严禁资金从银行流出，就像暂停支付或银行放假期间那样。在现代时期，银行要想冻结储户的存款，必须符合国家的相关公共政策，让储户相信整个银行系统及其存款行有偿付能力。银行需要接受检查，可能要重组，也可能只是需要注入资本而已，否则银行只能采取暂停支付措施。

新兴市场国家的金融危机

　　到目前为止，世界上大多数的经济危机都发生在新兴市场经济国家。在新兴市场经济国家发生的这一类金融危机被称为"突然中断型经济危机"。突然中断（Sudden Stop）是指流入新兴市场经济体国家的私人资本迅速逆转并出现大量流出的现象。这种急剧逆转会导致产出大幅度下降和银行系统崩溃（资本流入量必须远远低于其均值，才能被称为突然中断；卡尔沃、伊兹奎尔多和塔尔维，2006）。新兴市场有时会出现"突然中断型经济危机"，如表11.1所示。右边一栏显示的是资本流出相对于该国GDP的规模。请注意，在表格中并未把发达国家的突然中断列在其中，但下面我们将会讨论西班牙的金融危机。在外来资本发生突然中断之前，大量资本的流入增加了银行业危机的可能性。卡瓦列罗（2016，309）认为："国际资本这种意外之财增大了金融风险的可能性。因为银行有更多的资本可供利用，这就刺激了其放贷速度的过度增长，从而增加了危机的可能性。"

　　"突然中断"型的金融危机与短期债务有关，并因债务发生挤兑。罗德里克和维拉斯科（1999，1）写道："在过去的几年里，几乎所有受金融危机影响的国家都有一个共同点：短期外债（无论是公共债务还是私人债务）与国际储备的比例较高。1995年的墨西哥、1998年的俄罗斯和1999年的巴西，它们的债务都是政府债务；[3]1997年印度尼西亚、韩国和泰国的债务主要是私人银行和金融机构债务。但无论哪种情况，大量短期债务和国际流动性资产的相对稀缺结合在一起，导致了信任危机和资本流动逆转的极端脆弱性。"

表11.1　突然中断

国家，期间	国内生产总值突然中断
阿根廷，1982—1983	20
阿根廷，1996—1995	4
智利，1981—1983	7
智利，1990—1991	8
厄瓜多尔，1995—1996	19
匈牙利，1995—1996	7
印度尼西亚，1996—1997	5
韩国，1996—1997	11
马来西亚ᵃ，1993—1994	15
墨西哥，1981—1983	12
墨西哥，1993—1995	6
菲律宾，1996—1997	7
泰国，1996—1997	26
土耳其，1993—1994	10
委内瑞拉，1992—1994	9

资料来源：卡尔沃（2003），引用卡尔沃和莱因哈特（2000），数据来自《世界银行负债表》和国际经济研究所，以及《新兴市场经济体的比较统计》（1998）。
a. 由于对资本流动实施控制而突然停止。

亚洲金融危机于1997年夏天出人意料地爆发于泰国，随后迅速蔓延至印度尼西亚、马来西亚和韩国。由于这些国家的经济增长速度较快，政府财政预算收支平衡，危机发生在这些国家令人感到颇为震惊。拉德莱特和萨克斯（1998a，25）在其著作中写道：

越来越多的外国借款以短期债务的形式出现……到1996年末，韩国、泰国和印度尼西亚离岸银行的短期债务分别达到了680亿美元、460亿美元和340亿美元。实际上，这些数字比实际短期负债总额还要低，因为它并没有把非银行融资（例如债券）包括在内。

1994年后，这三个国家的短期债务与外汇储备的比都超过100%。只要外国债权人愿意将贷款展期，高于100%的比率本身并不足以引发危机。但是它确实易受危机的影响。

因此，正如常与维拉斯科（1998，1）所讲的那样，亚洲东部的"崩溃，并不是一种可怕的新生事物……而是一场典型的金融危机，我们以前提到的所谓新兴市场也发生过此类金融危机。如智利的1982年的危机和墨西哥的1994年危机，就属于此类金融危机，因此，它绝不是唯一的先例"（强调原创）。

1997—1998 年的印度尼西亚金融危机

1997—1998年的印度尼西亚金融危机是亚洲危机的一部分，是自东欧经济转型以来最具破坏性的危机之一，也可以说是唯一的一次危机。这场危机爆发于东南亚的经济取得巨大成就的大背景下。在危机爆发前，亚洲东部的经济体经历了长达一代人的时间段的高速增长。拉德莱特和萨克斯（1998a，18）写道："在印度尼西亚、韩国、马来西亚和泰国，人们的平均预期寿命从1970年的57岁上升到了1995年的68岁，成年人识字率也从73%上升至91%。很明显，人们普遍享受到了经济增长的红利。最贫穷的20%的人口的收入增长速度与平均收入的增长速度一样快，每个国家的贫困人口都在大幅下降。"

在危机爆发前30年，印尼的经济在全球表现最好。自1970年以来，该国的实际国内生产总值每年都以7%的速度增长，使那一代人的平均收入翻了两番（哈维，1999）。

斯蒂芬·格伦维尔（2004，3）是国际货币基金组织驻印度尼西亚独立评估办公室的报告撰写人，他在报告中写道：

　　印度尼西亚金融危机在爆发时令人震惊，事后令人费解。该国家经济以7%的年增长率持续增长了30年，成功地应对了一系列挫折，并且拥有服务时间最长、经验最丰富的经济政策决策团队，既没有严重的宏观经济失衡，外汇储备也十分充足。那么为什么该国的金融危机比其他亚洲邻国严重得多，无论从汇率下跌、银行系统遭到破坏、国内生产总值下降和经济复苏迟缓（可能还要补充一点，偏离正确的经济政策）等各方面皆是如此？

　　这场危机不仅出乎人们的意料，[4]而且十分可怕。印度尼西亚主要的风险敞口是非银行私营企业和政府发行的美元债券，其数额远远超过印度尼西亚银行的外汇储备（巴图南格尔，2002，7）。为应对泰铢的贬值，印度尼西亚央行放弃了对货币汇率的干预，听任其在一定的区间内自由浮动。从1997年7月至1998年1月，仅半年的时间，印度尼西亚卢比就暴跌了75%，这就使它以美元计价的债务成本大幅度上升。随着大规模金融危机的爆发，印尼的经济出现了持久严重的衰退。社会总产值下降了14%，失业人口达数百万，贫困人口也大幅增加（哈维，1999）。就连雅加达证券交易所的成交量也下降了50%。再加之1998年3月印尼即将进行总统大选，政治上也存在极大的不确定性，于是就发生了一系列暴力骚乱事件，有些事件矛头直指华侨。统治印尼长达32年之久的苏哈托总统不得不提前下野。最终，印尼耗了年国内生产总值的50%才彻底化解了此次金融危机（巴图南格尔，2002，3）。

　　在1997年10月8日，印度尼西亚政府曾向国际货币基金组织请求援助。事实上，国际货币基金组织对印度尼西亚银行系统的崩溃也感到吃惊，因为银行系统本身并没有直接发行美元债券，所以国际货币基金组织在第一份意向书中认为，印度尼西亚银行的问题根本就不是什么大问题。[5]只要印尼政府关闭一些经营状况极差的银行，将国有银行私有化，

完善银行立法，并加强对银行业的监管，就能解决金融危机问题。根据
国际货币基金组织的建议，印尼政府于1997年11月1日关闭了16家小型银
行（全国总共200多家银行），保护了高达2000万卢比的储户存款。占
银行系统存款账户90%（按数量计算）的小投资者的利益由此受到了保
护。此次被关闭的银行也包括苏哈托家族及其合伙人开立的银行（只是
苏哈托总统之子把银行改头换面后又重新开张了）。

　　印尼政府关闭这16家小型银行本身就是一场灾难，它非但没有缓
和局势，反而适得其反。因为印尼政府根本就没有意识到在危机中核查
金融机构偿付能力的重要性，也不清楚在关闭这些银行后会不会引起连
锁反应，更没对信息进行管控。于是，"'优质银行'和'不良银行'
这些真真假假的匿名名单就开始在雅加达周围流传开来"（布卢斯坦，
2001，107）。仅从那些名单来看，人们似乎有理由预见许多银行很快
就要倒闭了。此外，按价值计算占存款大部分的大储户也不在政府的担
保之列。就这样，规模较大的银行反而遭到了挤兑。虽然印度尼西亚银
行愿意提供紧急流动性支持，但国库中并没有足够的信贷资金。在经历
了一番混乱之后，政府当局才意识到犯了错误，于是，印度尼西亚银
行就决定将对储户存款的部分担保改成全部担保（于1998年1月27日实
施），并寄希望借此打消储户费尽心机获取银行特定信息的念头。"自
1997年底以来，国际货币基金组织中的道德风险论狂热分子就一直反对
这一提议，但目前银行挤兑的破坏性如此之大，并没有给他们留下辩论
的余地。"（布卢斯坦，2001，219）根据当时印度尼西亚银行（中央
银行）的高级分析师巴图南格尔（2002，21-22）的说法："非常有限
的储蓄保险在1997年危机期间是无法有效预防挤兑的……如果在危机爆
发之初政府就实施全面担保，发生系统性挤兑的可能性就小得多。也就
是说，全面担保计划对阻止挤兑并不能起到立竿见影的效果……因为人
们根本就不相信政府会信守承诺。"麦克劳德（2004）仔细研究了国际

货币基金组织的意向书，发现印尼政府和国际货币基金组织在认识银行业问题严重性方面一直落后于事态的发展。从1997年11月至2000年，为平息金融危机，印尼政府共对银行系统进行了6轮干预（巴图南格尔，2002）。1998年1月，央行成立了印度尼西亚银行重组机构，4月该机构就掌管了14家最大银行中的7家。虽然因政治的原因关闭银行的计划被推迟了，但是在1999年3月，印尼政府还是关闭了38家没有政治靠山的中小银行（巴图南格尔，2002，13）。

大家在讨论印尼金融危机的严重性时，争议的焦点高度集中在16家银行的倒闭以及由此造成的灾难性银行挤兑上。在1997年秋，国际货币基金组织的官员拒绝了印尼政府对存款进行全面担保的提议，理由是担心这种做法可能会产生"道德风险"。国际货币基金组织认为，要恢复市场信心，印尼政府就必须在关闭金融机构、严格监管标准、提高银行资本金比例以及在其他结构性改革方面采取强硬的措施（拉德莱特和萨克斯，1998a，62–63）。在谈及16家小型银行倒闭时，拉德莱特和萨克斯批评道："国际货币基金组织在印度尼西亚金融危机中的行为尤其恶劣。""国际货币基金组织提出的大部分结构性改革……只是在转移人们对金融危机的视线而已。"（67）国际货币基金组织在最开始时还在为自己辩解，例如，伊诺克（2000，5）写道："那时尚不清楚到底开出什么样的政策处方才能使其副作用最小。"

诚然，危机中的问题很难解决，局势本身也很复杂。虽然国际货币基金组织的目标（恢复储户的信心）是正确的，但是采取的策略是错误的。银行业的确存在着诸如资不抵债、欺诈和资产剥离等问题，但金融危机及其带来的损失要比这些问题严重得多。在银行危机中，必须说服储户确信整个银行系统不会崩溃。储户们不会相信监管机构所谓的只有一些银行存在着问题的论断。事实证明，他们是对的，国际货币基金组织的政策是无效的。国际货币基金组织原以为通过关闭16家小型银行就可以遏制金融危机，但结果却事与愿违。[6]关闭这16家银行只是为"更多银行将被关闭"这一理性观点提供了证据。

伊诺克、鲍德温、弗雷考特和科瓦宁（2001，44）写道："（全面）担保声明本身并没能使人们相信政府确实会对所有存款人和债权人的短期债务提供担保。储户依然去提现，存款行还在继续寻求央行的流动性支持。只有在1998年4月，政府将那些冻结的银行里的储户存款迅速地转移至指定的国有银行时，公众才能相信政府担保的可靠性。"虽然全面存款担保姗姗来迟，但市场参与者再也不需要打听银行的特定信息了。这项政策是否奏效尚待进一步观察，因为在许多举措屡屡失效后，人们对这项政策是否可信尚有怀疑。然而，全面担保政策确实奏效了。事实上，如果没有全面存款担保，越来越多的银行将会发生挤兑，整个银行系统也会土崩瓦解，短期债务对信息仍会异常敏感。

这种优柔寡断、行动迟缓、认识不到危机严重性的问题一次又一次地重演着。在发生银行挤兑或存在潜在银行挤兑的情况下，有关机构竟不能准确地判断银行系统问题的严重性。印尼政府之所以迟至1997年10月才向国际货币基金组织提出全面担保提议，是因为"当时银行业的困难并不明显"（伊诺克等，2001，41）。问题是，如果印尼政府对金融危机有一定的了解，是否就应该意识到这是一次系统性的危机事件？无论从历史或最近发生的事件来看，危机总是与短期债务有关——与它的表现形式、持有人、具体的金额以及采取何种措施才能阻止挤兑等有关。

2001—2002 年阿根廷的金融危机

像金融危机前的印度尼西亚一样，阿根廷的表现一直很出色。它是20世纪90年代拉丁美洲经济发展的明星。[7]然而，自1999年以后，阿根廷的经济开始衰退。当时，巴西雷亚尔在亚洲金融危机后大幅贬值。1998年底，俄罗斯债务危机使阿根廷的经济进一步动荡。巴西是南方共同市场自由贸易体（包括阿根廷、巴西、巴拉圭、乌拉圭和委内瑞拉）的重要成员，在南美的地位非常重要。雷亚尔的贬值以及俄罗斯的债务危机使流入阿根廷的资本突然中断，"在金融动荡蔓延数月之后"（博尔托特，2003，169），1999—2001年阿根廷的经济衰退就演变成了一场灾难性的金融危机。危机的导火索是2001年末发生的一系列银行挤兑，以及巨额的主权债务违约（1550亿美元）。1997年和1998年初阿根廷的国内生产总值增长率为8.1%，但在1998年下半年降至3.4%，实际国内生产总值也从1998年的峰值降至2002年的低谷，下降了28%。在2002年，其失业率竟达到了23.6%，这与美国在经济大衰退时期的实际产出萎缩水平和失业率大致相当。

阿根廷是怎样陷入如此惨重的金融和经济崩溃的？经过一段时间的恶性通货膨胀后，阿根廷于1991年通过了一项货币局制度安排，将比索按1∶1的法定汇率与美元挂钩。就在危机爆发之前，阿根廷国内外几乎全部的公共债务都是以美元计价的（卡尔沃和塔尔维，2005），而银行的存款既有美元也有比索。不断恶化的经济形势，如资本外流突然中断、经济增长率下降、汇率高估和巨大的主权债务负担等，使货币局制度难以为继，而如果打破美元兑比索1∶1的汇率，又会大大降低以美元计价的债务人的实际偿债能力。虽然政府可以调整汇率，但却必须为此付出高昂的代价。届时可能会有大量的公司破产，甚至政府也有可能破产。

在此情况下，储户担心其存款被冻结和"比索化"（Pesification）。"比索化"是指以政府公布的汇率，强制将以美元计价的债务合约合法地重新以比索计价的合约。这种计价方法会大幅度地降低以美元计价的债务人的实际偿债能力。

2001年11月，储户提取的比索存款超过了美元存款，而美元货币则处于溢价状态。这就像国民银行业恐慌时期的货币溢价一样。这时之所以会出现货币溢价，是因为人们认为比索存款的感知价值（perceived value）低于美元存款的价值。图11.1显示了比索与美元之间交易的离岸货币溢价。2001年7月，在政府制定对美元提款额进行限制的法案（被称为《科拉利托》法案，下文将对其进行解释）前，货币的溢价达到了峰值，大都保持正值。[8]溢价的存在意味着如果将储户的以比索计价的存款转换为以美元计价的存款，储户就必须承担一定的损失，这表明储户十分担心比索的贬值。同时它也意味着政府如果打破1∶1的兑换安排，将会对阿根廷的银行系统带来灾难性的影响。仅在2001年2月至12月间，阿根廷银行就流失了50%的存款（卡尔沃和塔尔维，2005）。

储户最担心的是什么？是比索贬值还是银行破产？德·拉·托雷、

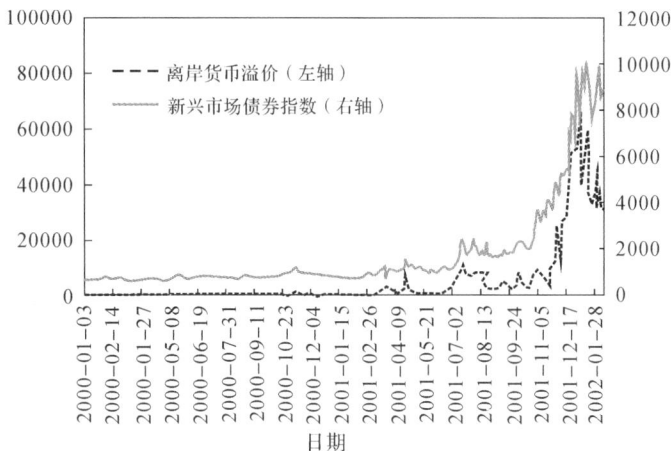

图 11.1　阿根廷：国家风险与货币风险

资料来源：新兴市场债券指数来自于摩根大通的德·拉·托雷，耶亚蒂和施穆克勒（2003a）。允许转载。

注：施穆克勒和瑟夫在计算离岸货币溢价时，是用一个月的无本金交割远期外汇贴现，即远期汇率减去德意志银行和彭博公司的即期汇率来计算的。

耶亚蒂和施穆克勒（2003a，2003b）通过对一组比索和美元银行存款账户面板数据进行艰辛分析，对这个问题进行了研究。他们所选的样本全部是在2000年12月占私人存款总额98%的大银行。分析表明，储户对货币贬值的担心是银行发生挤兑的重要原因，并且从2001年2月至2001年8月，就出现了储户将比索账户转为美元账户的情况。然而，储户可能是担心"比索大幅贬值会导致银行破产或存款会以某种形式被没收"（德·拉·托雷等，2003b，64）的缘故，所有的银行都出现了挤兑。事实上，在2000年12月至2001年11月，原来只发生在少数银行的挤兑已经蔓延至所有的银行。在这段时间里，储户的提款量是非常巨大的。

　　难道这就是金融危机吗？为了回答这个问题，德·拉·托雷等人（2003b）对各个银行的月存款变化量进行了回归分析，以确定其对银行基本面的影响。他们的分析如下："假定存款人能分辨出不同风险的银行，银行的基本面在回归中就会显示出统计学上的意义。我们对不同时期即'危机前'（1997—1999年）和'危机期间'（2000—2001年）不同类型的银行的月存款量进行了相同的回归分析。银行基本面是根据银行风险特征的标准度量来选择的。"（13）我们发现，在危机前，与个别银行风险相关的变量非常重要，但是在危机发生期间，这些变量变得无关紧要（除总资产现金比率外）。"换句话说，在危机期间，系统效应（相对于银行基本面而言）的重要性急剧上升，这表明无论银行特定的基本面因素在危机前对存款人的行为影响如何，都被2001年挤兑中的系统性因素所掩盖。"（13–14）有证据表明，在危机期间，危机的系统性因素在各个银行的信息中居于主导地位，这清楚地表明银行系统的偿付能力还有待于进一步观察。

　　在危机发生期间，人们对银行系统的偿付能力非常关注。尽管如此，挤兑还是发生了。由于人们对比索贬值和存款可能会被没收的担忧日益加剧，就引发了一场悄无声息的挤兑潮，阿根廷的经济由此也拉开了衰退的序幕。至2001年11月，银行比索的存款额下降了1/3，美元存款额下降了10%（参见国际货币基金组织，2003，5）。为防止资本外逃，阿根廷政府在11月底制定了对美元存款部分冻结的《科拉利托法案》（Corralito，也称"小栅栏"法案）。根据这一法案，银行外汇交易暂停，储户的美元账户被冻结，储户对比索的取款额也被限定在每周每个账户250比索以内。

《科拉利托法案》是为了应对大规模的银行挤兑制定的。在11月20—28日这几天，私人银行存款额的降幅就超过6%，比索贬值了40%。大街上骚乱不断，国家的政治局势急剧恶化，出现了部分公共债务违约的现象。于是，一场可怕的经济大衰退到来了。国家的工业生产下降了18%，失业率上升到25%左右。《经济学人》（*The Economist*）杂志写道："随着消费者、企业、供应商支付链的断裂，阿根廷的经济几乎陷入了停滞，现金也出现了溢价。"（2002年3月2日，第26页）

由于《科拉利托法案》对储户单个账户取款额的限制，人们在银行排起了长队，争相开立新账户，据估计，有60万个新账户都是为了逃避《科拉利托法案》监管而开立的（参见博尔托特，2003，170）。在接下来的3个月里，美元贬值了66%。2001年12月又发生了更大规模的挤兑和饥民骚乱。政局动荡致使阿根廷政权更迭频繁，在2002年1月3日杜哈德总统宣誓就职前，更是出现了24小时连续更换3位总统的奇闻。杜哈德在就任总统的当天，就宣布废除货币局制度。

在废除货币局制度后，政府实行了比索化，将以美元计价的债务转换为以比索计价的债务，但比索化下的转换又是不对称的：银行债务按1∶1转换，而存款则按1∶1.4转化。换句话说，在对待银行资产和负债上，比索化下的美元兑换比索的汇率不一样，结果银行不得不向它的债务人和储户每美元补贴4毛比索。鉴于上一年银行遭受了一系列挤兑，资本本来就严重不足，银行的老板们对不对称的比索化怨声载道，并威胁说要关门走人。

就像在国民银行时代的美国银行采取暂停支付措施的那段时间一样，金融危机期间的阿根廷也极度缺乏现金，可以说出现了货币荒。因此，各省都发行了自己的货币（准货币）。为应对预算赤字和保证交易的顺利进行，在2001年至2002年间，全国23个省中就有15个省发行了自己的货币。因此，在2001年至2002年间，以低面额准货币形式发行的省级债券大幅地增加，这些债券主要用于支付雇员的工资，并进行其他投资。这一行动首先是由几个省发起的，其中就包括最著名的布宜诺斯艾利斯省，随后联邦政府开始进行类似的尝试。为了符合各项种财政协定的要求，联邦政府发行了全国通用的"联邦"债券（LECOP）。

在历史上可以找到与2001—2002年阿根廷货币溢价和货币奇缺相似的一幕。在国民银行时期，为应对这类情况，清算所曾发行了保付支票。而在阿根廷，各种新的货币也应运而生了。在2001年至2002年间，就出现了15种省级货币，央行还发行了充当货币功能的"联邦"债券。截至2002年第一季度末，这些准货币占货币流通量的45%（参见阿古罗，2013；德·拉·托雷等，2003b）。

阿根廷整个银行系统的存款一下子就流失了一大半——这就是典型的系统性金融危机。阿根廷政府非但未能阻止存款额严重下滑，反而加大了应对金融危机的成本。它颁布的《科拉利托法案》并不能从根本上解决阿根廷的金融危机问题，对储户日提款量的限制也无济于事，因为政府应对危机太晚了，手段也有点捉襟见肘。

2008—2017 年西班牙的金融危机

2017年6月7日，欧盟委员会批准对西班牙第五大银行集团西班牙人民银行（Banco Popular Español）首次启动欧盟银行决议程序，该行仅贷款就超过了1000亿美元。

人民银行由于挤兑和流动性短缺的原因而最终破产。据英国2017
年6月8日《金融时报》的报道，在人民银行接受欧盟银行援助的前两
天就流失了36亿欧元的存款。西班牙最大的银行桑坦德银行（Banco
Santander）最后以1欧元的价格收购了人民银行，这是西班牙自2008年
爆发金融危机以来最具爆炸性的新闻。加利卡诺（2012a，79）称：

> 这次大规模的金融危机，不仅对西班牙政府的偿付能力构成了
> 威胁，而且也摧毁了西班牙监管机构的信誉。但令人奇怪的是，这
> 场危机发展得如此之慢。由于巨大的房地产泡沫和金融危机的复杂
> 性，爱尔兰政府于2009年1月对爱尔兰银行进行了资本重组（以及
> 盎格鲁爱尔兰银行的国有化），但是直到2012年5月（距爱尔兰银
> 行重组整整3年后），西班牙才出现了银行倒闭潮。

这场危机几乎持续了9年的时间，部分原因是西班牙的银行系统比
较独特。首先，储蓄机构（在西语中被称为 "cajas"）作为金融系统的
重要组成部分，其治理结构存在着一定的缺陷，受根深蒂固的政治利益
影响较大；其次，对实际贷款人的界定不是很清楚（它的流动性供应由
欧洲央行负责）。至本书成稿时，我们还不清楚西班牙的金融危机是否
已经结束。

2008年时，西班牙的金融系统由三类金融机构组成。第一类是储蓄
机构，在危机前占西班牙信贷市场的50%；第二类是大型国际银行，主
要有桑坦德银行和毕尔巴鄂比斯银行集团（BBVA）；第三类是其他类
型的银行，有些银行的规模相当大，比如人民银行。截至2009年底，西
班牙共有353家信贷机构，主要由商业银行、储蓄机构和信贷协会银行
组成。这些机构的总资产约达3.7万亿欧元（是西班牙国内生产总值的
351%），其中，商业银行和储蓄机构持有的资产分别占总资产的61%和

35%。

储蓄机构与其他两类金融机构不同，它的治理结构比较特殊。按照法律规定，它的治理结构中有地方和市政当局的代表。储蓄机构是由基金会创办的，它并没有公开发行类似股票的债权凭证。然而，它掌握着进口配额，但并没有专属权，也不能在二级市场上进行交易。这种治理结构带来的结果就是它的管理非常混乱，常由上级任命的外行人进行管理。（见桑托斯，2017a、2017b。）

1999年至2008年，西班牙出现了房地产建设热潮，但建设资金大部分来自海外批发性融资，这对银行和储蓄机构而言属于新鲜事物。桑托斯（2017b）写道，"西班牙银行和储蓄机构改变了融资模式，加大了利用批发融资的力度，并大量使用证券化工具，为房地产的繁荣融资"（摘要）。向西班牙银行提供融资的银行有德国州立银行、巴克莱银行、德意志银行和荷兰国际集团等，由此西班牙出现了巨额的经常性账户赤字，这就使西班牙很容易受外资突然中断（危机的一种表现）的影响。像阿根廷一样，西班牙最终也受到了脆弱的短期债务突然中断的冲击。

因此，始于2008年的西班牙危机漫长且损失惨重。自2008年9月美国投资银行雷曼兄弟公司破产以后，金融危机迅速席卷了所有的发达经济体。于是各国政府便纷纷介入其中，为金融机构提供支持，此外，一些区域性经济组织也采取了行动（参见国际清算银行，2009）。在2008年，西班牙政府推出了1000亿欧元的债务担保计划，并计划在2009年翻倍。在2008年12月23日，欧盟委员会（European Commission）批准了西班牙政府的债务担保计划。根据该计划，所有信贷机构发行的新债务（本票、债券、信用债券）将于2009年12月31日到期；后来，又将担保期限延长至2012年。然而，西班牙的债务担保计划只是欧元区15个国家筹划的解冻信贷市场计划的一部分。债务担保计划虽然降低了储户获取银行特定信息的动机，但这对信息环境管理而言还远远不够。

（但是，西班牙政府推出的债务担保计划也存在着争议）当时的主流观点认为，西班牙并不需要这样的债务担保计划，原因是在政府的严格监管下（如严格的贷款规定），西班牙已经经受住了金融危机的考验。虽然《纽约时报》在2012年6月26日刊登了一篇题为"西班牙官方称银行是金融危机的制造者"的文章，文中称，"西班牙那些身居要职的金融界领导人对可能变得更糟的经济形势并不是十分担忧"，但是，如果西班牙的房地产在繁荣了10年后进入迟缓期，它给人的感觉就是西班牙的经济出了什么问题。经济部长佩德罗·索贝斯（Pedro Solbes）在接受《西班牙世界日报》记者采访时称，西班牙的坏账上升速度"令人担忧"。

2008年第三季度，西班牙的经济进入了衰退期，繁荣了10年之久的房地产市场宣告结束，国内生产总值15年来也首次出现了萎缩。在2009年2月，西班牙和其他欧洲经济体也都正式进入了经济衰退期。在2009和2010这两年，西班牙的经济增速分别下降了3.7%和0.1%。截至2011年6月，失业人数达480多万，占劳动力总人口的21%。年轻工人的失业率则高达46%。在2011年，西班牙国内生产总值的增速有所提高，达到了0.7%。这看似经济衰退已经结束，但是在2012年第一季度，经济又出现了第二次探底，西班牙的经济再次陷入危机之中。

西班牙金融系统第一次真正陷入金融危机的时间是2009年3月。当时西班牙银行（中央银行）对卡斯蒂利亚拉曼查储蓄银行（Caja De Castilla-La Mancha，CCM）实施了救助，这也是该国多年来第一次对银行施以援手。当时，金融当局就意识到这并不是一个孤立的事件，不良贷款较多、资本与资产比率较低的金融机构可能会存在着更多的问题。于是，金融当局就在2009年6月出资990亿欧元成立了一个名为FROB的紧急援助基金（即银行重组基金，Fondo de Reestructuracion Orenada

Bancaria）。他们成立该基金的目的之一就是重新整合一些实力较弱的储蓄机构。由于储蓄银行的治理结构具有一定的特殊性，它并不能被交易，合并重组是一些实力较弱的银行的最好出路。根据西班牙当时的法律，储蓄银行的资产是可以出售或与同一地区的其他储蓄银行合并的。2010年，金融当局共策划了4起储蓄银行并购案，其中有3家大型银行对一些规模较小的储蓄机构进行了兼并。

有些银行挤兑属于无声挤兑，也就是说，虽然银行门前并没有排着长队等候取款的储户，但银行的资金在不断地外流。桑托斯（2017b，36）在其著作中写道："与往常一样，储户从银行提款的速度正在加快……但是，要想理清储户提款的增幅是很困难的，因为银行的财务报表中并没有列出'储户存款'项下的子项目。"但批发性的融资并不是这样。就拿马德里储蓄机构来讲，在危机爆发前，它的批发性融资已从1992年的0%增长至2008年的30%（参见桑托斯2017b，24）。

同时，国家的经济状况也在不断恶化，多数储蓄银行举步维艰，它们资产负债表中的不良资产和贷款违约率也在节节攀升。2010年5月，西班牙央行对另一家储蓄银行进行了救助。与此同时，为审查西班牙银行业的支付能力，欧洲金融监管局（The European Supervisory Authority）对西班牙的银行进行了一系列压力测试。在测试结束后，欧洲金融监管局宣布，西班牙的宏观经济形势虽然不容乐观，但银行的财务状况还是比较稳健，有一定的抗风险能力。然而，调查结果表明，5家大型储蓄银行的偿付能力非常低，经营状况也都不太好，亟须资本重组。看来，用来增强储户信心的压力测试并没有奏效，银行信息也并没有处于决策者的掌控之中。

2011年，银行重组基金会（FROB）动用了大量资源，对金融机构进行援助。央行还提高了银行法定资本金的比例，并对一些经营不善的金融机构实行了国有化征收。尽管如此，人们对国民经济和银行的信心仍显不足，这就使银行无法发行新的国际债券进行融资，致使其流动性出现了重大问题。桑托斯（2017b，22）写道，"当银行的金融负债大幅减少时，危机就加剧了"，原因是外国短期债务持有人的资金已撤出了银行。此时的金融危机主要表现为批发融资市场资金的突然中断。

为了了解金融机构的抗风险能力，奥纬咨询公司（Oliver Wyman）对银行进行了新一轮的压力测试。加利卡诺（2012b）称：

> 3年来，奥纬咨询公司对金融系统的银行共做过4次测试，本报告系最后一次所出。报告非常明确地指出，为弥补过去4年的亏损，有问题的储蓄银行正忙于债务重新评级、再融资和发放贷款。事实上，在2008年、2009年和2010年间，银行管理层管理不力的证据还是比较充分的，但是，并没有引起西班牙央行（Banco de España）的重视。其实，当央行发现破产的储蓄银行造成的亏损远远大于预期时，人们感到非常吃惊。我们在上文谈到，2009年3月央行就曾对卡斯蒂利亚拉曼查储蓄银行进行过援助，但是该行在接受援助后的实际不良贷款水平（17.6%）反而比之前提高了两倍。这本该是央行审计的重点（在3年半之后，央行才这样做了），但并没有人对储蓄银行进行审计。央行每一次对储蓄机构干预（如南方储蓄银行和CAM银行）都会采取过激的行为，而且都是针对那些陷入困境的储蓄机构。

2012年5月，西班牙的第四大银行班基亚银行（Bankia）轰然倒下。该行系2010年12月由7家储蓄银行合并而成的。班基亚银行被国有化后，欧洲稳定机制（European Stability Mechanism）对其提供了410亿欧元的援助。该行总裁是国际货币基金组织前主席兼经济部长罗德里戈·拉托（Rodrigo Rato），后因涉嫌虚调查舞弊罪而被捕入狱。[9]2012年5月20日的《金融时报》上刊登了一条头版新闻："随着银行恐慌的进一步加深，投资者纷纷撤离西班牙。希腊人警告说这将会引发一场大的灾难。由于害怕西班牙经济危机会危及全球的金融市场，欧盟委员会向西班牙抛出了一根救命稻草。"此时，银行业的信誉已岌岌可危，恢复市场的信心变得更加重要，也更加困难重重。

　　很明显，要想拯救包括储蓄银行在内的整个金融系统，需要西班牙政府的大力支持，而政府则需要寻求欧洲金融稳定基金（EFSF）的外部援助。7月，西班牙政府和欧洲金融稳定基金签署了一份备忘录，欧洲金融稳定基金将向西班牙政府提供1000亿欧元来弥补亏损，并对濒临破产的机构进行资本重组。马丁·阿希娜（Martin-Aceña，2014，85）写道："到2012年12月，流向银行业的资金达到惊人的612亿欧元，相当于西班牙国内生产总值的5.8%；其中，36.5%的资金来自银行重组基金，其余的63.5%来自欧洲金融稳定基金。西班牙是欧盟和美国的第二大受援国，仅次于爱尔兰。"到2017年，西班牙的经济已经连续3年增长，国内生产总值仅略低于危机前的水平。那么，为什么人民银行在2017年6月突然倒闭？危机结束了吗？就像医生医治伤口一样，血还是没有被彻底止住，原因是银行的不良贷款仍然存在。目前还不清楚人们对银行的信心是否得到了重建。

　　西班牙央行在2016年5月发布的《金融稳定报告》（*Financial Stability Report*）中乏味地指出："2015年，西班牙储蓄机构的综合贷款不良贷款率已降至6.3%（2014年12月为8%）。私人银行的不良贷款率已从2014年的8.8%降至2015年的7.1%。"（25）问题在于，居高不下的不良贷款率持续存在会降低信贷规模，降低经济的增长速度，而信贷和经济规模的增长反过来又加大了减少不良贷款的难度。但如果经济陷入衰退，反过来又会产生更多的不良贷款。看来，金融危机的结束尚需时日。2017年6月24日的《电讯报》称：

去年，随着储户对南欧银行存款安全性担忧的日益加剧，意大利和西班牙的银行都遭遇了最大规模的资金外流。根据瑞士瑞信银行（Credit Suisse）提供的数据，截至去年11月底，在短短的11个月里，就有1000多亿欧元（折合830亿英镑）的存款被提取，其中，意大利的银行存款流失了610亿欧元，居欧元区资金外流规模之首；西班牙的银行则紧随其后，为480亿欧元，相当于其存款总额的近3%。而希腊的银行存款降幅最大，为420亿欧元，相当于该国存款总额的1/5。希腊、葡萄牙、爱尔兰、西班牙和意大利的银行总计遭遇了近1500亿欧元的净提款，这就给了这些本来就资金就十分紧张的银行一记重击。

2007—2008 年的美国金融恐慌

2007—2008年的美国金融恐慌是一场始于出售及回购协议（Sale and Repurchase Agreement）市场的银行恐慌。出售及回购协议市场是一种流动性很强的短期债券市场，当"储户们"纷纷撤走资金时，市场就出现了严重的萎缩（参见戈顿，2010；戈顿和梅奇克，2012；戈顿、拉里斯和梅奇克，2017）。此次危机也是由常见的银行挤兑引起的，与国民银行时期的挤兑并没有本质的区别，只是它并不涉及储户在一些银行门口排长队争相从其支票账户取款或从其他银行提取存款余额。相反，它涉及大型金融机构对其出售及回购协议拒不展期的问题，是一种短期抵押债务。美国金融危机是在信贷市场（尤其是在房地产市场）过度繁荣的情况下发生的。信贷市场繁荣主要是指由抵押贷款组合转化的抵押贷款支持证券过热的情况。当房价不再上涨时，金融危机就开始了。尤其是当雷曼兄弟公司在2008年9月破产时，金融危机就更加严重了。

从20世纪70年代末或80年代初开始，美国金融系统的短期银行债务形式发生了重大变化，从以零售融资为主转变为以批发性融资为主（见戈顿、卢埃林和梅奇克，2012）。这是全球经济变化的必然结果，是随着全球财富巨大增长而出现的实力雄厚的大企业急于投资的重要体现。这些投资实体主要包括货币管理公司、主权财富基金、大型养老基金以及一体化的全球金融网络公司等。虽然活期存款是银行短期债券的主要表现形式，但是近年它在私人安全债券中占的比重一直呈下降趋势，从1952年的80%和20世纪70年代末的70%下降至目前的30%左右。而那些与银行批发性业务相关的项目变得越来越重要，如回购、商业票据、货币市场共同基金以及AAA资产支持证券和抵押贷款支持证券（简称ABS和MBS）等。

回购是一种市场参与者用来满足短期流动性需求的金融合同，主要涉及两方当事人，即银行（或借款人）和存款人（或贷款人）。存款人将款项存入或借给银行，银行向存款人支付利息，并以相应金额的债券抵押给存款人（或贷款人）。回购是一种典型的短期交易，大多属于短期拆借隔夜回购，因此银行通过不断更新或"滚动"回购，能获得正常的流动性。抵押物证券化是回购市场的一个重要特征，而证券属于一种特殊的负债，金融机构可以通过在资本市场上发行债券为消费者提供大额融资（如住房抵押贷款、汽车贷款和信用卡应收账款等）。随着活期存款的重要性的相对降低，回购市场变得越来越重要，银行的贷款也出现了证券化的趋势，于是可以充当抵押物的债券就应运而生了。

"证券化"是指将传统的银行贷款组合（抵押贷款、汽车贷款、学生贷款、信用卡应收账款等）变成可以进行交易，并充当回购和衍生头寸的抵押物债券过程（关于"证券化"，参见戈顿和索勒莱斯，2006；戈顿和梅奇克，2013）。由于"安全"的私人债务足够非常短缺，证券化就迅猛地发展了起来。正如伯南克、贝尔托、德马科和卡明（2011，8）所言："虽然在2003—2007年美国民间发行的高级债券从第一期的

3.1万亿美元增至第二期的4.5万亿美元，但55%的证券都被外国人购买了，这一比例甚至比1998—2002年间的22%还要高（包括住房抵押贷款证券在内的自有品牌AAA级资产支持债券的净发行量，也从第一期的0.7万亿美元升至第二期的2万亿美元）。"早在2001年，美国就有人担心抵押物短缺问题。国际清算银行曾颇有预见性地指出，在金融市场上抵押物的使用太过频繁，存在着一定的安全隐患："随着抵押业务的快速增长，人们担心抵押物的使用会超过优先资产的有效供应量……在担保交易快速增长的同时，信用和流动性风险本来就低的担保物的供应却不能与之匹配。虽然一般的证券市场在持续增长，但主要的政府债券市场增长缓慢，甚至出现萎缩。后一种现象在20世纪90年代后半期的美国尤为明显。"（2）在回购计划的失败中，也能找到危机前抵押物短缺的证据。回购计划的失败是指交易双方在债券到期时怠于履行其义务的行为。在债券到期时，持有象征性抵押物债券的贷款人没有办法将抵押物返还给借款人的情况变得越来越普遍。当美国国债充当抵押物时，就会出现这种情况。一般来讲，大家都认为美国国债具有抵押和长期价值储存的功能，因此持有国债的人通常都会得到一定的便利收益和非货币收益。克里希纳穆尔西（Krishnamurthy）和维辛－约根森（Vissing-Jørgensen）（2012）经研究发现，国债的便利收益率在1926—2008年间为0.73%。换句话说，美国财政部可以节省下来这么多钱，而美国国债的票面利率比这还低。戈顿和缪尔（2016）经研究发现，回购失败的情况是随着美国国债便利收益率上升而增加的。也就是说，美国国债变得越来越稀缺。总之，证券化就是为抵押物设计的一种安全的债务形式。事实上，85%的证券化投资组合都属于AAA/AAA级债券（参见谢，2012）。

后来被称为"影子银行"的批发性融资规模也很大，但是我们并不清楚其确切的数字。2008年，影子银行回购市场的日均交易量约为7.11

万亿美元，而纽约证交所的日均交易量仅为800多亿美元［关于回购市场，参见证券业与金融市场协会（SIFMA）2008，9；关于股票市场，参见"纽约证交所集团在纽约证交所上市的日成交量"］[10]。证券业与金融市场协会提供的数据既包括回购数据，也包括逆回购数据。如果二者各占1/2，各自的日成交量将达到3.56万亿美元。[11]根据美国联邦储备委员会提供的数据，截至2008年3月4日，一级初级市场交易商通过回购获得了4.5万亿美元的固定收益证券融资。

至于回购市场的整体规模究竟有多大，目前尚无官方的统计数据，但据猜测可能是10万亿美元左右，大体相当美国所有银行的总资产（参见戈顿，2010）。赫达尔和金（2008，37）的报告称，回购市场的交易量自2002年以来翻了一番，"到2007年底，美国和欧洲市场的未偿贷款总额约为10万亿美元，英国回购市场的未偿贷款总额也有1万亿美元左右"。他们还报告说，在2008年6月份，美国回购市场的总规模超过10万亿美元，其中可能有重复计算的成分。美国的经纪交易商（获得证券承销许可证的金融公司），也就是以前的投资银行，是回购业务的主要经营人（即借款人）。回购并不是一项复杂的银行业务，例如，经纪交易商在回购市场可以以3%的利率获得融资，然后以抵押贷款的形式将资金贷出去，就可以从中获得6%的收益（即使抵押物的所有权证掌握在银行手中，借款人仍可以使用抵押物）。根据赫达尔和金的说法，"美国（先前的）顶尖的投资银行通过回购市场总共获得了总额相当于其1/2资产的融资，但由于客户大都采用表外融资（off-balance sheet financing，不纳入资产负债表的融资）方式向其借款，因此有一定的风险"（39）。虽然银行使用回购融资有一定的原因，即在目前情况下，它仍是一种有利可图的交易，但我们尚不清楚融资的最终成本是多少，隐含的风险究竟有多大。

抵押物的短缺最终导致了大量次级抵押贷款证券化，而银行在设计次级抵押贷款时是以房价的上涨为基础的。次级抵押贷款采用的是浮动利率，在最初的两三年（初始阶段）其利率是固定的，但以后会大幅上升。银行在设计抵押贷款时的思路是，借款人在初始阶段结束后，会将房屋抵押出去再融资，并认为房主会因此受益。但是如果房价不上涨，或者上涨幅度没达到预期，次贷房主就很可能违约，那么基于那些抵押物的抵押贷款支持证券将会遭受损失。

美国次贷危机始于2007年第一季度。这与次贷衍生债券综合指数（ABX指数，Asset Backed Securities Index）所显示的危机开始于2007年1月相符，而次贷抵押支持证券（MBS，Mortgage-backed Security）价格指数显示的危机始于2007年3月也在此范围内（戈顿等，2015a）。此次挤兑首先是由资产支持商业票据计划引起的。一些独立的经济实体购买了大量的资产，但主要是资产支持债券（ABS，Asset-backed Securities）和抵押支持债券，并借助于短期商业票据为这些资产融资。截至2006年底，未偿付的资产支持商业票据额达到了1.1万亿美元。2007年夏天，当旧的商业票据到期时，商业票据的持有者可能会突然拒绝将其票据展期或者再购买新的商业票据，而且新发行的债券的期限都很短。这种现象变得非常普遍（参见科维茨、梁和苏亚雷斯，2013）。

政府当局在本次危机中还像在以往那样判断不清金融市场的形势，对影子银行及其发展情况更是一无所知。虽然当局并没有察觉会发生挤兑，但事情还是发生了。因此，金融机构的流动性和某些资产的交易似乎也出现了停滞。于是，美联储在2007年12月就推出了一项紧急贷款项目——定期拍卖融资便利（the term auction facility）。但是券商没有资格获得此项目下的贷款，只有商业银行才可以。这表明美联储并不完全了解问题的症结所在，结果，大约60%的贷款都流向了外国银行（在国外，商业银行与券商并没有区别）。由此外国银行向美联储抵押的资产支持证券和抵押贷款证券的数量大大超过了美国商业银行对它们的持有量。（参见本默莱克，2012）。

在2008年第一季度，危机仍在持续，此时政府面临的最大风险是回购市场上短期债务挤兑风险。但是这些挤兑又是无形的，除非你站在交易大厅仔细观察才会察觉到。然而，货币市场利差（money market spreads）和银行市场利差却是显而易见的，而且差距越来越明显。评级机构也在大幅下调抵押贷款证券的评级。为了给市场提供流动性，美联储于今年3月又启动了两项紧急贷款措施，即定期证券借贷便利（term securities lending facility）和一级交易商信贷便利（primary dealer credit facility）。但即使如此，券商也不得不出售其资产，以筹集资金向回购借款人偿付。为了筹集更多的资金，券商们并没有出售其持有的次级抵押贷款（被认为可疑的资产），而是出售了可能含有次级资产成分的AAA资产支持证券和抵押贷款证券，结果导致这些证券价格暴跌。在按市值计价的会计制度（mark-to-market accounting）下，证券价格的降低会导致企业资本减少，容易产生反馈效应，银行也会受到牵连，因此银行不得不降低资本金，以保持其收支平衡。

尽管如此，美联储并不知道已发生了严重的挤兑，也没有认识到事态的严重性（参见劳莱，2014）。在2008年4月，只有4名州级联邦储备银行行长用"衰退"一词来形容美国的经济。一位美联储的行长这样讲道："虽然大多数分析师都将他们对经济的预测从有衰退的危险下调为轻微衰退，但是经济衰退已严重到令人寝食难安的地步。"[12]实际上，无论是美联储还是其他外部观察人士都没有意识到，金融系统的风险正在逐渐加大。短期债务的有效期越来越短，这就好像森林越来越干燥那样隐含着风险。布伦纳迈尔（2009）、申（2010）、克里希纳穆尔蒂（2010）以及戈顿、梅奇克、谢（2015b）都对短期债务的有效期进行了统计。例如，克里希纳穆尔蒂（2010，18）写道："在许多金融领域，债券的到期日似乎比以前都短……"

债券到期日的缩短给经济安全带来了重大安全隐患。债券持有者可能会将其持有的债券一次性全部兑出，从而出现大规模的银行挤兑潮。短期债务的增加使金融市场完全暴露在挤兑风险之下，就恰似国民银行时期的金融机构那样。由于2008年美国回购市场上的债券都是短期债券，债券持有人一般不会去银行提现，但一旦所有的债券都不约而同地到期并发生挤兑，国家的整个信贷系统就会迅速崩塌。然而大多数观察者并没有看到信用系统的脆弱性这一点，他们只是从宏观经济数据中看出了国家经济有轻微的衰退迹象。

但是，雷曼兄弟公司后来还是破产了，就好像干柴遇到烈火一样瞬间崩塌了。然而，雷曼兄弟公司的破产事件并不是一个孤立的事件，而是一系列事件的导火索。"2008年初，在全美25家最大的金融机构中，就有13家银行破产（包括雷曼兄弟和华盛顿互惠银行）；有的银行在政府的帮助下幸免于难（房利美、房地美、美国国际集团、花旗银行和美国银行）；有的银行因合并免于破产（全美银行、贝尔斯登、美林证券、华盛顿互惠银行）；也有银行因改变业务结构免于倒闭（摩根士丹利、高盛）。"（盖特纳，2014，255–256）伯南克对此也持有同样的观点。金融危机调查委员会的报告（2011，354）引用了本·伯南克的证词，他在证词中说，在2008年9—10月间，在美国13家最重要的金融机构中，在未来的一两周内就可能有12家金融机构有倒闭的危险。金融系统的脆弱性极有可能会使整个金融系统瞬间崩塌。即使雷曼兄弟公司破产事件不引发经济危机，也可能会有其他一些事件引发全球的金融危机——"全球金融系统的崩溃"（伯南克，2009b）。盖特纳（2008）说：

> 我们在美国和全球金融市场上看到的情况就是金融危机的经典模式。人们对经济形势的担忧引发了资产价格下跌，使得人们

承担风险和追加保证金的意愿也有所降低。还有一些高杠杆公司由于还不起金融公司的债务，在债主的催促下，只好无奈地卖掉了他们的债券。这就给债券资产的价格带来了下行压力，加剧了它的波动性。为弥补价格波动和流动性下降带来的影响，金融机构不得不提高票据的折价率，这反过来又给其他杠杆投资者带来了更大的压力。由此就形成了一种自我强化的恶性循环——更高的折价率、更低的价格、更高的波动性和更低的价格，由此促使人们不得不急于出售其持有的债券资产。

就在雷曼申请破产之前，政府接管了两家大型准政府抵押贷款机构——房利美（Fannie Mae）和房地美（Freddie Mac）。

雷曼兄弟公司的破产引发了美国货币共同基金市场（US money market funds，MMFs）的挤兑，截至2009年底，美国货币共同基金市场的总量为3.3万亿美元，约占国内生产总值的22%（参见投资公司协会2009）。短期债务也主要集中在这个市场上。此次挤兑主要是由一家共同基金公司持有雷曼兄弟公司大量的商业票据引起的。另外，更重要的是，共同基金公司在回购市场上极其活跃。该行业一旦发生挤兑，它的流动性就面临着威胁。

货币市场共同基金（MMFs）起源于20世纪70年代，是当时投资者为规避《Q条例》（Regulation Q）创建的。该条例对储蓄机构吸收存款利率的上限作了限定，但并没有规定储蓄机构应上交的存款准备金比例。按照规定，市场上的货币市场共同基金公司只能经营期限为一年以内的短期证券，且没有资本金的限制。其实基金公司在本质上和银行是一样的，虽然基金公司的存款合同在法律上并不属于债务，但是按照法律规定，基金公司必须确保其发行的基金不"跌破面值"，这就意味基金合同和债务合同本质上并没有什么区别。在雷曼兄弟破产以后，如果

一支基金确实跌破了面值，其他基金就会马上发生挤兑（见麦克凯布，
2015）。于是，美国财政部宣布了将要对货币市场共同基金进行担保的
规定，这实际上是政府对基金公司提供的一揽子担保，同时也意味着投
资者再也没有必要探听基金公司的消息了。

美国次贷危机的影响深远而漫长。据统计，美国2007年12月的失业
率为5%，在过去的30个月中，美国的失业率一直徘徊或低于这一水平；
在2009年6月，失业率上升至9.5%，这就意味着美国大约有870万人失
业。同时美国的国内生产总值也下降了5.1个百分点，这是自经济大衰退
以来最严重的经济衰退。虽然危机已过去近十年，但美国经济仍然增长
乏力。

总结

印度尼西亚、阿根廷、西班牙和美国爆发的金融危机只是众多现代
危机中的四次。印度尼西亚和阿根廷的金融危机主要是活期存款挤兑引
起的，但这些挤兑都伴随着经济混乱，储户们对经济形势也大多持观望
态度。而西班牙和美国的金融危机主要由大规模的批发性融资债务挤兑
引起的。印度尼西亚和西班牙还经历了外来融资的突然中断。短期债务
是所有危机的核心问题。但如上所述，现代危机与过去危机发生的时机
似乎并不一样。它们并不像国民银行时期的危机那样，银行挤兑大多是
经济衰退的预期信息引起的。

虽然以上危机的区别比较明显，但却并非有共性。事实上，现代
危机中事件发生的时机与历史上的历次恐慌基本相同。问题的关键在于
对危机信号的观察，因为银行挤兑大多是无声的，媒体也不一定会报
道，金融当局很可能根本就没有意识到它。在研究危机时，笔者记得研
究人员通常会将金融困境和政府（或央行）的明显反应日期定为危机的

开始日期。但这并不是危机的开始，而是对持续危机的回应。博伊德等（2009）经研究认为，那种确定危机开始日期的方法已经过时了。他们认为，从大量贷款的下降就可以预测出现代危机开始的日期，并且危机开始的真正日期早于危机数据库中列出的那些日期。然而，银行的存款并没有下降，原因是存款人大多都对事态的发展持观望态度。换言之，即使政府没有意识到会发生挤兑，它的行为也会对贷款的下降产生实际影响。

博伊德等人的研究结果显示出为什么现代危机这么难以理解。虽然现代金融恐慌（许多危机被称为恐慌更合适）从表面看并不是银行挤兑的结果，但事实上，大规模的储户提现——无论是大额存款还是非延期回购都会引发金融危机。虽然债权人抛弃其短期债务的方式与国家银行时期不同，但挤兑导致的信用崩溃在很大程度上是恐慌已经开始的重要指标。博伊德等（2009）的观点和研究结果表明，危机开始的日期与政府干预的日期一致这个观点不正确。如果用这种方法确定来危机开始的日期，我们在研究这些事件时就会变得非常困难。引用博伊德等（2009，4）的话来讲：

> 问题并不仅限于系统性地延迟危机的爆发日期。将政府对危机的反应日期定为系统性金融危机爆发的日期，就好像医生一直通过病人入院时的病情对病人医治一样……研究人员将无法把挤兑对银行的不利影响与它对政府恢复性政策的反应区分开来。而理清这些影响正是理解银行机制脆弱性的关键所在。

结果，我们把危机的直接源头——引发挤兑和信贷紧缩的原因给忽视了。经过对国民银行时期历次恐慌以及现代危机的反复观察和研究，我们发现短期债务是引起金融危机的最重要原因。虽然大家对金融危机爆发的原因众说纷纭，而且每一种解释都有一定的合理性，但大都忽略了短期债务这个重要问题。央行如果没有这种深邃的洞察力，就不可能迅速制定出应对金融危机的措施，就会错失良机。在下一章，我们将提出一些在面对金融恐慌时应该牢记的指导原则。

12　应对危机的指导原则

　　2007—2008年的恐慌完全出乎人们的意料，也令经济学家和监管者尴尬不已。[1]在过去的30年里，虽然发生过许多次金融危机，但都发生在新兴经济体中。"自20世纪80年代以来，新兴市场经济国家……发生了一系列对国内生产总值有致命破坏力的金融危机（例如，阿根廷在2001—2002年的'科拉利托'危机中，其国内生产总值从峰值降至谷底，几乎下降了20%）。但是，由于新兴经济体国家在制度和体制上尚不成熟，而且一旦进行了市场经济下的金融改革，这些不完善可能会很快消失，所以这些危机很容易被主流宏观经济学家所忽视。"（卡尔沃2010，1）因为在2007—2008年的恐慌之前，人们很少注意到危机问题，所以人们应对金融危机的知识甚少，甚至连以往人们应对危机的经验也遗忘殆尽。由此导致在2007—2008年金融危机爆发时，人们只知道1873年的巴杰特规则。在前面几章的基础上，我们将提出一些应对危机的原则。

　　什么是金融危机？一般而言，当短期债务对信息变得敏感时，就会出现金融危机。危机是系统性的，一旦银行的短期债务持有人想囤积现金时，整个金融系统就处于崩溃的边缘了。如果人们对危机缺乏清晰的认识，它就会反复发生。那么，我们怎样才能对危机有一个清晰的认识？研究历史或许有所帮助，因为市场经济是有其固有特点的，比如需求曲线总是向下倾斜。其中，对短期银行债务的需求是市场经济最重要的特征，但此类债务又容易受到挤兑。

银行挤兑之所以会再次发生，是因为银行债务的形式发生了变化，而人们又有可能忽视这一点。研究美国国民银行时期清算所对恐慌的反应，有助于我们清楚地了解危机时的状况。事实上，它的确为我们展现了一幅什么是危机以及如何应对危机的清晰画面。需要说明的是，我们并不是想回到私人银行清算所时代，因为在制定货币政策上，中央银行更具权威性。虽然清算所在阻止银行挤兑上并不算成功，但是其经验教训对我们应对金融危机是有帮助的。

应对危机的指导原则

巴杰特规则的基本内容是央行应该以高于市场的利率（但并非天文数字），对能够提供良好（正常情况下）抵押物的商业银行提供贷款。无论过去还是现在，这都是我们应对金融危机时唯一正确的选择。现代央行在应对危机时遵循巴杰特规则由来已久，可以将其追溯到1873年。这表明所有的危机都有共性。那么，巴杰特规则真的过时了吗？虽然巴杰特规则有其合理之处，但该规则本身并不能恢复市场的信心。事实上，目前我们尚不清楚仅靠该规则是否能终结金融危机。该规则的基本思路似乎是，央行以抵押贷款的方式向商业银行发行现金，让其有足够的现金发行给储户或其他短期债务持有人，以使储户意识到他们的存款最终可以收回。但是，是什么使他们后来又把现金存回了银行？当然，他们可能会认为，既然这些现金来自央行，再存回去就是返还给央行，央行也必然会将抵押资产返还给商业银行。央行并不是购买银行的抵押物，而是让商业银行以抵押物作抵押向它们发行临时贷款。紧急贷款计划本身无法重建市场的信心。那么，我们该怎么办？

另外，在应对金融危机方面，我们学到了什么？首先，为应对危机，我们必须知道哪些公司属于银行机构，也就是说，哪些银行正在发行易受攻击的短期债务。如果可能，我们也需要了解一下哪些公司或实体是这些短期债务的持有者，这是我们应该做的第一步，原因是金融危机总是与短期债务有关。短期债务对一个经济体而言至关重要，而它更容易受挤兑的影响。我们下面就讲述第一个应对危机的指导原则。

1.发现短期债务

金融危机总是与短期债务有关。发现短期债务是我们对过去和现在的金融危机研究后得出的最主要和最基本的结论。

对短期债务来讲，一旦发生了金融危机，它就会变得对信息异常敏感——也就是说，它的价值就会变得不确定。在一些现代危机中，我们总是不清楚短期债务到底在哪里（以及它是什么）。很明显，为了应对危机，了解什么是短期债务、它的存在形式是什么和哪些银行发行短期债务尤其重要。这些看起来似乎很简单，但事实上并非如此。每当我们想起2007—2008年的金融危机，就有一种不寒而栗的感觉。当时无论是监管机关还是学术机构，甚至连哪些短期债券受到了攻击和哪些公司发行了这种债券都不知道，在统计时甚至忽略了规模达10万亿美元的"影子银行"。由此看来，这场危机似乎披上了一层神秘的面纱，使我们难以看清它的真面目。即使是现在，人们在危机的成因上似乎也没有达成明确的共识。

我们将要讨论的第一个指导原则很重要，即使它是活期存款也是如此，因为在现代危机中，银行的大多数债务都涉及活期存款和银行挤兑。我们在上一章讨论的博伊德、德·尼科洛和卢科亚诺瓦（2009）的研究结果表明，在政府和央行对危机做出反应之前，无声挤兑是存在的。即使当时的政府没有注意到那种存款平稳流出银行系统的挤兑，它所采取的行动也是对这种无声挤兑的反应。这一点很重要，它表明，如果监管机构注意到了银行的存款在下降，他们就会意识到危机伴随着银行挤兑已经开始。博伊德等人能预测出目前公认的现代危机的开始日期，这足以表明政府和央行根本就没有危机的概念。因此，有证据表明，重要的公共当局，即政府和央行，也并没有去查找短期的债务。如果他们愿意查找，肯定能在第一时间得到和博伊德等人得到的相同信息，并观察到危机的进展情况。通过对历史事件的分析，我们可以发现，在恐慌蔓延之际，纽约票据清算所协会是如何果断地采取行动应对金融危机的。尽管现代危机很复杂，但决策机构仍然可以动用一切资源对短期债务实施监控。

像所有的金融危机一样，新兴市场的危机也与短期债务有关。但是，正如拉德莱特和萨克斯（1998b，31）所观察的，"虽然最大的风险指标是金融，但是它常常被人忽视。与印尼、韩国和泰国的外汇储备相比，国际银行的短期债务已升至较高的水平"。弗曼和斯蒂格利茨认为（1998，5）："有证据表明，大量短期债务敞口的存在很容易使东亚国家突然丧失信心。"他们对许多预测金融危机的模型进行了分析，发现所有的模型都不是特别适用，而且都没有考虑短期债务因素。于是，他们就在模型中加入了短期债务这个变量。在加入变量后，他们发现，"用短期债务与准备金之比来预测1997年的金融危机，效果比较理想"（51）。事实上，几乎所有与亚洲危机有关的讨论都强调了短期债务。例如，拉德莱特和萨克斯（1998a）发现，短期债务与准备金之比在1994—1997年是一个具有统计学意义的预测金融危机的指标（也见1998年柯塞蒂、佩森蒂和鲁比尼关于这观点的论述）。但是在亚洲金融危机发生之前，这一指标被监管机构忽视了，并且这些机构认为，危机根本就是不可预测的。这对当前宏观审慎政策的制定者而言，是一个教训。

2.信息管理（抑制银行特定的信息）

对于清算所和现代央行来讲，它们在应对恐慌时运用的远不止巴杰特规则。巴杰特规则遗漏了非常重要的一点，那就是贷款项目的保密性。在应对金融危机时，对借款人身份保密和对银行特定信息的抑制（就像对金融公司卖空股票限制一样）一样重要。在国民银行时期发生最严重危机时（就像2007—2008年一样严重的危机），政府机关或金融机构会公开宣布其紧急贷款计划，但是对借款行的身份（及其借款的具体金额）进行保密。此外，在关键机构采取不同寻常的措施应对恐慌时，"控制舆论"非常重要。纽约票据清算所有时非常善于把叙述的重点放在它向金融市场释放出的有益信号上，比如银行系统的偿付能力。但能否达到其目的，最终还取决于报道的准确性和公众的理解力。总的来讲，政府当局无法讲清楚这场危机，因为它根本就不知道究竟发生了什么，这就是前财政部长蒂姆·盖特纳谈到的"迷雾"。更具讽刺意味的是，如果政府当局能够准确地描述金融危机，那么根本就不会爆发金融危机。

对银行信息的保密不仅使短期债券持有人无法根据信息判断银行的实力，反而迫使他们不得不将注意力放在整个银行系统的总体偿付能力上。具体而言，由于清算所对外抑制其会员行的特定信息，短期债券持有人根本就无法识别银行的真正实力。此外，在严重的金融危机中，清算所对参与贷款计划（即清算所贷款凭证）的会员行的身份及借款金额都会采取保密措施。在危机期间，清算所需要制定一个系统的应对方案，这就意味着它不能让一些实力较弱的银行接二连三地垮掉。因此，清算所的当务之急就是防止银行连续发生挤兑，即不能让挤兑先从最弱的银行开始，然后是次弱银行，依此类推。因为挤兑会导致银行急剧收缩信贷，丧失流动性，就像浴缸里的水打着漩涡被排干一样，所以清算所采取的防止目标行发生挤兑的重要措施就是控制信息。从对国民银行时期历次危机的研究中，我们得出结论：抑制银行的特定信息会转移人们对某个银行的注意力，使人们关注整个银行系统的实力。

事实确实如此。在危机期间，有些银行迫切地需要流动性。如果它向清算所借款，就等于告知外界它的财务状况不稳定。即使只是暂时缺乏流动性也是如此。根据以往的经验，我们知道，在一般情况下，清算所不应该对外透露借款行的信息。此外，任何可能被误解为实力不济的信号都应该被抑制（例如，股票卖空）。在危机期间，短期债务持有人因为不知道哪些银行的资产存在问题而急于得到有关消息，而票据清算所和中央银行对此类信息却刻意隐瞒，这看起来似来有些矛盾。也许人们会认为政策越透明越好，因为通过公开披露银行的投资组合，储户就能发现实力较弱的银行和资不抵债的银行，但想要做到这些很难。事实上，就连清算所和央行也不知道究竟哪家银行已处于破产的边缘，公众更是无法从现有的信息中做出明确的判断。由此看来，央行和公众都无法评估银行的那些不透明资产的价值，在危机时期更是如此，而银行资产的不透明性就极有可能引发银行挤兑（可能是无声挤兑）。因为实力较弱的银行最有可能发生挤兑，所以我们必须抑制有关银行的信息，以避免整个金融系统崩溃。蒂姆·盖特纳（2014，181）曾指出，在2007—2008年间，许多银行都可能破产："美林公司股票的市值一周内就蒸发了1/3。如果雷曼兄弟公司步贝尔斯登公司的后尘，大家可能会认为美林是下一个实力最弱的投资银行，也是下一个储户挤兑的目标"；"在华尔街，人人都知道，如果摩根士丹利银行和雷曼兄弟公司命运相同的话，高盛也难以幸免"（204）。

银行系统隐含的这种潜在解体风险与"污名化"有关。所谓污名化是指某银行在危机或正常时期被公开披露和利用央行贷款所付出的代价。如果某银行从央行获得了贷款，但其身份一旦被公开，它就再也无法从银行间拆借资金了。借款行从央行借款的消息一经泄露，就可能引发挤兑，就像北岩银行一样。"污名化"才是一种真正的危险（盖特纳，2014，235）。

为避免给借款行带来污名，在2007—2008年金融危机期间，美联储设立了新的匿名贷款项目，其目的是通过密封递价的方式向储蓄机构出借抵押贷款，并对借款行的身份保密。[2]伯南克（2010，2）写道，通过"竞争拍卖这种定期拍卖融资便利，借款行并不会背上从传统贴现窗口借款的污名"。阿曼蒂尔、格希尔斯、萨卡尔和施雷德（2015）经研究发现，"为避免从贴现窗口借款，借款行愿意支付平均超过0.44%的溢价（雷曼兄弟破产后的溢价率为1.43%）以获得匿名贷款。因为它们如果从贴现窗口借款，就会背上污名，尤其是在危机期间会大大增加从银行借贷的成本"。

如果银行的股价透露了其特定的信息，那么设计匿名贷款项目又有什么意义？从2008年9月18日开始，美国证券交易委员会和欧洲其他证券交易机构联合对近800家金融机构实施了卖空禁令，以抑制对金融机构不利的信息。[3]在国民银行时期，清算所管不了这些问题，银行股票的流动性非常差，其持有者主要是一些大股东和内部人士。因此，仅靠监管机构的监管控制不了信息泄露，主要还得靠银行内部自律（参见戈顿，2014）。

阿佩尔和福林（2010，1）发现，在最近发生的金融危机期间，由几个国家实施的卖空禁令"提高了市场的流动性，或者可以说至少产生了中性影响"。这一结果与防止弱势银行信息泄露的初衷是一致的。如果知情者私下不泄露银行信息，我们就可以避免银行挤兑，增加其流动性。

国际货币基金组织的观点虽然与此相反，而且这种观点并不罕见。但我们认为它不太正确。例如，伊诺克、鲍德温、弗雷考特和科瓦宁（2001，116）写道：

如果公众对政府当局所做的一切都没有充足的信心，那么政府在应对起危机时就会变得非常困难。［我们也同意这一观点——对当局的信任至关重要。］如果人们对银行系统缺乏信心，对当局在如何应对危机或保护储户方面缺乏信任，自然会逃离银行系统，甚至抛弃货币。［我们再次表示同意这一观点，赞成政府在应对危机时采取的措施。］尤其是在危机的情况下，政府保持其政策的完全透明是至关重要的。政府当局需要向公众解释清楚它的所作所为。政府在做出决策时必须符合简单、统一、可信和合理的原则。

我们完全同意上述观点，但是最后三句话与我们的观点相矛盾。在我们看来，政府根本就无法（令人信服地）说清到底发生了什么以及他们究竟做了什么。当时，他们根本就不知道发生了危机，更无法使其政策具有"透明度"，这正是问题的症结所在。如果他们知道发生了危机，并且言行一致，那就根本不会发生金融危机。如果说印度尼西亚和阿根廷危机的例子说明了什么，那就是政府根本就做不到这一点。在危机期间，银行的信息太不稳定了，政府很难维持银行系统安全和有偿付能力的假象，更别说提供银行的具体可靠的信息了。因此，政府在发布信息时应该具有战略性，目标是确保整个银行系统而不是某个特定银行的安全。

在现代金融危机中，政府在实施全面存款担保计划方面取得了成功，但纽约票据清算所无法做到。2008年政府对货币共同基金市场实施的全面存款担保就是控制信息的一种手段，该计划的实施消除了共同基金存款人获取基金机构信息的动机。在危机中，进行信息管理的核心目的，是使用某种技术手段，将公众的注意力吸引到整个金融系统上，使他们更多地关注整个系统的稳定性。

3.启动紧急贷款机制（巴杰特规则）

紧急贷款机制起源于恐慌期间票据清算所的贷款凭证和英格兰银行的贴现机制（参见弗朗德罗和尼乌戈利尼，2011）。在金融危机中，央行启动贷款机制的目的是防止银行在挤兑期间为归还短期债务持有者的存款而被迫实施抛售资产的行为。抛售资产会导致银行资产价格暴跌，加剧金融危机，而资产价格的不断下降反过来又会迫使银行为筹集资金而出售更多资产，从而引起恶性循环。虽然紧急贷款机制本身并不能终结金融危机，但它确实能够起到缓解资产价格下跌和延缓挤兑的作用。因此，启动贷款机制非常重要。虽然遵循巴杰特规则说起来很简单，但事实并非如此。

要想启动紧急贷款机制，就必须理清央行立法、金融市场结构等诸多与此有关的问题。例如：哪些公司有资格从紧急贷款机制下获得贷款？什么样的抵押物才适格？什么样的抵押物属于"优质"抵押物？抵押贷款占抵押物价值的百分比是多少，即抵押物的折价是多少？如何将紧急贷款机制设计为拍卖？应该将它设计成什么样的拍卖？这些问题的答案在2007—2008年的恐慌期间发生了变化（关于这些问题的介绍，参见国际清算银行，2013，2014；多布勒，等，2016）。

目前，人们在紧急贷款机制问题上争论的焦点是，政府在预先设定规则时是否应该含糊其辞。这场辩论是从道德风险展开的。有人认为模糊的规则更有利，原因是规则本身规定得比较模糊，银行对国家的援助就不会抱太大的幻想。也有人认为，有充分的理由事先制定明晰的规则：一是清晰的规则可能会改变银行的激励机制，例如，它可能会持有更多的优质抵押物资产；二是清晰的规则能将危机期间决策带来的政治风险降至最低限度（参见费希尔，1999；何，2000）。

这场辩论发生在2007—2008年危机爆发后的美国。《联邦储备法》（*Federal Reserve Act*）第13节第三项赋予了联邦储备理事会在"特殊和紧急情况下"向非银行私人公司提供信贷的权利。该条款基本上承认了金融危机的不可预见性，因此赋予央行一定的自由裁量权。事实上，美联储在2007—2008年危机期间援引了该条款。但是，于2010年生效的《多德–弗兰克法案》（*Dodd-Frank Act*）对这一条款进行了修改。它取消了赋予央行自由裁量权的规定，并增加了信息生成的要求——包括借款人的身份（尽管有两年的过渡期）。这种规定与匿名借款人的贷款机制是冲突的，而隐匿借款人的身份信息对于应对危机至关重要。此外，它还要求美联储在发行紧急贷款时对借款人进行全方位的审计，即不允许美联储向私人公司发行紧急贷款。而在1884年，票据清算所就对私人公司提供过援助，并成功有效地缓解了金融危机。由于纽约票据清算所在前一周宣布了拒绝向另一家会员行贷款并关闭该行的决定，所以它决定向大都会国民银行发放贷款的公告是可信的。虽然大都会国民银行遭到储户大规模的提现，但是在清算所的帮助下，它总算挺过了危机，并坚持营业了很长的时间。直到恐慌结束后，大都会国民银行才自愿提出了破产清算申请。

在恐慌期间，扩大对同行的援助是有益的，也是有先例的。在1907年的恐慌时期，信托公司也发生过挤兑，而这些公司并不是清算所协会的会员。尼克博克信托公司在发生挤兑时，就曾向清算银行国民商业银行（纽约票据清算所协会最大的会员行之一）寻求过帮助。当时国民商业银行也认为应该帮助信托公司，该银行曾在1907年10月21（星期一）向票据清算所提出过申请，请求票据清算所向尼克博克公司发放贷款。为了保证会员行的流动性，纽约票据清算所思虑再三后拒绝了这一请求。借贷给尼克博克公司本来是遏制金融业动荡的绝好机会，但由于尼克博克在第二天就发生了挤兑，这一机会便丧失了。当储户从尼克博克公司提现800万美元（它总共吸储4000多万美元）后，该信托公司不得不宣告破产，恐慌也就此爆发。在恐慌期间，清算所本可以向信托机构发行紧急贷款，但它并没有这样做。虽然票据清算所每周都能通过会员行搜集到信托行业的整体信息，但清算所并不了解每个信托公司的实力。因为信托公司不是清算所会员，所以在发生恐慌前并不受清算所会员行的严密监督。信托公司也只能通过出售资产或清算银行存款账户来获得流动性。虽然银行都在力争保持自身的流动性，清算所在危机期间也降低了发放贷款凭证标准，但是鉴于信托公司不是票据清算所成员，因此它也无权获得票据清算所发行的贷款凭证。这种障碍就属于制度性障碍，但仅存在于央行与其交易对手之间。这种障碍的存在不利于央行有效、及时地应对现代金融危机。

现实情况是，有效应对危机的规则无论如何也不可能在危机爆发前制定出来，原因是你根本就想不到危机会以何种方式发生。例如，有些金融公司因不属于正规银行而无资格获得贷款，发生了挤兑。要想在危机期间扩大援助对象，就必须从一些重要的新中介机构中收集必要的信息，因为们在市场中占的份额比较大，或者说相互之间的联系比较广。它们可能会给我们惊喜，毕竟在历史上留下了许多挂怒它们的宝贵的观察资料。

还有一个复杂的问题，那就是潜在的抵押物可能会以不同的形式出现。例如，在2007—2008年的恐慌期间，央行就曾禁止金融机构以信用衍生产品超高级信用违约互换（Credit Default Swap，又叫贷款违约保险）为抵押物获得紧急贷款机制下的贷款。超高级信用违约互换是一种在投资组合中比AAA/Aaa级更高的贷款违约致损风险的综合风险转移（通过衍生证券）。央行需要保证抵押物随着金融业的发展而变化。

谁才有资格获得紧急贷款机制下的贷款？什么是银行？什么是证券经纪商？弗兰德鲁和乌戈利尼（2011）对1866年英国欧沃伦–格尼银行（Overend-Gurney）的恐慌进行了讨论："正常时期的放贷与危机时期的放贷形成了鲜明对比，因为主要的金融中介机构和'影子银行'只有在危机期间才出现在银行的贴现窗口。"（摘要）1866年，英格兰银行发现自己拯救了一个由非银行、有限责任公司和货币市场机构组成的影子银行系统，这些机构就是所谓的票据经纪人。巴杰特（1873）用英格兰银行高级董事哈曼（Harman）先生的一句名言对1825年的恐慌进行了概述，英格兰银行"尽可能地以前所未有的方式和模式放贷"（巴杰特，1873，51-52）。

什么样的抵押物才是"优质抵押物"（或"合格抵押物"），这个问题十分棘手。我们之所以要对优质抵押物进行界定，目的就在于给金融机构提供足够的流动性，以防止它抛售资产。历史上就有为确保流动性而扩大抵押物范围的例子（就像乔治·塞尼用艺术品向大都会国民银行做抵押，参见第5章和第6章）。

金融资产的价值越来越依赖于金融机构的融资能力。反过来，资产价值的不确定性和企业的偿付能力又会影响金融机构的融资市场准入。矛盾的是，对合格资产的界定又取决于公司的偿付能力。如果央行不允许这些资产融资，就会威胁到金融机构的生存，影响对资产的评级，从而影响金融资产的价值。

此外，如果银行在危机中需要出售资产，就应该出售最优质的资产，只有这样才能筹集到更多的资金。但是，如果所有银行都如出一辙，优质资产的价格就会暴跌，这样优质资产就会变成"不良"资产。

4.防止系统性的重要金融机构在危机期间破产

在金融危机期间，央行无法肯定地宣布某银行是否具有偿付能力。如果这家银行在危机期间破产，就会给市场带来其他银行是否也会破产的不确定性，而这种不确定性会导致挤兑的发生。从印度尼西亚危机中我们可以看到这一点，雷曼兄弟公司的破产也印证了这一点。但是，大家对这种观点似乎并不能完全理解。如罗德（2011，1）写道，"让银行在危机中破产是一种必要的纪律惩罚"。持此观点的人并非罗德一人，这在一定程度上说明了雷曼兄弟公司破产背后的原因（尽管伯南克和盖特纳并没有明确表示）。我们这样讲并不是说银行不应该受纪律约束，而是觉得危机期间不是让那些规模大或关联关系较广的银行倒闭的时候。古德哈特（2008）在2007—2008年的恐慌中也提出了同样的观点，他认为可能有的银行确实存在明显的资不抵债的情况，但是关闭这些银行（没有全面存款担保的情况下）就会导致其他银行发生挤兑，整个金融系统也会土崩瓦解。

此前也曾有过此教训。或许1866年6月欧沃伦－格尼公司的破产就犯了这种错误，英国的那场金融危机也因此被称为欧沃伦－格尼危机。该危机始于1866年5月，当时"有几个月的时间，人们一直都在怀疑一些金融公司是否已资不抵债，而股份贴现公司的暂停支付则为他们的猜测提供了确凿的证据……股份贴现公司的破产引起了人们对贴现公司、金融公司和一些银行的热议……当时，为了保护容易发生挤兑银行的准备金，央行（英格兰银行）提高了票据的贴现率"（《银行家杂志》，1866年6月，638—639）。"金融公司"指的是非银行但接受存款和票据贴现的金融中介机构，也被称为贴现公司或票据经纪人。这些公司在英国的金融系统中具有举足轻重的地位，它们甚至可以从央行英格兰银行筹借资金。在1857年和1866年的危机中，贴现公司就从英格兰银行筹借了大量资金（参见金，1935；弗朗德罗和尼乌戈利尼，2011，2014）。

虽然欧沃伦－格尼公司不是银行，只是一家贴现公司或者说票据经纪人，然而，它是迄今为止最大的贴现公司。欧沃伦－格尼公司曾于1866年5月向英格兰银行申请援助，但因被拒绝而破产，结果导致英国发生了一场像雷曼兄弟公司那样的大灾难。1866年6月的《银行家》杂志哀叹说，危机开始了：

　　5月10日（周四）上午，欧沃伦-格尼公司向英格兰银行提出申请，请求银行援助40万英镑，以渡过难关。但是，由于该公司所提供的抵押物等级不高，央行在明知如果拒绝对其援助会造成非常严重后果的情况下，仍然非常遗憾地拒绝了公司的申请……当天下午3点半左右，位于街道"拐角"处的那家在欧洲享有盛誉的公司就宣布因资不抵债而破产了。在以后相当长的一段时间里，人们心中的恐惧和焦虑简直难以言状，所有的人都感觉缺乏安全感。于是，几乎所有的银行都发生了挤兑，其规模之大……简直无法想象。

弗朗德罗和尼乌戈利尼（2011，4）经观察发现：

　　由于英格兰银行认为"影子银行"的存在会给金融业带来投机和安全隐患，一开始就断然拒绝了对"影子银行"公司提供援助。但是，后来，英格兰银行发现自己无形中竟参与到了一场对由非银行、有限责任、货币市场机构（即票据经纪人或……"贴现公司"……）组成的"影子银行系统"的拯救运动中。在市场得知欧沃伦-格尼公司（央行曾拒绝对该公司提供援助）破产的消息后，金融机构的流动性中断，并引发了一场严重的金融恐慌，于是，重压之下的英国央行才不得不对"影子银行"系统提供支持。这与美联储在2008年9月拒绝援助雷曼兄弟公司以及随后发生的一切事情如出一辙，既引人关注又合法。

　　英格兰银行从这场危机中确实吸取了教训，在1890年对巴林兄弟银行（Barings Brothers）进行了救助。换句话讲，英格兰银行"明确承认，在危机时期发放贷款是其职责"。费特（1965，257-283）称之为"巴杰特规则的胜利"。[4]

　　在实践中，纽约票据清算所协会也在无意中执行了第四条指导原则。正如我们在第6章谈到的那样，清算所在1884年就对大都会国民银行实施了援救，但援助对象只是一些大型的重要银行（"大到不能倒"的银行），而不是所有的银行。在1873年的危机中，清算所就曾勒令联邦国民银行破产（尽管储户得到了全额赔付），但是它并没有明确制定该原则。值得注意的是，由于会员行之间已建立了一种相互激励、相互监督的机制，再加之清算所的信誉度也非常好，因此在危机爆发前，清算所就确立了一个可靠的援助遴选原则，那就是对那些"大而不能倒"的银行实施援助，但当危机平息时，清算所也会让大银行倒闭，就像1871年让海事国民银行破产那样。

当然，不允许银行在危机中倒闭的规则与我们在第6章讨论的"大而不能倒"的原则有些矛盾。有些人之所以反对"大而不能倒"政策，是因为担心"谁来为援助这些机构造成的潜在损失买单"。在国民银行时期，票据清算所会员行同意分担票据清算所贷款凭证下损失的做法已经很好地解决了这个问题。在现代危机中，纳税人责任和联邦存款保险金之间存在的灰色地带也会导致混乱。坚决反对"大到不能倒"的观点是没有危机感的表现，也是对在没有该政策的情况下应付出的代价欠缺考虑。反对该观点的人并没有考虑到现实情况，即没有考虑到如果发生严重的危机，会给纳税人带来多大损失。持此观点的人还认为，在金融危机中，发生像欧沃伦–格尼和雷曼的破产事件在所难免。如果这种观点目前还占主导地位，那就说明我们还没有吸取第四项指导原则中提到的教训。

5.在金融危机中需要规避某些法律规则

金融危机与正常时期不同。乔普林（n.d., 29）断言道："有时，规则和先例是不能被打破的；但有时你并不需要完全遵守它。"问题的关键在于金融危机是一种无法证实的事件，你也不能将其缩小成模型。换句话说，你并不能用十分精确的语言来描述它，也无法将金融危机规定在合同中。我们在第3章曾讨论了利文斯顿诉纽约银行案，此案是一则"显而易见"的案例，法官在判决中写得很清楚：当所有的银行都实施了暂停支付时，即便没有证据证明所有的银行都资不抵债，也可以肯定发生了金融危机。因此，我们就看到了不履行债务合同、政府违约以及越权代理等情况。危机的不可证实性正是《联邦储备法》第13节第3项（《多德-弗兰克法案》）产生的背后原因（《多德-弗兰克法案》对这一条进行了修改）。该条款赋予了联邦储备理事会在"特殊和紧急的情况下"有向非银行私人公司提供信贷的权力。

我们可以将第五项指导原则表述为："在危机期间，可以考虑暂时放松法规法律监管，即使是那些在正常时期执行得不折不扣的法律法规也是如此。"在美联储之前的金融危机时期，储蓄银行也常常采用暂停支付的措施。暂停支付意味着储蓄行并没有很好地履行活期存款合同。而按照合同的规定，储户有权在银行的任何营业时间内提取现金。因此，暂停支付并不符合法律规定，但这项措施在大规模的暂停支付中从未得到执行。事实上，清算所还是很支持它的会员行实施这项措施的，该措施的实施在阻止资产抛售方面的作用比较明显。也就是说，在美联储成立之前的恐慌时期，债务合同并没有得到很好的执行，在英国也是如此。暂停支付也是一条老经验。在谈到1797年的英国恐慌时，普尔（1877，196）指出，"随着暂停支付措施的实施，恐慌平息了"。但是，在20世纪和21世纪，暂停支付和拒不执行债务合同这种曾经行之有效的经验已经被丢弃了（尽管与之密切相关的"银行假日"已被用于新兴市场）。原因是目前的金融危机并没有发生在发达经济体中，原来那些旧的经验自然就派不上用场了。很明显，现在美联储要这样做的话，会面临法律和逻辑方面的挑战，但积极调研其可行性和可执行性确实有所裨益，可以考虑采取类似于证券交易所实施的"熔断机制"措施。

在经济大衰退期间，美国许多州采用的暂停发行抵押贷款的做法类似于证券交易所的"熔断机制"。实际上，美国在金融危机期间也经常这样做。美国最高法院在布莱斯德尔案（Blaisdell）中对这一做法持支持态度。[5]布莱斯德尔案的判决是基于美国各州拥有紧急处置权这一规定做出来的，而这一权力几乎只有在战时才使用。但是在经济大衰退期间，最高法院路易斯·布兰代斯（Louis Brandeis）法官在判决中写道，大衰退的情况"比战争更严重、更紧急"（参见菲尔特和霍夫，2012；戈顿，2012）。[6]阿根廷最高法院曾援引布莱斯德尔一案的判决，支持美元存款比索化，尽管这违反了储蓄合同的规定。[7]储户们却认为比索化是在没收他们的存款。在布斯托斯（Bustos）一案中，阿根廷法院援引布莱斯德尔一案的判决写道：

> 很显然，长期人为的保持阿根廷的比索与美元等值……会使国家的生产状况恶化……会导致政府出面，试图排除银行挤兑的威胁……最终这种风险真的发生了。直到此时，国家行政部门以及国会才采取措施，防止银行大规模倒闭和储户破产。（引用斯佩克特，2008，142—143）

1933年3月5日，在经济大衰退期间，富兰克林·德拉诺·罗斯福（Franklin Delano Roosevelt）总统命令全国的银行关门4天。虽然这一命令以战时紧急状态权为依据，事后也证明该行为是合法的，但并没有真正的法律依据（参见戈顿，2012）。1933年6月5日，罗斯福又签署了一项法令，禁止用黄金支付公共债券及私人债券。为了摆脱金本位，罗斯福下令让美元与黄金脱钩。美国最高法院也支持政府废除金本位（参见克罗兹纳，1999）。这一行动减轻了联邦政府的债务负担，有利于经济复苏（参见雅各布森、利珀和普勒斯顿，2017）。

另一个应对危机的例子与证券化中的隐性合约有关。证券化是指将银行贷款转化为可交易和可抵押债券的过程，其目的是使债务更具安全性：85%的AAA/Aaa级债券是典型的证券化贷款组合。"安全债务"是指对信息不敏感的债务。证券化需要创建一些所谓的特殊载体（SPV）的法律实体（也称为特殊目的公司或不可能破产的公司），它们从发放贷款的金融公司购买贷款组合，并通过在资本市场发行资产支持证券（ABS）和抵押支持证券（MBS）来为贷款组合融资。随着时间的推移，特殊目的公司不断从金融公司购买贷款，每次都发行新的资产支持证券或抵押贷款证券。这种公司在法律上是与公司发起人分离的，一旦贷款组合被出售，发起人就无须再对公司承担任何法律义务。

对金融公司而言，资产证券化是有利可图的，因为85%的安全证券都能获得一个便利收益率，即资产支持型证券或抵押贷款支持证券持有者可以获得的非货币回报率。"便利收益率"一词是基于货币收益率产生的。虽然货币本身并没有价值，但我们仍然愿意持有它，原因在于它是交易的一般等价物。民间发行的安全债券也是如此。为了使债券更具安全性，发行者往往将它与同质贷款组合在一起发行，如与汽车贷款、信用卡应收账款或住房抵押贷款组合在一起。债券是不能与异质资产组合在一起发行的，它会使发行者产生编造相关资产回报率信息的想法。

在美国次贷危机前，很多金融公司都靠发行证券来保持其竞争力，此种业务付出少，收益大。[8]金融公司之所以选择发行一些有效的投资组合，是因为如果不通过这种办法盈利，就可能亏损。在2007—2008年金融危机期间，有许多银行都采用了规避法律的方法对其目标公司实施救助，其目的是告诉资产支持型证券或抵押贷款支持证券的投资者，他们的选择并没有错。根据罗伯逊（专著即将出版，1）的说法："从2008年6月至2009年底，有3500多亿美元的信用卡证券化计划得到了救助行的援助。"罗伯逊共对12个公共信用卡证券化项目进行了研究，发现有近5000亿美元的应收账款未得到偿付。而在这12个项目中，有8项获得了银行的救助。

美国银行、美国运通公司和摩根大通集团参与了以上援助行动。援助是通过向目标公司发初级证券来完成的，这就相当于银行向信托机构捐款，纯属一种捐赠行为，根据合同规定，赞助行并没有向其目标公司提供支持的义务。据英国2009年6月24日《金融时报》的报道：

> 尽管银行没有在信用卡应收账款损失加大时对目标公司提供救助的义务，但它这样做的目的是确保投资者继续购买此证券……银行一直通过发行—购买—再捆绑发行基础贷款遭受损失的债券来支持信用卡信托业务，旨在为现有债券持有人提供一定的保护。就在今年第一季度，美国银行就从一家信托公司购买了85亿美元的次级债务，并且预留了7.5亿美元来弥补损失。一份监管文件显示，在去年10月份，花旗银行从一家信用卡信托机构购买了2.65亿美元所谓的次级债务，并在今年4月份又再次购买了23亿美元的次级债务。

因此，在援助行看来，这些目标公司确实是太大了而不能倒。在2007—2008年的金融恐慌中还有许多诸如此类的例子。但主要问题是，由于金融危机具有不可证实性，要想在合同中规定应对危机的措施是行不通的。然而幸运的是，社会允许我们在危机期间采取一些偏离合同、规则或法律规定的行为来应对金融危机。

在2007—2008年的恐慌期中就出现了类似的问题。例如，虽然利用美国财政部外汇稳定基金（US Treasury Exchange Stability Fund）为货币市场基金提供担保这一做法的合法性存在着问题，但并没有人深究此事。美联储援助美国国际公司一案就对美联储在金融危机期间的权力和自由裁量权提出了挑战。此案并没有被提交至美国最高法院，也不会被提交。

指导原则的宗旨

在制定指导原则时，首先要体现我们的宗旨，即对银行系统提供保护，使其免于崩溃。在危机中，即使你认为某个事件不属于"银行"危机事件，其对银行系统实施的防护和保护也很重要。金融系统一旦崩溃，国家的经济形势就会变得非常严峻。伯南克在前面曾提到，在雷曼兄弟公司破产后，在美国13家最大的金融公司中，就有12家濒临破产。实际上，危机早在一年多以前就已经开始了。

保护银行系统的目的看起来似乎很简单，但事实上并非如此。人们会把它与其他目的混淆起来。最重要的是，有人会批评说，保护银行系统会带来"道德风险"，即会导致银行家在未来承担更多风险，毕竟"凡事得有个度"。古德哈特在2008年9月19日的英国《金融时报》上强调说，即使这是一个需要解决的问题（况且并不清楚是否如此），此时（指金融危机期）也不是让银行系统崩溃的时候。

此外，国际货币基金组织并没有将重点放在银行系统上，而是放在了一系列广泛的改革上。国际货币基金组织的观点是有一定道理的，毕竟这个组织以前面临的许多挑战都来自财政和体制问题（而不是危机）。例如，莱恩和舒尔茨－加塔斯（1999，1）写道："这些危机……主要是由金融部门的脆弱性所致，公司、金融和政府部门治理不善只是其部分诱因，这就使得这些经济体越来越容易受市场情绪、外部环境恶化和蔓延的影响……（在应对金融危机中），国际货币基金组织的项目支持、机构改革，特别是金融部门和相关领域的改革，发挥了重要的作用。这些改革旨在找出危机的根源，以恢复市场的信心。"这句话反映了在国际货币基金组织乃至经济学界都普遍存在的问题——找不到危机的根源，而是将危机归因于一切。因此，为了"恢复市场信心"，我们必须把所有问题都解决好。但是，在银行业危机之时，并不是我们担心"道德风险"、实施银行监管新规、担心银行家的待遇或实施经济性结构性改革的最佳时机。如果有必要，所有这一切都可以留待市场信心恢复之后去解决。正如拉德莱特和萨克斯（1998b，7）所言："对新兴市场而言，并不能用金融恐慌去很好地解释金融危机……（分析师们）认为，还可以用更好的方法去诠释它。"如果央行和政府干预太多，公众就会对它们采取的恢复市场信心的措施缺乏信任，而且央行和政府所有的行为看起来都是杂乱无章的，它们确实也不知道该如何做。

大卫·斯科特（2002，13）写道："如果你具备恢复储户信心以迅速稳定金融流动性的能力，就可以将金融危机造成的损失降至历史最低限度。韩国和泰国在应对金融危机中获得的相对较好的结果与印度尼西亚（以及最近的厄瓜多尔）取得的教训之间形成了鲜明的对比。二者的主要区别似乎是韩国和泰国在危机早期就对银行短期债务实施了全面责任的担保措施，而印度尼西亚直至最后才采取了有限责任担保政策。"由此可见，在危机早期果断地对银行短期债务采取全面担保干预，可以有效地拯救整个银行系统。

反事实问题

在应对金融危机时，我们面临的一个重要问题是，政府无法令人信服地去解释反事实。例如，如果应对金融恐慌，接下来将会发生什么？如果不对伊利诺伊州大陆国民银行实施救助，会造成什么后果？设想一下，即使你只是试图辩称，如果让雷曼破产将会导致一场灾难，也没有人会相信你。（尽管从事后看来，让雷曼破产确实是犯了一个大错！）事实上，这导致了一场大的灾难。除非这些反事实被（令人信服地）证实，否则金融危机还会持续下去，并且不断恶化，直到人们真正认识到危机的残酷性和严重性。

　　试图防止银行发生挤兑最常见的方法是对银行债务提供全面担保。雷伊文和瓦伦西亚（2008）对历史上发生的42次金融危机进行了分析，发现政府对其中的14次危机实施了全面担保，而且这种措施在缓解银行流动性压力方面基本上取得了成功。但是，政府在实施全面担保或类似行动时需要注意两个问题。

　　第一，担保是有成本的。如果没有担保，肯定会发生与事实相反的情况，只是我们无法提供令人信服的证据。对银行采取的任何救助行动也都是如此。我们不采取这些救助行动，也看不出来社会为此而付出的代价。让雷曼兄弟破产的案例说明了政府的为难之处。在目睹了雷曼破产后发生的一系列事件后，社会还会愿意拯救雷曼兄弟银行吗？虽然我们还不知道如何回答这个问题，但是非常清楚的是，在危机平息后再让雷曼兄弟以更有序的方式破产会更好。

　　我们可以这样讲，无论是政府、央行，还是清算所，从来都不会允许银行系统在金融危机中完全崩溃。人们总是采取一切措施去拯救银行系统，但为此付出的代价很昂贵，且充满争议。从历次危机来看，社会公开的偏好是拯救银行系统而忍受成本和争议的压力。虽然我们通过观察可以得出对危机干预越早成本越低的结论，但其准确度尚需进一步观察。这是现代危机面临的一项挑战。

　　第二，危机期间，我们在制定政策时需要考虑的另一个问题是我们前面讨论过的对道德风险的指控。道德风险一次又一次地引起人们的关注，因为美国在1933年制定存款保险制度时就曾规定了这种险别，但也有人认为保险会引发道德风险：因为"银行要得到的是利益，而非其他"。储蓄保险的好处在于它可以有效地降低银行发生挤兑的概率，但不利之处在于商业银行可能认识不到资产的风险在扩大，保险费一直在上升。其实，在非恐慌时期，保险费率一直也在调整。那么，哪里存在道德风险？银行打算破产吗？绝对不会。它们是在利用保险制度从中获得巨大利益吗？或许是。看来，有关机构对保险的监管和监督还面临着一定的挑战。然而，对道德风险的指控一直在重复进行，而其中确实也有一些夸大成分。

这种对道德风险的关注与我们提到的全面担保成本有关。试想，如果央行或清算所不对银行采取任何救助措施，整个银行系统就会崩溃（这种情况与我们在2007—2008年看到的并不一样）。银行系统一旦崩溃，社会要付出多高的成本？我们对此不得而知。然而在每一次危机中，政府和央行都选择了拯救银行系统，国际货币基金也曾考虑制定政策对有关国家的金融机构进行指导，布卢斯坦（2001，77-78）在谈到亚洲金融危机时的泰国时写道：

> 芬兰人林德格伦认为，泰国人要想关闭一些资不抵债的金融公司，就必须坚决支持和保护幸存的金融机构。否则，储户会担心有更多的金融机构倒闭，从而引发全面恐慌，银行陆续倒闭。因此，他支持泰国政府制定对银行、金融公司的存款人及债权人提供债权担保计划。但他的这一想法激怒了总部的许多基金高管，他们认为这种担保是对那些押注于不稳定的金融机构的高息存款富人投资者的一种馈赠，会发生典型的"道德风险"事故……但林德格伦坚持认为，尽管国家提供担保会付出高昂的代价，但是如果不这样做，付出的代价可能会更高……最终，林德格伦赢了。8月5日，泰国责令58家金融公司暂停营业，并对金融机构的存款和负债提供了全面担保。现在看来，此决定还是明智且有远见的，因为挤兑逐渐减少了。

在2007—2008年的金融危机中，盖特纳（2014）谈到了他对"道德风险原教旨主义者"的失望，指出他们因担心发生道德风险而对每一项缓解危机的提案都进行了批评。"批评者本人似乎并没有可行的金融危

机应对方案。"（325）

总结

我们本可以写一本如何预防金融危机的书，但是没有这么做，原因是金融危机并不会绝迹。由于长期债务支持下的短期债务是市场经济固有的，债务的形式也会随着时间的推移而变化。汇票、私人银行券、活期存款、货币市场基金、回购、资产支持商业票据和其他短期债券此起彼伏，旧的债券消失，新的债券就会出现。各种形式的债务都容易受挤兑的影响。

为什么我们发现不了新出现的短期债务形式并采取措施预防挤兑？其中的问题在于，尽管金融危机在市场经济中会反复发生，但其发生的频率并不高，以至于我们无法从中吸取经验教训，而且也不可能在一夜之间学会所有的专业知识。

我们并不能用一句简短的话来概括应对危机的原则，如果必须用一句话来总结，那就是：发现短期债务，并迅速采取一切必要的手段保护银行系统。

注　释

第1章

1. See Bernanke (2009a) for more specific information about the lending programs. On "stigma" during the financial crisis see Armantier, Ghysels, Sarkar, and Shrader (2015). Also see Anbil (2017).

2. See SEC Release 34—58592, http://www .sec .gov/ rules/ other/ 2008/ 34-58592 .pdf: "Emergency order pursuant to section 12(k)(2) of the Securities Exchange Act of 1934 taking temporary action to respond to market developments, " September 18, 2008. 2008年9月，英国和欧洲发达国家的市场监管机构几乎同时出台了类似的禁令，暂时禁止投资者卖空金融公司的股票。此外，在2010年5月19日，德国联邦金融监督局也发布禁令，禁止"裸"卖空以欧元计价的政府债券和基于这些债券的信用违约互换，以及德国十大金融机构的股票。"裸"卖空是指投资者在没有借入证券的情况下，直接在市场上卖出根本不存在的证券的行为。此禁令可以起到防止卖空超过现有可供借入的证券供应量的作用，是一种用来限制"过度"卖空的措施。See Gruenewald, Wagner, and Weber (2010) for a list of worldwide short-sale bans that were instituted during the financial crisis. 阿佩尔和福林（2010）认为，卖空禁令创造了流动性。但是贝伯和帕加诺（2013）则发现了相反的结果。在欧洲，主权债务违约互换的裸卖空行为也被禁止了（《欧盟第236/2012号卖空禁令》）。

3. See http:// www .federalreserve .gov/ bankinforeg/ stress-tests-capital-planning.htm. On the information effects of the stress tests see Peristian, Morgan, and Savino (2014) and Bayazitova and Shivdasani (2012).

4. 19世纪恐慌期间的货币溢价，在现代金融危机中也有所体现。由于现金和保付支票之间并不能完全替代，就产生了货币溢价。人们之所以更喜欢现金，是因为它能产生更高的"便利"收益。在现代，"便利"收益率也是衡量美国国债收益率的重要指标。例如，以美国国债为抵押的一般抵押物回购利率与同一国债收益率之间的利差，参见谢（2012）。在2007—2008年的恐慌期间，此类措施大量增加了，因为美国国债比私人资产更受青睐，这是一种质的追求。

第2章

1. On US clearinghouses generally, see Gibbons (1859), Squire (1888), Curtis (1898), Bolles (1903), Cannon (1910a), Gorton (1984), Timberlake (1984), Gorton (1985), Gorton and Mullineaux (1987), and Gorton and Huang (2006) for theory.

2. 1908年《纽约票据清算所章程》第6条第5节也强调了1884年《章程》修正案中的这一点。

3. 欲详细了解纽约银行作为美国"票据清算清算所"的情况，请参见詹姆斯和韦曼（2010）。

4. 银行股票确实能使所有权发生变更，并且股票价格和交易情况也会被刊登在报纸上，但报纸上列出的交易并不多，交易价格可能是每个交易日或更早的价格。

5. 据戈茨曼等人（2001）的研究，在1883—1884年，在纽约证券交易所上市的银行股票只有一家，即"曼哈顿"（s216），根据其他资料考证，此即"曼哈顿高架"（Manhattan Elevated），这更像一家运输公司。《纽约时报》称其为"曼哈顿"，而《商业与金融纪事报》则使用"曼哈顿高架"一词。戈茨曼等（2001）称，在1883–1884年，该股票的价格为50美元，这正好与《商业与金融纪事报》提到的价格相符，而曼哈顿银行的股价则为150美元。

6. 情况与1873年及1907年的恐慌时相似。

7. 此外，1864年的《美国国民银行法》确立了银行股东双重责任制。在有些州，州立特许银行则采用了双重责任制。参见马奎斯和史密斯（1937）、梅西和米勒（1992）。这可能会降低股票的流动性，目前在美国还没人对此进行研究。艾奇逊、希克森和特纳（2010）对19世纪的英国银行业进行了研究，发现责任制规则的建立对股票的流动性似乎并没有什么影响。

8. 现在也是如此。清算所对美国银行审查结果保密。

9. 本书中的会议纪要，指的都是纽约票据清算所协会档案中的票据清算所会议纪要。

10. 清算所的审查案例还包括：1872年4月6日，对第十民银行的审查；1873年4月26日，对加勒廷国民银行的审查；1873年4月29日，对大陆国民银行的审查；1873年5月1日，对制造商和贸易商银行的审查；1877年12月10日，对第九国民银行的审查；1888年1月30日，对批发商银行的审查；1880年1月28日，对德美银行的审查。

11. Printed verbatim in the article, "Weekly City Bank Statements," New York Daily Times, April 18, 1853, 8.

第3章

1. 见戈顿、梅奇克和谢（2015a），他们从计量经济学入手，将恐慌开始的时间定为2007年8月，

2. 见卡罗米里斯和戈顿（1991）. 而且，在当今这个央行异常活跃的时代里，金融危机是央行或政府大规模进行干预的事件。

3. 在历次恐慌中，美国财政部都异常活跃。在1873年的恐慌中，它扮演了重要的角色，并在阻止1890经济混乱中发挥了重要作用。我们知道，在1907年危机中，各银行的余额是有限的，此时纽约银行3500万美元的存款显得尤其重要。

4. 在国民银行时期的其他恐慌中也有一些重要的公司破产：1873年杰伊·库克公司破产；1890年德克—豪厄尔公司破产；1893年国民警戒线公司破产；1907年尼克博克信托公司破产。

5. 亚历山大·D. 诺伊斯（Alexander D. Noyes）后来担任《纽约时报》的财经版编辑，也是当时最受尊敬的财经记者。

第4章

1. 贾利勒（2015）提出识别恐慌的替代策略，并得出了与此类似的结论。

2. 在这种情况下，当大规模提现（流动性普遍流失）导致银行全面暂停支付时，保付支票就出现了货币溢价（在第7章对此进行了讨论）。

3. 清算所协会会员行在协议中确定了损失的分担——实质上会员行对票据清算所的贷款凭证承担连带担保责任。

4. See Timberlake (1993, 199–200) and Redlich (1951, 158–59). See also Swanson (1908a, 1908b).

5. See, e.g., Sprague (1910), Laughlin (1912), and Kemmerer (1910). See also Muhleman (1908) and Conant (1909).

6. 古德哈特（1969）强调纽约市银行与内地银行之间的贸易平衡，他认为斯普瑞格（1910）、凯默尔（1910）和劳克林（1912）主要关注于资本流动性。

7. 穆勒曼（1908）和斯普瑞格（1910）在现金流失上观点相似。哈根（1932）还强调了1907年恐慌期间信托公司的储户从银行抽走资金的情况。

8. 对恐慌的描述与威克（2000）与金德尔伯格（2005）的描述有相似之处，也符合卡洛米利斯和戈顿（1991）所描述的信息不对称。

9. 参见威克（2000，32–33）。他指出，1873年，纽约票据清算所的总准备金水平虽降至如此低的水平，但并没有让人感到不安，因为会员行在努力建立准备金储备池，以应对恐慌。在1860年和1861年的恐慌中，纽约票据清算所这一技术并未奏效。

10. 对于某些交易，法律规定用特定的货币支付（国际交易用黄金或法定货币支付等），或禁止用其他货币支付（如银券）。不过，许多交易都是以货币和存款面值成交的。

11. 我们所讨论的票据清算所贷款凭证于1860年首次发行，参见斯汪森（1908a，1908b）。雷德利克（1947）认为，虽然1857年发行的"大都市贷款凭证"类似于流动性结算工具，但其负债性质与一般的结算工具迥然不同，因此有必要对其单独界定。清算所在1860年首次发放贷款凭证后，于1861年、1863年和1864年又发行了多次。大家一致认为，在1863年和1864年的恐慌中，清算所并没有必要发行清算所贷款凭证——参见斯普瑞格（1910，46，注b）。坎农（1910a）对发放贷款凭证的情况进行了更详细的描写。摩恩和托尔曼（2015）描述了在1873—1907年的历次恐慌中，清算所对纽约市借款行分配票据清算所贷款凭证的情况。

12. 发行清算所贷款凭证所致损失，由清算所幸存会员行按其资本和盈余比例分担。

13. 汀布莱克（1984），戈顿（1985），戈顿及和穆里尼奥（1987）对此进行了讨论。戈顿和黄（Huang，2006）对这种激励协调机制进行了理论上的诠释。

14. 坎农（1910a）写道，虽然实力较弱的银行可能需要清算所贷款凭证，而实力较强的银行并不需要，但实力较强的银行也会申请贷款凭证。然而，摩恩和托尔曼（2015）认为，就现有的数据而言，无法证实这些描述的准确性，因为它并不足以表明实力较强的借款行有流动性需求。虽然坎农的描述也可能是正确的，但摩恩和托尔曼经研究发现，坎农有关清算所会员行在恐慌期间普遍使用贷款凭证的观点是站不住脚的。

15. 1884年5月16日星期五。有报道称，票据清算所贷款委员会决定接受政府债券为抵押物，并按其面值的100%向债券持有人发放贷款，而不是按惯例以债券价值的75%发放贷款。（"恐慌消退"，《纽约时报》，1884年5月17日）。

16. 参见威克（2000，42）和斯普瑞格（1910，139）。威克（2000，44）描述了从1890年8月初至8月底，美国财政部是如何通过全额利息赎回债券的方式向银行注入资金的。然而，这种措施并没能缓解纽约市银根紧缩的情况，因为美国财政部回购1500万美元债券的计划导致了全国各地银行对债券回购，结果有900万美元的债券被银行回购而去（斯普瑞格，1910，137）。无奈之下，在1890年9月17日，美国财政部只好出资2100万美元回购了由纽约财团机构持有的债券，而由此产生的收益直接流入了纽约市的银行手中（斯普瑞格，1910，139）。

17. 在1857年的恐慌中，纽约市的银行宣布暂停支付，只是对外暂停兑换硬币（黄金）。

第5章

1. 海因策－莫尔斯－托马斯银行集团的破产与收购"联合铜业"股票有关。那一时代的人，如斯普瑞格（1910）以及后来的托尔曼和摩恩（1990）以及布鲁纳和凯尔（2007），都认为它是引发1907年危机的最直接的原因。关于这件事的详细讨论，请参阅前文。

2.《纽约票据清算所会议纪要》，1884年5月14日。

3. 在审查发现海事国民银行优质资产不足且管理层存在着渎职行为后，清算所明确表示无意对该行提供援助，并责令其停止营业。

4. 托尔曼（2013，51）："信托公司与纽约市的国民银行在吸储方面展开了激烈的竞争。然而，大家并不认为信托公司属于国家庞大支付系统的一部分，因为信托公司的存款利率与国民银行的并不相同。因此清算所在1903年扩容时，信托公司并没有获得纽约票据清算所的会员资格。"

5. 斯普瑞格（1910，258）认为："无论在产业界还是银行界，查尔斯·W. 莫尔斯都是一个手眼通天的人。"

6. 这让人想起了1890年11月12日，纽约银行监管部门关闭了北河银行。

第6章

1. 参见1984年，有关"大陆伊利诺伊公司和大陆伊利诺伊州大陆国民银行调查"国会听证会；众议院，第98届2次会议"银行、金融和城市事务委员会的监管和保险"听证会（1984年9月18日，19日和10月4日），300。

2. 关于清算所危机期间的紧急流动性安排，参见摩恩和托尔曼（2000，2015）。

3. 我们从《银行家》《商业与金融纪事报》以及贝利（1890）的文章中搜集了纽约票据清算所会员银行的数据。

4. 1873年4月28日，大西洋国民银行被纽约票据清算所协会除名，随后于1873年9月22日倒闭。参见《清算所会议纪要》，1873年10月1日，《纽约时报》，1873年4月28日，第5版。

5. 大都会国民银行收到了大约300万美元的票据清算所贷款凭证。参见威克（2000，37）。

6.《美国货币监理署年度报告》，1883。

7. 哥伦比亚银行的损失为9万美元，约为国民储蓄银行注册资本和盈余的1/4。参见1893年5月23日的《纽约世界报》。根据1893年的《美国货币监理署年度报告》：该行的注册资本为30万美元，未偿付货币为4.5万美元；1893年8月4日支付股息20.4万美元，10月24日支付股息19.98万美元（请注意，后两批款都是在破产之后支付的）。

8.《纽约世界晚报》，1893年5月23日第3版。

9. 这些贷款实际上是清算所提供的贷款，属于纽约票据清算所紧急贷款（而不是清算所贷款凭证）。它们都是不可转让的，但一旦发生金融危机，就会转化为清算所贷款凭证下的贷款。

第7章

1. 安德鲁（1908b，299）。

2. 也反映了风险溢价，但为了简单起见，我们在计算中对此忽略不计。

第8章

1. 奥菲瑟（1986）和西尔柏（2008，28–32和43–47）对这一机制进行了更详细的描述和进一步的说明。另参见奥菲瑟（2008）。1891–1900年期间的运输成本明显高于1901–1910年期间的运输成本。

2. 对纽约市进口黄金量的预测基本上正确。我们估计的数据与官方公布的数据（按月）基本相吻合。1893年8月，美国官方计划输入总计4060万美元的黄金。

3. 罗杰斯和佩恩（2014）认为，1907年11月法兰西银行对美国支付的硬币，在美国经济从1907年的恐慌中复苏中起到了催化剂作用。

4. 斯普瑞格（1910，59-60）说，黄金进出口与货币溢价无关，他认为："汇率和黄金溢价是随着货币溢价的变化而上下浮动的，因为它们都是用贴现的保付支票来表示的。"黄金的流动并不会对货币溢价产生影响，因为黄金并非法定货币。当然，我们也不能排除货币溢价（以及报复支票上的相关黄金溢价）会对黄金进口产生一定的影响。因为它作为一种价值衡量手段，仍然很重要。

5. 所有的货币溢价数据都来源于报纸、期刊载的每日数据的平均值。虽然数据并不全面，但并不会影响计算结果，因为基本数据基本上充足。我们在计算时，跳过了一些难以寻找到的数据，但并没有将它们假定为零。

第9章

1. 然而，我们仍有理由得出这样的结论，即1884年大都会国民银行破产尽管被官方列为"自愿清算"，但本质上还是由长期遭储户挤兑造成的。值得注意的是，从5月17日至6月21日短短的一个多月里，该行吸收的存款额就从740万美元降至120万美元。更为重要的是，该行并不是在恐慌期间破产的。这对纽约票据清算所实施应对危机战略至关重要。

2. 1886年初，大都会国民银行向纽约票据清算所请求降低其未偿贷款凭证利率的申请得到了批准。

第10章

1. 巴杰特并没有提到银行的私密性保护问题，因为"英国结算系统有一个重要特征，那就是它内置有匿名保护装置，巴杰特忽视了这一点"（卡皮，2007，313）。在英国的乡村银行和英格兰银行之间有许多贴现公司。参见卡皮（2002，2007）。如果乡村银行需要货币，就可以从贴现公司贷款，而贴现公司又可以从英格兰银行贷款。那么，英格兰银行的钱究竟被谁借去了，结论不得而知。金（1936）对19世纪英国银行业的产业组织结构更有发言权。也参见普雷斯内尔（1956）。然而，英格兰银行与贴现公司之间的关系并不是一直很融洽，有各种争端。参见弗朗德罗和乌戈利尼（2011）。

第11章

1. 例如，2008年9月18日，英国《金融时报》刊登的一篇评论文章中讨论了英国北岩银行挤兑事件，查尔斯·古德哈特指出："现在并不是为道德风险苦恼的时候。"

2. 雷伊文和瓦伦西亚（2012，4）写道："我们认为，如果实施了以下6种措施中的至少3种，对银行干预政策的效果就会显现出来：（1）全面流动性支持（占非居民存款及负债的5%）；（2）控制银行重组总成本（至少占GDP的3%）；（3）重要银行国有化；（4）重大担保到位；（5）重要资产采购（至少占GDP的5%）；（6）存款冻结和/或银行假日。"

3. 在1994—1995年的墨西哥"龙舌兰风暴"中，投资者并不想以美元计价的墨西哥政府债券（被称为"tesobonos"债券）展期。1998年的俄罗斯危机也是如此，当时政府也是无法展期被称为GKOs的短期零息政府债券（Gosudarstvennoye Kratkosrochnoye Obyasatyelstov）。

4. 有大量关于亚洲危机的文献（例如，参见格伦维尔2004）。

5. 参见 http://www.imf.org/external/np/loi/103197 .htm.

6. 当国际货币基金组织政策制定和审查部主任杰克·布尔曼"被问及关闭16家银行的决定是否错误时，他表示，国际货币基金组织对此'深感痛苦'，是审查委员会做出的'最困难的决定之一'。他为国际货币基金组织关闭16家银行辩护的理由是，'凡事得有个度'，在处理像印尼这样一个'有历史但历史并不悠久'的国家的金融危机时，就得这样做"（《华尔街日报》，1999年1月20日）。

7. 有关阿根廷危机的信息摘自Hausmann and Velasco (2002), Powell (2002), Bortot (2003), de la Torre, Yeyati, and Schmukler (2003a, 2003b), Perry and Servén (2003), and Calvo and Talvi (2005). 国际货币基金组织（2003）简要回顾了关于阿根廷危机的学术文献。

8. 数据来自de la Torre, Yeyati, and Schmukler (2003a)，感谢他们的分享。它的计算方法是按一个月的无本金交割远期外汇交易贴现，远期汇率减去即期汇率。（另参见Schmukler和Servén，2002）

9. 2017年2月23日的路透社报道："前国际货币基金组织（IMF）总裁罗德里戈·拉托周四被西班牙高等法院判处4年半监禁，此前他在班基亚银行任职期间，曾涉嫌滥用公司信用卡丑闻。"

10. "2009年纽约证券交易所上市集团日成交量"http:// www.nyxdata.com/

nysedata/asp/factbook/viewer_edition.asp？mode=table&key=3002&category=3.

11. 凡回购，都有逆回购，这是交易的另一面。因此，在计算回购时，如再将逆回购计算在内就属于重复计算。

12. Eric Rosengren, Board of Governors, Federal Reserve System, Transcripts of the Federal Open Market Committee, March 18, 2008.

第12章

1. 学者们对银行挤兑不屑一顾，认为它已经过时了。例如，曼昆（2011，636）的经典教程指出："今天，银行挤兑对于美国银行系统或美联储来讲并不是大问题。联邦政府主要依靠联邦存储保险公司为储户存款提供安全。"（请注意教科书的日期。）

2. 一级交易商信贷安排是美国在金融危机期间推出的一项常设性安排，与美联储的贴现窗口有些类似。

3. 参见SEC Release 34-58592，http://www.sec.gov/rules/other/2008/34-58592.pdf。参见Gruenewald、Wagner和Weber（2010），金融危机期间制定的《全球卖空禁令清单》。在欧洲，主权债务违约互换的裸卖空行为也被禁止（《欧盟第236/2012号卖空禁令》）。

4. 参见Wood (2003)、Flandreaua和Ugolini (2014)对此问题的讨论。

5. Home Building & Loan Association v. Blaisdell 等案，载于《美国最高法院判例汇编》第290卷，第426页（1934）。

6. New State Ice Co. v. Liebmann案，载于"美国最高法院判例汇编"第285卷，306页（1932）。

7. 参见Corte Suprema de Justicia de la Nación [National Supreme Court of Justice], 7/12/1934, "Avico, Oscar Agustín c. de la Pesa, Saúl C. / recurso extraordinario," Colección Offcial de Fallos de la Corte Suprema de Justicia de la Nación (1935-172-21)。

8. 因为安全债务比较稀少，所以社会上对安全债务的需求日益增加。在美国银行目前所发行的证券中，AAA/Aaa级证券占证券投资组合的85%（谢，2012）。通过发行这些证券，发行商能获得便利收益，同时也是获取廉价资金的重要来源。参考戈顿（2017）。

附录C

1. 科尔曼（2007）强调，到1905年，欧洲主要国家之间的关系日益密切，它有效地消除了美国和英国之间的套利交易。因此，列举该案例的目的并不是模拟危机期间实际黄金交易，而是将美、英之间的黄金交易作为一种教学案例。

参考文献

一手文献

American Review of Reviews, various issues.

Attorney General of the State of New York, *Annual Reports*, various years.

Bankers' Magazine, various issues.

Board of Governors, Federal Reserve System, transcripts of the Federal Open Market Committee, March 18, 2008.

Bradstreet's, various issues.

Commercial and Financial Chronicle, various issues.

Dun's Review, various issues.

Evening World, various issues.

The Financier, various issues.

Forum, various issues.

New York Clearing House Association. Clearing House Committee *Minutes*, various dates. Archives of the New York Clearing House Association, New York.

New York Clearing House Association. 1873. *Report to the New York Clearing House Association of a Committee upon Reforms in the Banking Business*. New York: W. H. Arthur.

New York Clearing House Association. 1903. *Constitution of the New York Clearing House Association, with Amendments*. Arthur Mountain.

New York Daily Times, various issues.

New York Sun, various issues.

New York Times, various issues.

New York Times Financial Affairs, various issues.

New York Tribune, various issues.

Philadelphia Bulletin, various issues.

Philadelphia Inquirer, various issues.

Philadelphia Record, various issues.

Superintendent of the Bank Department of the State of New York, *Annual Reports*, various years.

US Comptroller of the Currency. *Annual Report*, various years. Washington, DC: Government Printing Office.

US Comptroller of the Currency. *Call Reports of Condition and Income*, various dates. Washington, DC: Government Printing Office.

US Government Accountability Office. 2010. *Troubled Asset Relief Program: Bank Stress Test Offers Lessons as Regulators Take Further Actions to Strengthen Supervisory Oversight*.

GAO- 10- 861.

Wall Street Journal, various issues.

二手文献

Acheson, Graeme, Charles Hickson, and John Turner. 2010. "Does Limited Liability Matter?

Evidence from Nineteenth Century British Banking," *Review of Law and Economics* 6:247– 73.

Ahmed, Javed, Christopher Anderson, and Rebecca Zarutskie. 2015. *Are the*

Borrowing Costs of Large Financial Firms Unusual? Board of Governors of the Federal Reserve System Finance and Discussion Series, Working Paper 2015- 024.

Anbil, Sriya. 2017. "Managing Stigma During a Financial Crisis," Finance and Economics Discussion Series 2017- 007, Board of Governors of the Federal Reserve System, *Journal of Financial Economics.*

Andrew, A. Piatt. 1908a. "Hoarding in the Panic of 1907." *Quarterly Journal of Economics* 22(4): 290 – 99.

———. 1908b. "Substitutes for Cash in the Panic of 1907." *Quarterly Journal of Economics* 22(2): 497– 516.

———. 1910. *Statistics of Banks and Banking in the United States.* Washington, DC: National Monetary Commission.

Angert, Eugene. 1908. "Liability of Banks for Refusal to Pay Checks in Currency." *Bankers' Magazine*, January, 22 – 27.

Appel, Ian, and Caroline Fohlin. 2010. "Shooting the Messenger? The Impact of Short Sale Bans in Times of Crisis." Emory University, working paper. https:// papers .ssrn .com / sol3/ papers .cfm ? abstract _id = 1595003.

Argüero, Luis Ignacio. 2013. "Regional Currencies and Employment Creation: The Case of Argentina, 2001– 2003." Research Note, University of Belgrano.

Armantier, Olivier, Eric Ghysels, Asani Sarkar, and Jeffrey Shrader. 2015. "Discount Window Stigma During the 2007– 2008 Financial Crisis." *Journal of Financial Economics* 118, 317– 35.

Bagehot, Walter. 1873. *Lombard Street: A Description of the Money Market.* London: Henry S. King.

Bailey, Dudley. 1890. *The Clearing House System.* New York: Homans.

Bank for International Settlements. 2009. "An Assessment of Financial Sector Rescue Programmes." Monetary and Economic Department, Bank for International Settlements Papers No. 48. https:// www .bis .org/ publ / bppdf/ bispap48 .pdf.

———. 2013. *Central Bank Collateral Frameworks and Practices.* A Report of a Study Group by the Markets Committee.

———. 2014. "Re- Thinking the Lender of Last Resort." Bank for International

Settlements Papers No. 79.

Batunanggar, Sukarela. 2002. "Indonesia's Banking Crisis Resolution." Centre for Central Banking Studies, Bank of England, working paper.

Bayazitova, Dinara, and Anil Shivdasani. 2012. "Assessing TARP." *Review of Financial Studies* 25: 377– 407.

Bayles, W. Harrison. 1917. "A History of the Origin and Development of Banks and Banking." In *McMaster's Commercial Cases and Business Intelligence for Bankers, Treasurers, Credit Men and Others*, vol. 20, 249– 76. New York: McMaster.

Beber, Alessandro, and Marco Pagano. 2013. "Short- Selling Bans around the World: Evidence from the 2007– 09 Crisis." *Journal of Finance* 68: 343– 81.

Beck, Thorsten, Asli Demirgüç- Kunt, and Ross Levine. 2006. "Bank Concentration, Competition, and Crises: First Results." *Journal of Banking and Finance* 30: 1581– 1603.

Benmelech, Efraim. 2012. "An Empirical Analysis of the Fed's Term Auction Facility." *Cato Papers on Public Policy* 2: 1– 42.

Bernanke, Ben S. 2009a. "The Federal Reserve's Balance Sheet: An Update." Speech at the Federal Reserve Conference on Key Developments in Monetary Policy, Washington, DC.

———. 2009b. "Reflfl ections on a Year of Crisis." Speech at the Federal Reserve Bank of Kansas City's Annual Economic Symposium, Jackson Hole, Wyoming, August 21.

———. 2010. "Causes of the Recent Financial and Economic Crisis." Testimony before the Financial Crisis Inquiry Commission. http:// 1 .usa .gov/ 9XW4fifi.

———. 2014a. "Central Banking after the Great Recession: Lessons Learned and Challenges Ahead: A Discussion with Federal Reserve Chairman Ben Bernanke on the Fed's 100th Anniversary." Brookings Institution, January.

———. 2014b. "The Federal Reserve: Looking Back, Looking Forward." January 3. http:// www .federalreserve .gov/ newsevents/ speech / bernanke20140103a .htm.

Bernanke, Ben S., Carol Bertaut, Laurie Pounder DeMarco, and Steve Kamin.

2011. "International Capital Flows and the Returns to Safe Assets in the United States, 2003 – 2007."
Banque de France Financial Stability Review, February, 13 – 26.

Bluedorn, John, and Haelim Park. 2016. "Stopping Contagion with Bailouts: Micro- Evidence from Pennsylvania Bank Networks during the Panic of 1884." Offiffi ce of Financial Research working paper. Forthcoming, *Journal of Banking and Finance*.

Blustein, Paul. 2001. *The Chastening: Inside the Crisis That Rocked the Global Financial System and Humbled the IMF*. New York: Public Affairs.

Boies, William Justus. 1908. "The Story of the Hoarders." *American Review of Reviews* 37: 82 – 84.

Bolles, Albert. 1903. *Practical Banking*. 11th ed. Indianapolis: Levey Brothers.

Bortot, Francesco. 2003. "Frozen Savings and Depressed Development in Argentina." *Savings and Development* 27: 161– 202.

Boyd, John, Gianni De Nicolò, and Elena Loukoianova. 2009. "Banking Crises and Crisis Dating: Theory and Evidence." International Monetary Fund, Working Paper WP/09/141.

Browning, Reuben. 1869. *The Currency, with a View to the Effectual Prevention of Panics*. London: E. and F. N. Spon.

Bruner, Robert F., and Sean D. Carr. 2007. *The Panic of 1907: Lessons Learned from the Market's Perfect Storm*. Hoboken, NJ: John Wiley.

Brunnermeier, Markus. 2009. "Deciphering the Liquidity and Credit Crunch 2007– 2008." *Journal of Economic Perspectives* 23: 77– 100.

Burns, Arthur, and Wesley Mitchell. 1946. *Measuring Business Cycles*. Cambridge, MA: National Bureau of Economic Research.

Caballero, Julián. 2016. "Do Surges in International Capital Flows Influence the Likelihood of Banking Crises? " *Economic Journal* 126: 281– 316.

Calomiris, Charles, and Gary Gorton, with Charles Calomiris. 1991. "The Origins of Banking Panics: Models, Facts, and Bank Regulation." In *Financial Markets and Financial Crises*, edited by Glenn Hubbard. Chicago: University of Chicago Press.

Calvo, Guillermo. 2003. "Explaining Sudden Stop, Growth Collapse, and BOP Crisis: The Case of Distortionary Output Taxes." *IMF Staff Papers* 50: 1–20.

———. 2010. "Looking at Financial Crises in the Eye: Some Basic Observations." Columbia University, School of International and Public Affairs, working paper.

Calvo, Guillermo A., Alejandro Izquierdo, and Ernesto Talvi. 2006. "Phoenix Miracles in Emerging Markets: Recovering without Credit from Systemic Financial Crises." Inter- American Development Bank Research Department, Working Paper 570.

Calvo, Guillermo, and Ernesto Talvi. 2005. "Sudden Stop, Financial Factors and Economic Collapse in Latin America: Learning from Argentina and Chile." National Bureau of Economic Research, NBER Working Paper 11153.

Camp, William. 1892. "The New York Clearing House." *North American Review* 154: 684 – 90.

Cannon, James Graham. 1910a. *Clearing Houses*. Washington, DC: Government Printing Office.

———. 1910b. "Clearing House Loan Certifi cates and Substitutes for Money Used during the Panic of 1907." Speech delivered at the Finance Forum, New York City, March 30. New York: Trow Press.

Capie, Forest. 2002. "The Emergence of the Bank of England as a Mature Central Bank." *In The Political Economy of British Historical Experience, 1688 – 1914*, edited by Donald Winch and Patrick O'Brien, 295 – 315. Oxford: Oxford University Press.

———. 2007. "The Emergence of the Bank of England as a Mature Central Bank." *In The Lender of Last Resort*, edited by Forrest Capie and Geoffrey Wood, 297– 316. London: Routledge.

Carlson, Mark, and Jonathan Rose. 2016. "Can a Bank Run Be Stopped? Government Guarantees and the Run on Continental Illinois." Finance and Economics Discussion Series 2016-003. Washington: Board of Governors of the Federal Reserve System, http:// dx .doi .org/ 10 .17016/ FEDS .2016 .003.

Chang, Roberto, and Andrés Velasco. 1998. "The Asian Liquidity Crisis." Federal

Reserve Bank of Atlanta, Working Paper 98- 11.

Clews, Henry. 1888. *Twenty- Eight Years in Wall Street*. New York: Irving.

Coleman, Andrew. 2007. "The Pitfalls of Estimating Transactions Costs from Price Data: Evidence from Trans- Atlantic Gold- Point Arbitrage, 1886 – 1905." *Explorations in Economic History* 44: 387– 410.

Conant, Charles A. 1909. *A History of Modern Banks of Issue. With an Account of the Economic Crises of the Nineteenth Century and the Panic of 1907*. New York: G. P. Putnam.

Corsetti, G., Paolo Pesenti, and Nouriel Roubini. 1998. "Paper Tigers? A Preliminary Assessment of the Asian Crisis." Paper prepared for NBER Bank of Portugal International Seminar on Macroeconomics, Lisbon, June 14 – 15.

Covitz, Daniel, Nellie Liang, and Gustavo Suarez. 2013. "The Evolution of a Financial Crisis: Collapse of the Asset- Backed Commercial Paper Market." *Journal of Finance* 68: 815– 48.

Curtis, Charles. 1898. "Clearing House Loan Certififi cates, How Issued and Why." *Yale Review* 6: 251– 66.

Dang, Tri Vi, Gary Gorton, and Bengt Holmström. 2013. "Ignorance, Debt and Financial Crises." Yale School of Management, working paper.

Dang, Tri Vi, Gary Gorton, Bengt Holmström, and Guillermo Ordoñez. 2017. "Banks as Secret Keepers." *American Economic Review* 107: 1005– 29.

de la Torre, Augusto, Eduardo Levy Yeyati, and Sergio Schmukler. 2003a. "Argentina's Financial Crisis: Floating Money, Sinking Banking." World Bank, working paper.

———. 2003b. "Living and Dying with Hard Pegs: The Rise and Fall of Argentina's Currency Board." *Economia* (Spring): 43– 106.

Dewey, Davis Rich. 1922. *Financial History of the United States*. 8th ed. New York: Longmans, Green.

Dobler, Marc, Simon Gray, Diarmuid Murphy, and Bozena Radzewicz-Bak. 2016. "The Lender of Last Resort Function after the Global Financial Crisis." International Monetary Fund, Working Paper WP/16/10.

Draghi, Mario. 2013. "Building Stability and Sustained Prosperity in Europe." Speech at the event "The Future of Europe in the Global Economy," hosted by the City of London, May 23. http:// www .bis .org/ review/ r130524a .pdf ? frames = 0.

Eichengreen, Barry, Ashoka Mody, Milan Nedeljkovic, and Lucio Samo. 2012. "How the Subprime Crisis Went Global: Evidence from Bank Credit Default Swap Spreads." *Journal of International Money and Finance* 31(5): 1299– 1318.

Englund, Peter. 2015. "The Swedish 1990s Banking Crisis: A Revisit in the Light of Recent Experience." Stockholm School of Economics, working paper.

Enoch, Charles. 2000. "Interventions in Banks during Banking Crises: The Experience of Indonesia." International Monetary Fund, Policy Discussion Paper PDP/00/2. https:// www .imf .org/ external / pubs/ ft / pdp/ 2000/ pdp02 .pdf.

Enoch, Charles, Barbara Baldwin, Olivier Frécaut, and Arto Kovanen. 2001. "Indonesia: Anatomy of a Banking Crisis." International Monetary Fund, Working Paper WP/01/52.

Evrensel, Ay¸se. 2008. "Banking Crisis and Financial Structure: A Survival- Time Analysis." *International Review of Economics and Finance* 17: 589– 602.

Fetter, Frank. 1965. *The Development of British Monetary Orthodoxy, 1797– 1875*. Cambridge, MA: Harvard University Press.

Financial Crisis Inquiry Commission. 2011. *The Financial Crisis: Inquiry Report*. Washington, DC: Government Printing Offifi ce.

Fischer, Stanley. 1999. "On the Need for an International Lender of Last Resort." *Journal of Economic Perspectives* 13: 85– 104.

Flandreau, Marc, and Stefano Ugolini. 2011. "Where It All Began: Lending of Last Resort and the Bank of England during the Overend- Gurney Panic of 1866." Norges Bank, Working Paper 2011- 03.

———. 2014. "The Crisis of 1866." Graduate Institute of International and Development Studies, Working Paper 10/2014.

Fliter, John, and Derek Hoff. 2012. *Fighting Foreclosure: The Blaisdell Case, the Contract Clause, and the Great Depression*. Lawrence: University Press of Kansas.

Friedman, Milton, and Anna Schwartz. 1963. *A Monetary History of the United*

States. Prince ton, NJ: Princeton University Press.

Furman, Jason, and Joseph Stiglitz. 1998. "Economic Crises: Evidence and Insights from East Asia." *Brookings Papers on Economic Activity* 2: 1– 135.

Garicano, Luis. 2012a. "Five Lessons from the Spanish Cajas Debacle for a New Euro- wide Supervisor." In *Banking Union for Europe: Risks and Challenges*, edited by Thorsten Beck, 77– 84. A VoxEU .org Book, Centre for Economic Policy Research.

———. 2012b. "Five Lessons from the Spanish Cajas Debacle for a New Euro- wide Supervisor." CEPR Vox, http:// voxeu .org/ article/ five -lessons -spanish -cajas -debacle -new -euro -wide -supervisor.

Gassiot, John. 1867. *Monetary Panics and Their Remedy, with Special Reference to the Panic of May 1866*. London: Effingham Wilson.

Geithner, Timothy. 2008. "Actions by the New York Fed in Response to Liquidity Pressure in Financial markets." Testimony before the U.S. Senate Committee on Banking, Housing and Urban Affairs, April 3. http:// www .newyorkfed .org/ newsevents/ speeches/ 2008/ gei080403 .html.

———. 2014. *Stress Test: Reflfl ections on Financial Crises*. New York: Crown.

Gibbons, J. S. 1859. *The Banks of New York, Their Dealers, the Clearing House, and the Panic of 1857*. New York: D. Appleton.

Giglio, Stefano. 2011. "Credit Default Swap Spreads and Systemic Risk." Harvard University, Department of Economics, working paper.

Gilpin, William, and Henry Wallace. 1904. *New York Clearing House Association, 1854 – 1905*. New York: Moses King.

Goetzmann, William N., Roger G. Ibbotson, and Liang Peng. 2001. "A New Historical Data base for the NYSE 1815 to 1925: Performance and Predictability." *Journal of Financial Markets* 4(1): 1– 32.

Goodhart, Charles A. E. 1969. *The New York Money Market and the Finance of Trade*, 1900 – 1913. Cambridge, MA: Harvard University Press.

———. 2008. "Now Is Not the Time to Agonise over Moral Hazard." *Financial Times*, September 18.

Gorton, Gary. 1984. "Private Bank Clearinghouses and the Origins of Central

Banking." *Business Review— Federal Reserve Bank of Philadelphia*, January–February, 3 – 12.

———. 1985. "Clearinghouses and the Origin of Central Banking in the United States." *Journal of Economic History* 45(2): 277– 83.

———. 1988. "Banking Panics and Business Cycles." *Oxford Economic Papers* 40(4): 751– 81.

———. 1996. "Reputation Formation in Early Bank Note Markets." *Journal of Political Economy* 104(2): 346 – 97.

———. 1999. "Pricing Free Bank Notes." *Journal of Monetary Economics* 44: 33– 64.

———. 2010. *Slapped by the Invisible Hand: The Panic of 2007*. Oxford: Oxford University Press.

———. 2012. *Misunderstanding Financial Crises: Why We Don't See Them Coming*. Oxford: Oxford University Press.

———. 2014. "The Development of Opacity in U.S. Banking." *Yale Journal of Regulation* 31: 825– 51.

———. 2015. "Stress for Success: A Review of Timothy Geithner's Financial Crisis Memoir." *Journal of Economic Literature* 53(4): 975– 95.

———. 2017. "The History and Economics of Safe Assets." *Annual Review of Economics* 9: 547– 86.

Gorton, Gary, and Lixin Huang. 2006. "Banking Panics and Endogenous Coalition Formation." *Journal of Monetary Economics* 53(7): 1613– 29.

Gorton, Gary, Toomas Laarits, and Andrew Metrick. 2017. "The Run on Repo and the Fed's Response." Yale School of Management, working paper.

Gorton, Gary, Stefan Lewellen, and Andrew Metrick. 2012. "The Safe- Asset Share." *American Economic Review: Papers and Proceedings* 102 (May): 101– 6.

Gorton, Gary, and Andrew Metrick. 2012. "Securitized Banking and the Run on Repo." *Journal of Financial Economics* 104: 425– 51.

———. 2013. "Securitization." In *Handbook of the Economics of Finance*, edited by George Constantinides, Milton Harris, and René Stulz, 2A: 1– 70. New York:

Elsevier.

Gorton, Gary, Andrew Metrick, and Lei Xie. 2015a. "An Econometric Chronology of the Financial Crisis of 2007– 2008." Yale School of Management, working paper.

———. 2015b. "The Flight from Maturity." Yale School of Management, working paper.

Gorton, Gary, and Tyler Muir. 2016. "Mobile Collateral versus Immobile Collateral." Yale School of Management and UCLA, working paper.

Gorton, Gary, and Don Mullineaux. 1987. "The Joint Production of Confifi dence: Endogenous Regulation and Nineteenth Century Commercial Bank Clearinghouses." *Journal of Money, Credit and Banking* 19(4): 458 – 68.

Gorton, Gary, and Guillermo Ordoñez. 2014. "Collateral Crises." *American Economic Review* 104(2): 343– 78.

Gorton, Gary, and George Pennacchi. 1990. "Financial Intermediation and Liquidity Creation." *Journal of Finance* 45(1): 49– 72.

Gorton, Gary, and Nicholas S. Souleles. 2007. "Special Purpose Vehicles and Securitization." In *The Risks of Financial Institutions*, edited by René Stulz and Mark Carey, 549 – 602. Chicago: University of Chicago Press.

Gorton, Gary, and Ellis Tallman. 2016. "Too- Big- to- Fail before the Fed." *American Economic Review* 106(5): 528 – 32.

Gouge, William. 1837. *An Inquiry into the Expediency of Dispensing with Bank Agency and Bank Paper in the Fiscal Concerns of the United States*. Philadelphia: William Stavely.

Grenville, Stephen. 2004. "The IMF and the Indonesian Crisis." International Monetary Fund, Independent Evaluation Office, BP/04/3.

Gruenewald, Serainan, Alexander Wagner, and Rolf Weber. 2010. "Emergency Short- Selling Restrictions in the Course of the Financial Crisis." University of Zurich, SSRN working paper.

Hagen, Everett Einar. 1932. "The Panic of 1907." MA thesis, University of Wisconsin– Madison.

Hammond, Bray. (1957) 1991. *Banks and Politics in America from the Revolution to the Civil War.*

Princeton, NJ: Princeton University Press.

Harvie, Charles. 1999. "Indonesia: Recovery from Economic and Social Collapse." University of Wollongong, Faculty of Business, working paper.

Hausmann, Ricardo, and Andrés Velasco. 2002. "The Argentine Collapse: Hard Money's Soft Underbelly." Harvard Kennedy School, working paper.

He, Dong. 2000. "Emergency Liquidity Support Facilities." International Monetary Fund, Working Paper WP/00/79.

Holland Martin, Robert. 1910. "The London Bankers Clearing House." In *The English Banking System*, edited by Hartley Withers, 267– 91. Senate Doc. No. 492, 61st Cong., 2nd Sess. Washington, DC: Government Printing Office.

Hördahl, Peter, and Michael King. 2008. "Developments in Repo Markets during the Financial Turmoil." *BIS Quarterly Review*, December, 37– 53.

International Monetary Fund. 2000. "Recovery from the Asian Crisis and the Role of the IMF."

https:// www .imf .org/ external / np/ exr/ ib/ 2000/ 062300 .htm #II.

———. 2003. "Lessons from the Crisis in Argentina." Prepared by the Policy Development and Review Department, working paper.

———. 2012. "Spain: The Reform of Spanish Savings Banks Technical Notes." International Monetary Fund, Country Report No. 12/141.

Investment Company Institute. 2009. *2009 Investment Company Fact Book.* 49th ed. Washington, DC: Investment Company Institute.

Jacobson, Margaret M., Eric M. Leeper, and Bruce Preston. 2017. "Recovery of 1933." Unpublished manuscript, Indiana University.

Jalil, Andrew. 2015. "A New History of Banking Panics in the United States, 1825 – 1929: Construction and Implications." *American Economic Journal: Macroeconomics* 7: 295– 330.

James, John, Jamies McAndrews, and David Weiman. 2013. "Panics and the Disruption of Private Payments Networks: The United States in 1893 and 1907."

Unpublished working paper. https:// gc .cuny .edu / CUNY _GC / media/ CUNY -Graduate -Center/ PDF/ Programs/ Economics/ Seminar %20papers/ James -McAmdrews -Weiman .pdf.

James, John, and David F. Weiman. 2010. "From Drafts to Checks: The Evolution of Correspondent Banking Networks and the Formation of the Modern U.S. Payments System, 1850 – 1914." *Journal of Money, Credit and Banking* 42(2– 3): 237– 65.

Joplin, Thomas. N.d., after 1832. *Case for Parliamentary Inquiry into the Circumstances of the Panic* [of 1825], *a Letter to Thomas Giscourne, Esq., M.P.* London: James Ridgeway and Sons.

Kane, Thomas. 1922. *The Romance and Tragedy of Banking*. New York: Bankers Publishing.

Kaufman, George. 2004. "Too Big to Fail in U.S. Banking: Quo Vadis? " In *Too-Big- to- Fail: Policies and Practices*, edited by Benton Gup, 153– 68. Santa Barbara, CA: Praeger.

Kemmerer, Edwin R. 1910. *Seasonal Variations in the Relative Demand for Money and Capital in the United States*. Washington, DC: Government Printing Office.

Kindleberger, Charles. 2005. *Manias, Panics, and Crashes: A History of Financial Crises*. Hoboken, NJ: Wiley.

King, Mervyn. 2010. "Banking— from Bagehot to Basel, and Back Again." Speech at the Second Bagehot Lecture, Buttonwood Gathering, New York, October 25. http:// www .bis .org/ review/ r101028a .pdf ? frames = 0.

King, W. T. C. 1935. "The Extent of the London Discount Market in the Middle of the Nineteenth Century." *Economica* 2: 321– 26.

———. (1936) 1972. *A History of the London Discount Market*. London: Routledge.

Kniffifi n, William. 1916. *The Practical Work of a Bank*. New York: Bankers Publishing.

Kress, Wilson. 1896. *Pennsylvania State Reports*, vol. 173, containing cases adjudged in the Supreme Court of Pennsylvania. New York: Banks and Brothers.

Krishnamurthy, Arvind. 2010. "How Debt Markets Have Malfunctioned in the Crisis." *Journal of Economic Perspectives* 24(1): 3– 28.

Krishnamurthy, Arvind, and Annette Vissing- Jørgensen. 2012. "The Aggregate Demand for Treasury Debt." *Journal of Political Economy* 120: 233– 67.

Krozner, Randall. 1999. "Is It Better to Forgive Than to Receive? Repudiation of the Gold Indexation Clause in Long- Term Debt during the Great Depression." University of Chicago, Booth School of Business, working paper.

Laeven, Luc, and Fabián Valencia. 2008. "The Use of Blanket Guarantees in Banking Crises." International Monetary Fund, Working Paper WP/08/250.

———. 2012. "Systemic Banking Crises Database: An Update." International Monetary Fund, Working Paper WP/12/163.

Lane, Timothy, and Marianne Schulze- Ghattas. 1999. "IMF- Supported Programs in Indonesia, Korea, and Thailand: A Preliminary Assessment." International Monetary Fund Occasional Paper 178.

Laughlin, J. Laurence. 1912. *Banking Reform*. Chicago: National Citizens' League.

Lowrey, Annie. 2014. "How the Fed Saw a Recession and Then Didn't." *Economix* (*New York Times* blog), February 21. https:// economix .blogs .nytimes .com / 2014/ 02/ 21/ how -the -fed -saw -a -recession -then -didnt -then -did/.

Macey, Jonathan, and Geoffrey Miller. 1992. "Double Liability of Bank Shareholders: History and Implications." *Wake Forest Law Review* 27: 31– 62.

Mankiw, Gregory. 2011. *Principles of Economics*. Mason, OH: South- Western Cengage Learning.

Marquis, Ralph, and Frank Smith. 1937. "Double Liability for Bank Stock." *American Economic Review* 27: 490 – 502.

Martin- Aceña, Pablo. 2014. "The Savings Bank Crisis in Spain: When and How." Asociación Española de Historia,Documentos de Trabajo No. 1404.

McCabe, Patrick. 2015. "The Cross Section of Money Market Fund Risks and Financial Crises."

Board of Governors of the Federal Reserve System, working paper.

McLeod, Ross. 2004. "Dealing with Bank System Failure: Indonesia, 1997– 2003." *Bulletin of Indonesian Economic Studies* 40: 95– 116.

Moen, Jon, and Ellis Tallman. 2000. "Clearinghouse Membership and Deposit Contraction during the Panic of 1907." *Journal of Economic History* 60: 145– 63.

———. 2015. "Close but Not a Central Bank: The New York Clearing House and Issues of Clearing House Loan Certificates." In *Current Policy under the Lens of Economic History*, edited by Owen Humpage, 102– 25. New York: Cambridge University Press.

Muhleman, Maurice Louis. 1908. *Monetary and Banking Systems*. New York: Monetary Publishing.

Noyes, Alexander. 1894. "The Banks and the Panic of 1893." *Political Science Quarterly* 9(1): 12 – 30.

———. 1901. *Thirty Years of Finance*. New York: G. P. Putnam's Sons.

———. 1909. "A Year after the Panic of 1907." *Quarterly Journal of Economics* 23: 185– 212.

Officer, Lawrence. 1986. "The Effifi ciency of the Dollar- Sterling Gold Standard, 1890 – 1908." *Journal of Political Economy* 94: 1038 – 73.

———. 2008. "Gold Standard." EH.Net Encyclopedia, edited by Robert Whaples. March 26.

http:// eh .net / encyclopedia/ gold -standard/.

O'Sullivan, Mary. 2007. "The Expansion of the U.S. Stock Market, 1885 – 1939: Historical Facts and Theoretical Fashions." *Enterprise and Society* 8: 489– 542.

Parker, Randall. 2002. *Refifl ections on the Great Depression*. Northampton, MA: Edward Elgar.

———. 2008. *The Economics of the Great Depression*. Northampton, MA: Edward Elgar.

Peristian, Stavros, Donald Morgan, and Vanessa Savino. 2014. "The Information Value of the Stress Test and Bank Opacity." *Journal of Money, Credit and Banking* 46(7): 1479– 1500.

Perry, Guillermo, and Luis Servén. 2003. "The Anatomy of a Multiple Crisis:

Why Was Argentina Special and What Can We Learn from It? " World Bank Policy Research, Working Paper 3081.

Poor, Henry V. 1877. *Money and Its Laws.* New York: H. V. and H. W. Poor.

Powell, Andrew. 2002. "Argentina's Avoidable Crisis: Bad Luck, Bad Economics, Bad Politics, Bad Advice." *Brookings Trade Forum*, 1– 58.

Pressnell, Leslie. 1956. *Country Banking in the Industrial Revolution.* Oxford: Clarendon Press.

Radelet, Steven, and Jeffrey D. Sachs. 1998a. "The East Asian Financial Crisis: Diagnosis, Remedies, Prospects." *Brookings Papers on Economic Activity* 1: 1– 90.

———. 1998b. "The Onset of the East Asian Financial Crisis." National Bureau of Economic Research, NBER Working Paper 6680.

Redlich, Fritz. 1947. *The Molding of American Banking.* New York: Hafner.

———. 1951. *The Molding of American Banking, Men and Ideas. Part II, 1840 – 1910.* New York: Hafner.

Reinhart, Carmen M., and Kenneth S. Rogoff. 2009. "The Aftermath of Financial Crises." *American Economic Review* 99(2): 466 – 72.

Robertson, Adriana. Forthcoming. "Shadow Banking, Shadow Bailouts." *Delaware Journal of Corporate Law.*

Rodgers, Mary Tone, and Berry Wilson. 2011. "Systemic Risk, Missing Gold Flows, and the Panic of 1907." *Quarterly Journal of Austrian Economics* 14: 158 – 87.

Rodrik, Dani, and Andrés Velasco. 1999. "Short- Term Capital Flows." National Bureau of Economic Research, NBER Working Paper 7364.

Rohdé, Lars. 2011. "Lessons from the Last Financial Crisis and the Future Role of Institutional Investors." *OECD Financial Market Trends* 1(1): 1– 6.

Santos, Tano. 2017a. "Antes del Diluvio: The Spanish Banking System in the First Decade of the Euro." In *After the Flood: How the Great Recession Changed Economic Thought,* edited by Edward Glaeser, Tano Santos, and Glen Weyl. Chicago: University of Chicago Press.

———. 2017b. "El Diluvio: The Spanish Banking Crisis, 2008 – 2012." Columbia University, Department of Finance, working paper. Schmukler, Sergio, and Luis Servén. 2002. "Pricing Currency Risk under Currency Boards." *Journal of Development Economics* 69: 367– 91.

Schwert, G. William. 1990. "Indexes of United States Stock Prices from 1802 to 1987." *Journal of Business* 63: 399– 426.

Scott, David. 2002. "A Practical Guide to Managing Systemic Financial Crises: A Review of Approaches Taken in Indonesia, The Republic of Korea, and Thailand." http:// unpan1 .un .org/ intradoc/ groups/ public/ documents/ APCITY/ UNPAN021162 .pdf.

Securities Industry and Financial Markets Association (SIFMA). 2008. "Repo Average Daily Amount Outstanding Increases in the First Quarter." *Research Quarterly* 3(8): 9. https:// www .sifma .org/ wp -content / uploads/ 2017/ 05/ us -research -quarterly -2008 -q2 .pdf.

Shin, Hyun. 2009. "Reflfl ections on Northern Rock: The Bank Run That Heralded the Global Financial Crisis." *Journal of Economic Perspectives* 23: 101– 19.

———. 2010. "Macroprudential Policies beyond Basel III." In *Macroprudential Regulation and Policy*, Bank for International Settlements, BIS Papers, No. 60, 5– 15.

Silber, William. 2008. *When Washington Shut Down Wall Street: The Great Financial Crisis of 1914 and the Origins of America's Monetary Supremacy*. Princeton, NJ: Princeton University Press.

Smith, Gordon. 1908. "Clearing- House Examinations." *Bankers' Magazine* 76: 177– 78.

Spector, Hector. 2008. "Constitutional Transplants and the Mutation Effect." *Chicago- Kent Law Review* 83: 129– 44.

Sprague, O. M. W. 1908. "The American Crisis of 1907." *Economic Journal* 18(71): 353– 72.

———. 1910. *History of Crises under the National Banking System*. Senate Doc. No. 538, 61st Cong., 2nd Sess. Washington, DC: Government Printing Office.

Squire, Newton. 1888. *The New York Clearing House, Its Methods and Systems, and a Description of the London Clearing House, with Valuable Statistics and Other Information*. New York: Arthur & Bonnell.

Swanson, William Walker. 1908a. "The Crisis of 1860 and the First Issue of Clearing- House Certificates: I." *Journal of Political Economy* 16(2): 65– 75.

———. 1908b. "The Crisis of 1860 and the First Issue of Clearing- House Certificates: II." *Journal of Political Economy* 16(4): 212– 26.

Tallman, Ellis W. 2013. "The Panic of 1907." In *The Handbook of Major Events in Economic History*, edited by Randall E. Parker and Robert Whaples, 50 – 66. New York: Routledge.

Tallman, Ellis W., and Jon R. Moen. 1990. "Lessons from the Panic of 1907." *Federal Reserve Bank of Atlanta Economic Review* 75(3) (May/June): 2 – 13.

———. 2012. "Liquidity Creation without a Central Bank: Clearing House Loan Certificates in the Banking Panic of 1907." *Journal of Financial Stability* 8: 277– 91.

Thrall, Jerome. 1916. The Clearing House. New York: American Bankers Association.Timberlake, Richard. 1984. "The Central Banking Role of Clearinghouse Associations." *Journal of Money, Credit and Banking* 16: 1– 15.

———. 1993. *Monetary Policy in the United States: An Intellectual and Institutional History*. Chicago: University of Chicago Press.

Warner, John De Witt. 1895. "The Currency Famine of 1893." *Sound Currency* 2: 1– 20.

Wicker, Elmus. 1966. *Federal Reserve Policy, 1917– 1933*. New York: Random House.

———. 2000. *Banking Panics of the Gilded Age*. Cambridge: Cambridge University Press.

Wood, John. 2003. "Bagehot's Lender of Last Resort: A Hollow Hallowed Tradition." *Independent Review* 7: 343– 51.

Xie, Lei. 2012. "The Seasons of Money: ABS/MBS Issuance and the Convenience Yield." Yale School of Management, working paper.

附录 A：表 8.1 的详细内容

介绍性评论

在实践中，恐慌开始日（第1栏）、暂停支付日（第4栏）和支付恢复日（第7栏）并不像表中所列那么清楚，其实这些事件并没有明确的开始日期。文献中通常将"恐慌开始日"定义为一家大型银行第一次破产并导致其他银行暂停支付的日期。我们认为，在此之前个别银行的暂停支付并不属于危机的一部分。

要确定暂停支付日和支付恢复日，重要的是要把在各种危机中发生的各种形式的暂停支付（换言之，可兑换性）区分开来。威克（2000）和斯普瑞格（1910）指出，纽约市银行的支付限制和向内陆输送货币并不一样，而且纽约市银行的限制支付始终只是限制部分支付，在使用"票据清算所保付支票"或在有储蓄银行提前通知提款的情况下，储户仍然可以提取现金。《泰晤士报》和《纪事报》从来不提及暂停支付的确切形式和范围，在提及支付恢复日时也含糊不清。一般来讲，在恐慌开始时一切都处于混乱状态，而恢复支付似乎都是在悄无声息中进行的，票据清算所也不对外宣布何时暂停支付、何时恢复支付。下面将一

表A.1 表8.1和8.2详情

恐慌开始年份	恐慌开始日	票据清算所中止发布银行特定信息日	票据清单所首次发放贷款凭证日	暂停支付日	货币溢价成为正数的首日	货币溢价率归零日	支付恢复日	最后发放贷款凭证日	银行信息恢复日	取消贷款凭证日
1874	A1	A2	A3	A4	A5	A6	A7	A8	A9	A10
1884	B1	B2	B3	B4	B5	B6	B7	B8	B9	B10
1890	C1	C2	C3	C4	C5	C6	C7	C8	C9	C10
1893	D1	D2	D3	D4	D5	D6	D7	D8	D9	D10
1907	E1	E2	E3	E4	E5	E6	E7	E8	E9	E10

步讨论表8.1中的每个日期。

表8.1的详细信息

请参阅表A.1，该表与表8.1相对应。以下探讨表中的每个单元。

1873 年的恐慌

A1.虽然也有其他公司在此日之前倒闭，但自杰伊·库克公司（Jay Cooke Company）倒闭后，纽约及内地的其他银行和券商才陆续出现挤兑。威克（2000，20）也赞成这一观点，他说："引起全国关注和震惊的是9月18日杰伊·库克公司的破产。"

"券商凯恩·考克斯公司（Kenyon Cox Company）暂停营业的影响远不如杰伊·库克公司那么大。杰伊·库克公司于9月18日（周四）破产，随后一些规模较小的股票经纪公司也陆续倒闭。"（《商业与金融纪事报》，1873年9月20日，382）

A2.纽约票据清算所最后一次发布各银行及银行系统总体数据的时间是9月20日，之后就再也没有发布过（《纽约时报》，1873年9月21日；《商业与金融纪事报》，1873年9月27日和10月4日）。

A3.纽约票据清算所协会于9月20日在《纽约时报》和《商业与金融纪事报》上发布官方公告（《商业与金融纪事报》，1873年9月27日；《纽约时报》，1873年9月21日）。1907年的《美国货币监理署年度报告》给出的清算所首次发放贷款凭证的日期是1873年9月22日（66）。

A4. 纽约票据清算所于9月22日决定，协会会员行开立的所有支票必须经纽约票据清算所认证，并于9月24日宣布所有保付支票必须盖有清算所印章或写有"通过结算所支付"字样（《纽约时报》，1873年9月25日；《纽约时报财经版》，1873年9月23日）。

虽然该决议决定，银行可以暂停支付部分现金，但这并不意味着银行可以拒绝向储户支付任何货币，银行只可以在纽约票据清算所委员会的监督下逐渐减少货币供应量。事实上，暂停支付也仅限于纽约市的银行，其他地区的银行还像以前那样自由支付（参见威克，2000，21，32；也见斯普瑞格，1910，54）。

在1873年9月20日，清算所又制定了储备均衡与集中政策。

A5.斯普瑞格（1910，57）。

A6.斯普瑞格（1910，57）。

A7.10月24日，纽约票据清算所协会宣布，从11月1日起结束外汇储备库安排。继续使用贷款凭证，直至其到期。至于是否在该日实施现金全额支付，我们尚不清楚（《商业与金融纪事报》，1873年11月1日，589；《纽约时报》，1873年10月24日）。

现金支付恢复日是11月1日，但《商业与金融纪事报》或《纽约时报》并没有提及恢复支付现金或保付支票事宜。

A8.《美国货币监理署年度报告》（1907，66）。

A9.在11月15日和11月22日，清算所仅发布了全部银行的整体信息，这一信息刊登在11月29日的《商业与金融纪事报》上（《商业与金融纪事报》，1873年11月29日，715）。

12月6日，清算所首次发布具体银行的信息，刊载于12月13日的《商业与金融纪事报》上（《商业与金融纪事报》，1873年12月13日，799）。

A10.《美国货币监理署年度报告》（1907，66）。

1884 年的恐慌

B1. 海事国民银行（纽约票据清算所协会成员）和华尔街经纪公司格兰特–沃德经纪公司于3月6日（星期二）破产（《商业与金融纪事

报》，1884年5月10日，563；"华尔街震惊"，《纽约时报》，1884年5月7日，1）。

在3月14日星期三的股市开盘前，美国第二国民银行（纽约票据清算所协会成员行）总裁的300万美元诈骗案被公之于众（《商业与金融纪事报》，1884年5月17日，589；"流失了两百万"，《纽约时报》，1884年5月14日，1）。

3月14日星期三，大都会国民银行（纽约票据清算所协会成员行）倒闭成为危机的"最后的冲击波"，也是"恐慌的导火索"（《商业与金融纪事报》，1884年5月17日，582，589；"濒临恐慌"，《纽约时报》，1884年5月14日，1）。

B2.清算所在5月17日发布每周银行声明时，大都会国民银行和第二国民银行还赫然在列，但已不见了海事国民银行的踪影（《商业与金融纪事报》，1884年5月24日，617）。

5月24日清算所并没有发布新的银行信息，只是将5月17日的银行信息重新发布了一遍（《商业与金融纪事报》，1884年5月31日，644）。

B3.清算所于5月14日授权其贷款委员会发放贷款凭证［斯普瑞格，（1910，113），引自《美国货币监理署年度报告》（1884，33）；《商业与金融纪事报》，1884年5月17日，589；"濒临恐慌"，《纽约时报》，1884年5月14日，1］。1907年的《美国货币监理署年度报告》将贷款凭证的发行日期定为5月15日（66）。

B4."任何时候都没有出现黄金和货币暂停支付。"[斯普瑞格（1910，114），引自《美国货币监理署年度报告》（1884，33）]

B5.《纽约时报》《纽约论坛报》以及《华尔街日报》。

B6.不适用。

B7.不适用。

B8.《美国货币监理署年度报告》（1907，66）。

B9.5月31日，每周一次的银行信息例行发布制度恢复，大都会国民银行和第二国民银行的信息被公布，但海事国民银行的信息不在发布之列（《商业与金融纪事报》，1884年6月7日，670）。

《商业与金融纪事报》评论说，每周一次的银行信息例行发布制度的恢复"有助于恢复市场的信心"（《商业与金融纪事报》，1884年6月7日，668）。

B10.《美国货币监理署年度报告》（1907，66）。

1890 年的恐慌

C1.英格兰银行在11月6日（周四）的每周例会上刚刚宣布维持现有贴现率不变，但在11月7日（周五）却出人意料地将贴现率从5%上调至6%。这种"异常"的举动给人们带来了一种"不安"的感觉（《商业与金融纪事报》，1890年11月8日，624；《纽约时报》，1890年11月8日，6）。

11月10日星期一，纽约证券交易所谣传英格兰银行已将贴现率提高至7%（《商业与金融纪事报》，1890年11月15日，667）。

C2.11月15日，清算所照常发布每周一次的银行详细信息（《商业与金融纪事报》，1890年11月22日，705）。但是，11月22日并未发布本周的银行详细信息，而是重复发布了11月15日的银行信息（《商业与金融纪事报》，1890年11月29日，741）。

C3.11月11日星期二，清算所授权贷款委员会发行的贷款凭证（斯普瑞格，1910，141–142；《商业与金融纪事报》，1890年11月15日，667；"公司破产，银行震颤"，《纽约时报》，1890年11月12日，1）。1907年的《美国货币监理署年度报告》将11月12日定为发放贷款凭证的首日（66）。

C4.“在发放贷款凭证后，银行并没有暂停支付。”[斯普瑞格，
（1910，145）]。

C5.不适用。

C6.不适用。

C7.不适用。

C8.《美国货币监理署年度报告》（1907，66）。

C9.《商业与金融纪事报》指出，自3月7日起，清算所宣布“自11月15日起恢复银行详细信息的发布制度”（《商业与金融纪事报》1891年3月14日，406）。

C10.《美国货币监理署年度报告》（1907，66）。

1893 年的恐慌

D1.斯普瑞格（1910，418）将6月4日星期天称为“恐慌周开始的第一天”。

D2.6月10日，清算所照例发布了每周银行详细信息（《商业与金融纪事报》，1893年6月17日，999）。但是在6月17日并未发布新的每周银行详情，而是重复发布了6月10日的银行信息，并声明将继续公布银行业的整体情况（《商业与金融纪事报》，1893年6月24日，1046，1048；“金融与商业”，《纽约时报》，1893年6月18日，14）。

D3. 6月15日星期四，清算所授权其贷款委员会发放贷款凭证[斯普瑞格（1910，170，409-410）；《商业与金融纪事报》，1893年6月17日，997；“贷款凭证的发行将要启动”，《纽约时报》，1893年6月16日，8]。1907年《美国货币监理署年度报告》给出的贷款凭证首发行日期为6月21日（66）。

“尽管纽约市的银行没有发生挤兑，纽约票据清算所还是在6月15

日采取了非同寻常的措施，批准了清算所贷款凭证。"（威克，2000，64）

D4."8月3日，纽约市的银行虽然没有完全暂停支付，但也采取了严厉的措施，限制储户提现。"（威克，2000，77）

7月28日，纽约所有的储蓄银行行长聚在一起，召开了一次会议，建议所有的信托行"在需要采取行动时"，执行有关提款限制的规定。这一行动有些"出乎意料，引起了人们的不安"。虽然每家银行都有自己的规定，但是在非常时期大家需要遵守共同的规则，即储户的提款金额超过100美元，应提前30天通知储蓄行；超过300美元，应提前60天通知储蓄行（"银行可以持有存款"，《纽约时报》，1893年7月29日，1；"金融与商业"，《纽约时报》，1893年7月30日，14）。

斯普瑞格（1910，177–178，181–182）指出，纽约市的银行从8月1日或2日开始采取部分暂停支付的措施，但这种暂停"绝不是完全停止支付"。

《商业与金融纪事报》指出，纽约市的储蓄银行在8月5日那天开始执行《提取存款的法律通知》（《商业与金融纪事报》，1893年8月5日，196）。

*《提取存款的法律通知》制定于7月28日（星期五）。执行日期从8月1日至8月3日。

D5.斯普瑞格（1910，187）。

D6.斯普瑞格（1910，187）。

D7.斯普瑞格（1910，189–190）表示，他确信在9月2日前恢复到25%的准备金率的银行"取消了对支付的限制"。

《商业与金融纪事报》称，"储户应在取款30日前通知（纽约）储蓄银行的规定将于周四（8月31日）到期。清算所可以以黄金支付，也可以凭会员行开具的保付支票支付，由储户选择"（《商业与金融纪事报》，1893年9月2日，356）。

《纽约时报》提请储户们注意，8月31日是《提取存款的法律通知》到期日，并表示清算所兑付5000美元以下的支票"没有困难"（参见"金融与商业"，《纽约时报》，1893年9月1日，6）。

D8.《美国货币监理署年度报告》（1907，66）。

D9.《商业与金融纪事报》在每期都指出，只要票据清算所贷款凭证仍未结清，就不会发布会员行的具体信息。

最后一张贷款凭证于11月1日被取消，接下来的星期六即11月4日清算所将重新发布会员行的具体信息。11月11日也将持续发布。清算所于11月4日那天重复发布6月10日的银行信息（《商业与金融纪事报》，11月4日和11月11日，1893年，754，800；"金融与商业"，《纽约时报》，1893年11月5日，14）。

《商业与金融纪事报》原来刊登的几篇报道，也谈到了清算所重新发布银行信息的日期：

波士顿银行……今天取消了最后一张贷款凭证；而纽约市银行的未偿贷款凭证金额降至278.5万美元，这一数字将会在几天内消失（《商业与金融纪事》，1893年10月21日，668）。

本周被取消的清算所贷款凭证的金额已达到125.5万美元，未偿金额降至152.5万美元。预计所有的贷款凭证将于10月31全部到期（《商业与金融纪事报》，1893年10月28日，701）。

D10.《美国货币监理署年度报告》（1907，66）。

1907 年的恐慌

E1.人们对此次恐慌的开始日期存有争议。1907年10月16日，坊间到处流传着联合铜业公司董事会背信弃义的谣言，由此引发了人们对董事会成员可能在其他公司参与不良业务的猜测，导致了一些金融机构发生临时挤兑或破产，例如商业国民银行。然而，联合铜业公司本身并不是一家最重要的公司。实际上，我们可以说危机开始于10月22日。当时重要的信托公司尼克博克信托公司采取了暂停支付措施，结果引起了连锁反应，许多信托公司争相效仿（参见《纽约时报》，1907年10月17日和23日）。威克认为，10月22日尼克博克信托公司的破产标志着危机的开始。之前发生的一些事件只能被视为"恐慌的前兆"，因为它只涉及与铜市场有关的银行，而没有出现人们普遍失去信心的情况（见威克，2000，9，88）。

E2.10月26日，清算所在《商业与金融纪事报》发布了银行（包括会员银行和非会员银行）的详细信息。11月1日，清算所在《泰晤士报》上宣布本周（即11月2日）将不再发布银行的详细信息，只发布银行业的汇总信息（《商业与金融纪事报》，1907年11月2日，1124；《纽约时报》，1907年11月1日）。

E3.10月26日，清算所授权贷款委员会发行票据清算所贷款凭证（斯普瑞格，1910，271；《纽约时报》，1907年10月27日）。

E4.根据斯普瑞格（1910，260）的说法，10月26日这一天，现金支付和票据清算所贷款凭证一起被暂停，储蓄银行开始执行60天或90天提款法律通知（《纽约时报》，1907年10月26日）。

E5.斯普瑞格（1910，280–282）。

E6.斯普瑞格（1910，280–282）。

E7."直到1月初，银行才完全恢复现金支付。纽约票据清算所按一定的溢价率进行货币买卖整整持续了两个月。"（斯普瑞格，1910，278）威克引用的支付恢复日期为1月1日（威克，2000，9）

E8.《美国货币监理署年度报告》（1908，65）。

E9.从2月8日起，清算所恢复对外发布信息。在2月15日的《商业与金融纪事报》上，清算所将发布各个银行的具体信息（包括会员银行和非会员银行），包括银行业的整体情况（《商业与金融纪事》，1908年2月15日，403；《纽约时报》，1908年2月9日，13）。

E10.《美国货币监理署年度报告》（1908，65）。

表 8.2 的详细信息

请参阅表A.1，该表对应于表8.2中的每项信息。下面将对其展开讨论。

1873 年的恐慌

A1.杰伊·库克公司破产：刊载于1873年9月18日《费城公报》、1873年9月19日《费城问询报》的第一版和1873年9月19日的《费城公共记录报》。

A2.《费城公共记录报》，1873年9月30日；《费城公报》，1873年9月29日。清算所在1873年9月30日那一期《费城问询报》的第6版上发布了各银行的具体信息，但在下一期，即10月7日，就开始隐瞒此类信息。据1873年9月30日《费城公共记录报》的报道："昨天，结算所并没有发布银行的具体信息。我们认为这一政策是错误的。"

A3.据1873年9月24日《费城问询报》头版头条的报道："黄金交易银行的清算工作已经结束，将照常支付余额。昨天，结算所已发行了金额为150万美元的贷款凭证。据估计，银行对贷款凭证的需求很可能会达到1000万美元，因此，票据清算所协会决定增加贷款额度。"据1873年9月26日《费城公共记录报》的报道："票据清算所协会贷款委员会已决定额外发行1000万美元贷款凭证，专门供与协会有关的银行使用。就在昨天，贷款委员会已发行了金额为250万美元的贷款凭证。到目前为止，已发行的贷款凭证金额已达到1250万美元。银行也同意以高出政府发行价的3%或1%从个人手中回购1000万美元国债，并免费上缴国库，权当履行了社会责任。"次日，即1873年9月27日的《费城公共记录报》报道："昨天，费城票据清算所开始发行了52万美元的贷款凭证，仅用于银行间结算。"

坎农（1910a，86-88）对此引述如下：

> 费城清算所协会第一次成功实施了1860年以来纽约一直执行的方案。与纽约票据清算所一样，它也指定了一个贷款委员会，并授权其发行清算所贷款凭证。1873年9月24日，清算所通过了授权决议，并于10月18日对决议进行了如下修改。

> 为使费城票据清算所协会会员行能向商业或制造业提供适当的帮助，促进银行间的日常结算，我们——签署人，特拟以下协议供各方遵守。

> 第一，清算所授权贷款委员会向任何银行和协会会员行发放贷款凭证。本凭证应按应收票据及其他证券存款的6%计息，凭证金额及发行比例由贷款委员会决定。凭证余额应在清算所结算，债权银行应按照清算所支付给债务人余额相同的比例接受这些凭证。持有贷款凭证的借款行应按月付息。

> 第二，存入上述委员会的证券应由其以信托形式持有。证券以特别存款形式做质押的，凭贷款赎回。委员会以担保证券待之。清算所协会、清算所贷款委员会以及任何会员行均不对上述抵押物因无法提出要求或抗诉，或因任何其他疏忽或遗漏而造成的损失负责，但与上述存款行有书面约定的除外。

第三，在委员会收到储蓄行提交的一份或几份贷款凭证时，应在背面全额背书，表明已向该凭证持有行支付，并将返回其质押的相应金额的证券，但该行通过票据清算所进行的交易中有违约情形的除外。在此情况下，该证券将由委员会首先用于支付未偿凭证的利息；其次用于清算其他银行或清算所会员行的债务。

第四，委员会有权要求借款行将上述证券的任何部分更换为其他证券，或经批准有权自行决定要求提交其他质押证券。

第五，授权清算所委员会全面执行本协议，有权制定其认为必要的实际操作规则和条例。有权根据资本比率对因未偿付贷款凭证造成的损失的任何银行进行评估。

第六，因执行本协议产生的费用应由各银行按资本金比例分摊。

第七，清算所委员会在协会任何会议上有权宣布本协议30天后终止。

根据上述决议，清算所签发了许多贷款凭证，至1873年12月1日，凭证未偿金额达到顶峰，即628.5万美元。

A4.据1873年9月22日《费城公共记录报》的报道，联合银行和以诺·怀特·克拉克金融公司（E. W .Clark Company）对储户实施了暂停支付。

A5.《费城问询报》，1873年9月26日，第1版；《费城公共记录报》，1873年9月26日，第4版。据《费城问询报》的报道："按照昨日达成的协议，清算所协会会员行正在集中资金。其中有一两家实力强大的银行在最开始时并不愿意这样做，但是由于怕被逐出协会，最终还是同意了该协议。不过，目前储户还不能从银行提现。但人们今天用美元兑换保付支票时，出现了从1%到3.5%不等的溢价率。今日晚间，票据清算所贷款委员会共发行了1700万美元的贷款凭证。"

A6.据1873年10月25日《费城公共记录报》的记载，在1873年10月24日，货币首次与保付支票出现平价。然而，《费城问询报》却报道说，至少在1873年10月27日，货币溢价率很可能会变成正数。"当纽约出现货币溢价时，大量资金将从我们这里流出，直至银行的资金枯竭，而这种政策可能会造成的灾难性后果就连初涉金融的新人也能想象得出来。"（6）

A7.据1873年11月18日《费城问询报》第6版的报道："昨日，银行在恢复支付时资金相当充足，就像上周末一样。"

A9.《费城问询报》，1873年12月2日，第6版；《费城公共记录报》，1873年12月2日；《费城公报》，1873年12月1日。

1890 年的恐慌

C1.坎农（1910a，91）；《费城问询报》，1890年11月12日，第1—2版；《费城公共记录报》，1890年11月12日，第1版和第8版；《新闻报》，1890年11月12日，第1版。

C2.《费城问询报》，1890年11月18日，第7版；《费城公共记录报》，1890年11月18日。

C3.坎农（1910a，94），1890年11月19日的《费城问询报》第7版写道："昨日，费城清算所协会根据案件的情况，在货币市场上采取了行动，决定向有关银行发放贷款凭证，用于余额结算。纽约票据清算所协会和波士顿票据清算所协会通过这种措施，将票据清算所所有的会员行紧密地联系在了一起。这就是所谓的'一荣俱荣'。不管哪家银行，只要它有优质的抵押物或可接受的商业票据，都可以从其他的银行获得贷款，即开立支票的银行不必向代收行支付现金，只要持有有充分担保的到期汇票即可。这样，票据清算所协会所有会员行就可以资源共享了。"

C4.巴克兄弟公司于1890年11月20日暂停支付，但该市在随后并未发生大范围的暂停支付（参见《费城问询报》，1890年11月21日，第7版）。

C5.不适用。

C6.不适用。

C7.不适用。

C8.不适用。

C9.《费城问询报》，1891年2月17日，第10版；《费城公共记录报》，1891年2月17日，第8版。

C10.参见C3。

1893 年的恐慌

D1.《费城问询报》，1893年6月16日，第5版。

D2.《费城问询报》，1893年6月20日，第5版；《费城公共记录报》，1893年6月20日。

D3.《费城问询报》，1893年6月16日，第5版。

D4.1893年8月8日的《费城问询报》写道："州内各银行对本市银行采取的不尽如人意的做法普遍表示不满。费城银行不仅拒绝向县级银行提供现金，而且在它们困难之时，也拒绝履行其承诺。换句话讲，在发生挤兑时，这些县级银行既无法从费城银行获得现金也无法获得流动性。这种做法根本无法打消县级银行对未来的顾虑。还有一件事情引起了各银行的普遍不满，即费城票据清算所拒绝公布其发行的贷款凭证金额。而其他城市的票据清算所都非常愉快地公布了贷款凭证的数额，唯独费城票据清算所认为这是个可怕的秘密，不能向社会公布，结果只有申请到贷款凭证的银行才知道其具体数额。公众能得到的唯一线索是费城票据清算所在7月12日提交给货币监理署的报告中提到的未偿贷款金额，在报告中的项目是'其他负债'，金额达587万美元，而在5月4日的报告中此项目仅为51万美元。在如今这个时代，保密只会引起人们的怀疑，而一个简单的声明就能消除人们的顾虑。银行已从储户的身上得其所需，但也亏欠很多。其他城市的清算所在发放贷款凭证时并没有给公众造成任何伤害，而费城的储蓄行并不知道公众一旦了解关于金融界可怕秘密的信息后会有什么反应。把此事公之于众的时候到了。对贷款凭证金额严格保密只能得出这种结论，即贷款凭证的金额太大了，以至于清算所的官员们害怕外界知道。"

D5.1893年8月10日的《费城问询报》第5版，1893年8月9日的《费城公报》第1版写道："第三街有一家银行打出了'溢价购买黄金和货币'的招牌，该公司的溢价率为1.5%。还有几笔业务，银行也打算以这种方式交易，预计每1000元15美元的溢价就能把储户的现金吸引过来。现钞持有者是通过银行支票支付的，他在向银行提示支票后，就会收到票据清算所开具的到期票据，然后就可以到开户行将其贷记到自己的账户上。"

D6.参见D7。

D7.《费城问询报》，1893年9月6日，第5版。

D8.1893年11月21日的《费城问询报》写道："票据清算所当局已恢复了公布自6月12日停止发布的详细银行信息。后来又有报道称，除少数票据清算所贷款凭证外，大多凭证已被取消了，而且有些凭证也即将到期。"

D9.《费城问询报》，1893年11月21日，第5版；《费城公共记录报》，1893年11月21日。

D10.《国会议事录》，第53届国会，第2次会议，第26卷（华盛顿特区政府印刷局），1894年6月2日，第5675页。

1907 年的恐慌

E1.1907年的危机首先起始于纽约，并迅速蔓延至全国。1907年10月22日的《费城问询报》和1908年10月22日的《费城公报》对此都进行了报道。

E2.《费城问询报》，1907年11月5日，第15版；《费城公共记录报》，1907年11月5日，第14版。

E3.清算所并没有直接发布发行清算所贷款凭证的消息。1907年11月4日的《费城问询报》提到了"票据清算所发放贷款凭证计划"一事。1907年11月5日有公告称，"在票据清算所贷款凭证未偿期间，费城国民银行遵循纽约票据清算所的先例，只发布了一份总结声明"。然而，在10月29日，有人提到"目前金融业的情况得益于清算所发行清算所贷款凭证、银行审查以及仅通过清算所向存款人支付银行支票的行动"，但尚不清楚这一消息是否与纽约或费城票据清算所有关。

E4.参见E3。

E5.据1907年11月5日《费城问询报》第15版的报道："在黄金进口到来之前，资金极度紧张。事实上，在这座城市里，要想获得大量的现金货币是极其困难的。货币的溢价率已从2%升至4%，经纪人正四处搜罗现币，并将这些货币溢价卖给那些必须用大量现金支付工资的企业和制造商。如果在周末之前银行的现金流还得不到改善，那么5美元、10美元和20美元的现金支票很可能就会流通起来。当地的银行关于资金短缺的声明显示了存款和准备金的大幅减少。"

E6.1907年12月11日的《费城问询报》第11版指出："在1907年12

月10日，市面上的货币溢价率为零。"但在1908年1月7日，有新闻报道称："昨天，在股票市场开盘时，买盘似乎有所增加，这主要是因为周六政府发布了银行经营有所好转、货币政策有望进一步量化宽松、货币溢价已经消除和票据清算所贷款凭证即将取消等消息。"这表明，截至1908年1月6日，货币溢价还是有可能存在的。此外，12月28日至30日的《费城公共记录报》也提到了货币溢价率下降的问题。12月30日，有一篇文章写道："投资者焦虑的源头清楚地体现在周末股市的强劲反弹上，而这种反弹是由货币溢价率大幅下降引起的。"

E7.《费城问询报》，1908年1月8日，第11版。

E8.1908年2月11日的《费城问询报》第11版写道："自10月29日以来，费城票据清算所协会昨日首次发布了一份有关各行详细数字的声明。在上周六，最后一张票据清算所贷款凭证已被取消。"

E9.参见E8。

E10.《费城询问报》，1908年2月11日，第11版；《费城公共记录报》，1908年2月11日，第12版。

附录 B：票据清算所支票托收流程

票据清算所的支票清算托收流程如下（摘自斯夸尔，1888，8-9）：

协会会员行每天派两名职员到清算所，一名是交割员，另一名结算员。交割员送汇票，结算员收汇票。他们在10点前集合，10点钟清算工作准时开始。结算员进来时，会向经理提供一张贷方报单，上面显示他从银行带来的兑换金额。10点钟时，经理及其助理以及其他的工作人员在前台就位，其中有一人是验证员，他会拿出一张验证单，然后把贷方报单上的信息填到这张单子上。兑换完成后，结算员们就将其银行的票据（称为借记票）的兑换结果送给验证员，验证员再将这些结果票据填写在表格中。在填好验证单后，从银行带来的金额（贷项票据）应该和清算所收到的金额（借项票据）相同，由此产生的余额也应该能证明这一点……

锣声一响，结算员马上就坐在自己的办公桌旁，桌子上摆放着结算单，上面记录着会员行的名称和对应的兑换金额。交割员前面也有一张桌子，桌子上放着一个盒子，盒子里放着按结算顺序排好的票据，此外，桌子上还放着一张收据清单（或称之为交割员声明），清单上的兑换金额与银行的名称和结算单上相同。

第一声锣响后，经理先检查所有的人员是否各就各位；第二声锣响，宣布结算开始。

交割员站起身来，将票据和收据清单送到下一个柜台；结算员收到单据后，按照票据记载把交易行的名称填在结算单上，就这样交易一直持续到所有银行的票据都被处理完毕后，交割员才返回到自己的办公桌……10分钟后，结算员开始制作结算单，结算单上记载着交易行的名称、收到的票据的种类和应收付款款项总金额……然后，他把从各行收到的材料汇总后，制作一张借记单，然后送交给总验证员……约半个小时后……到下午3点钟，交易所的交易就完成了。

附录 C：货币溢价对黄金输点及黄金进口的影响

本附录只对黄金输出点和输入点的"平均"情况进行了分析。点数是相关利率、运输和保险等成本函数。

与货币溢价对美国黄金进口盈利能力的影响相比，上述成本在短时间内波动较小。恐慌持续的时间一般都比较短，货币溢价随着时间的长短而变化。为清楚起见，我们举例说明1%和4%的货币溢价对黄金进口点的影响。

例如：美元—英镑汇率[1]

美元对英镑汇率的铸币平价：4.86656美元

黄金输入点（低于此值，美国进口黄金有利可图）：4.835美元

黄金输出点（高于此值，美国出口黄金有利可图）：4.899美元

假设市场汇率是每磅4.82美元，低于黄金输入点。那么，进口商需要拿4.82美元购买1英镑。如果货币出现溢价，1英镑等于4.86656美元，进口商就可以拿4.86656美元购买黄金，并运往美国。那么他的盈利就是4.86656－4.82美元=0.04656美元，或不到5美分。也就是说，4.82美元的投资回报率为0.966%。

货币溢价率为4%的情况下：

铸币平价：4.86656美元 × （1+0.04）=5.061美元

黄金输入点：4.835美元 × （1+0.04）=5.028美元

黄金输出点：4.899美元 × （1+0.04）=5.095美元

这对黄金输出点和输入点有什么影响？进口商以低于调整后的黄金进口点（根据纽约市货币市场中以美元计价的黄金价值进行调整）购买黄金，就会盈利。请注意，调整后的黄金进口点为5.028美元，高于正常的黄金出口点（4.899美元）。

货币溢价率为1%的情况下：

铸币平价：4.86656美元 × （1+0.01）=4.915美元

黄金输入点：4.835美元 × （1+0.01）=4.883美元

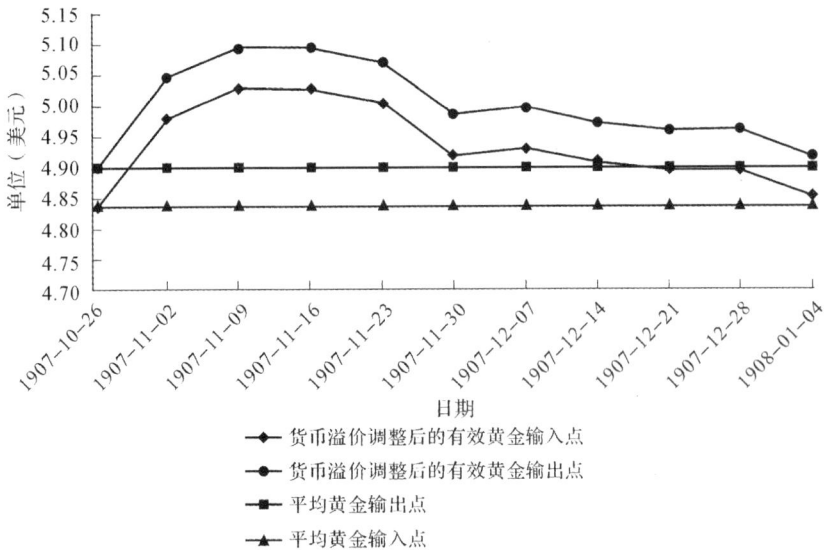

图 C.1　1907 年恐慌期间"有效"黄金输入和输出点

资料来源：2008 年的官方数据；货币溢价率日期为各期《纽约时报》和《纽约论坛报》记载的日期。

黄金输出点：4.899美元 ×（1+0.01）=4.948美元

危机期间，进口在低于有效黄金输入点（图C.1中带有菱形标记的线）的任何一点进口都有利可图。这一机制最值得注意的是，在危机期间货币在有溢价的那一段时间里黄金出口市场的汇率反而与黄金进口保持一致。在货币溢价4%的情况下，进口商只有以低于5.028的美元汇率进口黄金才有获利的机会。

在黄金点调整后的示例中，黄金进口商是这样支付的。比如说，黄金进口商以4.86656美元（铸币平价）购买1英镑，再用1英镑兑换成黄金运往美国，然后以4.86656美元兑换成黄金，再以4.86656美元 ×（1+货币溢价）卖出美元，1美元黄金的百分比溢价才是他的利润。

4.86656美元 ×（1+0.04）－4.86656美元=5.061美元－4.86656美元 =0.1944美元

或者说，每美元黄金进口商赚将近20美分，即4%的收益。

这种回报率不是年度回报率，而是几周内进行黄金交易和输出的累计回报率。

请注意，这些交易的利润受市场利率水平影响。但是，图C.1中的1907年的数据和图表表明，溢价率机制给黄金进口商带来了赚取巨大利润的机会。

附录 D：1860—1914 年美国的货币构成

1860—1914年，美国的货币是由各种支付媒介构成的。在正常时期，不管什么样的硬币和纸币，在日常生活中都是按面值交易。纽约结算所协会在认定最终支付媒介时所持的标准很严格，货币的多样化在当时就显得尤为重要。本附录只对可接受的货币做一个大致讲解，而不是深入探究选择其作为支付媒介的原因。

在1873年恐慌期间，纽约票据清算所认为，只有法定货币美元（"绿钞"）才是最终可以接受的支付媒介。在1879年恢复金本位后，金币（硬币）和美元被纽约票据清算所认定为最后的支付工具。在金本位时代，美国财政部将美元兑换成黄金，但有时也把黄金或白银兑换成美元。1900年的《金本位法案》，确立了黄金的法定地位。值得注意的是，纽约票据清算所从未接受国家纸币作为最终支付工具，对白银券也是如此。但在19世纪80年代和90年代，白银券在支付中比较流行。

图D.1中，前四种货币——金币、黄金券、美钞和其他货币是纽约票据清算所认定的最终支付货币。

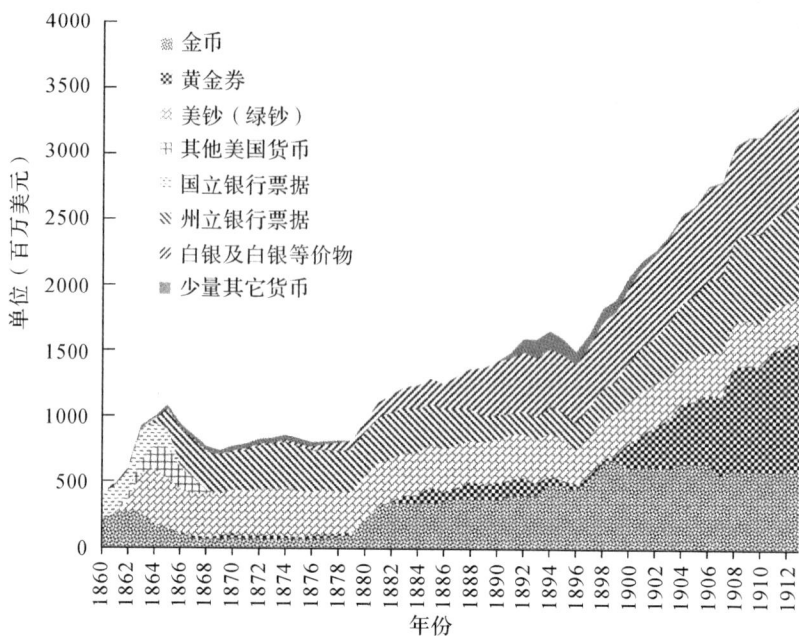

图 D.1　1860—1914 年间美国的货币供给构成

资料来源：《美国银行及货币统计，1914—1941》，408 页，表 109；《在美国流通的各种货币，1860—1913》。

人名翻译对照表

Acheson	艾奇逊
Ahmed	艾哈迈德
Albert Gallatin	阿尔伯特·加勒廷
Alexander Gilbert	亚历山大·吉尔伯特
Anderson	安德森
Andrew Coleman	安德鲁·科尔曼
Andrew	安德鲁
Angert	安吉尔特
Appel	阿佩尔
Argüero	阿古罗
Arun Gupta	阿伦·古普塔
Arvind Krishnamurthy	阿尔文·克里希纳穆西
Arwin Zeissler	阿尔温·蔡斯勒
Bagehot	巴杰特
Baile	贝利
Baldwin	鲍德温

Capie	卡皮
Carlson	卡尔松
Carr	和凯尔
Chang	常
Charles Barney	查尔斯·巴尼
Charles Calomiris	查尔斯·卡罗米里斯
Charles Goodhart	查尔
Charles Goodhart	查尔斯·古德哈特
Charles Morse	查尔斯·莫尔斯
Charles W. Morse	查尔斯·W. 莫尔斯
Clews	克卢斯
Coleman	科尔曼
Corsetti	柯塞蒂
Covitz	科维茨
Curtis	柯蒂斯
Dang	党
David Weiman	大卫·韦曼
De la Torre	德·拉·托雷
De Nicolò	德·尼科洛
DeMarco	德马科
Demirgüç-Kunt	德米尔吕格一昆特
Dewey	杜威
Dobler	多布勒
Draghi	德拉吉
Dudley	达德利
Eichengreen	艾肯格林

George Seney	乔治·塞尼
Gibbons	吉本斯
Giglio	吉利奥
Gilpin	吉尔平
Goetzmann	戈茨曼
Goodhart	古德哈特
Gorton	戈顿
Grant Goehring	格兰特·戈林
Grenville	格伦维尔
Harman	哈曼
Harvie	哈维
He	何
Hickson	希克森
Hoff	霍夫
Holmström	霍姆斯特罗姆
Hördahl	赫达尔
Howard Bodenhorn	霍华德·博登霍恩
Hugh Rockoff	休·洛克夫
Ibbotson	伊博森
Izquierdo	伊兹奎尔多
Jacob H.Schif	雅各布·H.希夫
Jacobson	雅各布森
James Speyer	詹姆斯·施派尔
James	詹姆斯
Jeremy Atack	杰里米·阿塔克
Jialu Chen	陈嘉禄

John De Witt Warner	约翰·德·威特·华纳
Jon Moen	乔恩·莫恩
Joplin	乔普林
Kamin	卡明
Kane	凯恩
kaufman	考夫曼
Kemmerer	凯默尔
Kinda Hachem	金达·哈切姆
Kindleberger	金德尔伯格
King	金
Kniffin	尼芬
Kovanen	科瓦宁
Kres	克莱斯
Krishnamurthy	克里希纳穆西
Krozner	克罗兹纳
Laarits	拉里斯
Laeven	莱芬
Laeven	雷伊文
Lane	莱恩
Larry Wall	拉里·沃尔
Laughlin	劳克林
Leeper	利珀
Levine	莱文
Lewellen	卢埃林
Liang	梁
Louis Brandei	路易斯·布兰代斯

Loukoianova	卢科亚诺瓦
Lowrey	劳莱
Macey	梅西
Maggie Jacobson	玛吉·雅各布森
Mankiw	曼丘
Markus Shak	马库斯·沙克
Marquisr	马奎斯
Martin-Aceña	马丁·阿希娜
McAndrews	麦克安德鲁斯
McCabe	麦凯布
McLeod	麦克劳德
Metric	梅奇克
Michael Bordo	迈克尔·波尔多
Mill	米勒
Milton Friedman	米尔顿·弗里德曼
Mirjana Orovic	米尔亚娜·奥罗维克
Mitchell	米切尔
Moen	摩恩
Morse	莫尔斯
Moses Abramovitz	莫西·阿布拉莫维奇
Muhleman	穆勒曼
Muir	谬尔
Mullineaux	穆里尼奥
Noyes	诺伊斯
O'Sullivan	奥沙利文
Officer	奥菲瑟

Ordoñez	欧多尼兹
Pagano	和帕加诺
Parker	帕克
Paul Samuelson	保罗·萨缪尔森
Paul Volcker	保罗·沃尔克
Paulo Costa	保罗·科斯塔
Payne	佩恩
Pedro Solbes	佩德罗·索贝斯
Peng	彭
Pennacchi	彭纳基
Pesenti	佩森蒂
Poor	普尔
Pressnell	普雷斯内尔
Preston	普勒斯顿
Radelet	拉德莱特
Randall Parker	兰德尔·帕克
Redlich	雷德利克
Reinhart	莱因哈特
Richard Schell	理查德·谢尔
Richard Sylla	理查德·塞拉
Robert Fogel	罗伯特·福格尔
Robert Holland Martin	罗伯特·霍兰德·马丁
Robertson	罗伯逊
Rodgers	罗杰斯
Rodrigo Rato	罗德里戈·拉托
Rodrik	罗德里克

Rogoff	罗戈夫
Rohdé	罗德
Rose	罗斯
Roubini	鲁比尼
Russell·C·Leffingwell	拉塞尔·C.莱芬韦尔
Sachs	萨克斯
Santos	桑托斯
Schiff	希夫
Schmukler	施穆克勒
Schulze- Ghattas	舒尔茨-加塔斯
Schwartz	施瓦茨
Seth M. Milliken	塞思·M. 米利肯
Shin	申
Silber	西尔柏
Smith	史密斯
Souleles	索勒莱斯
Spector	斯佩克特
Speyer	斯派尔
Sprague	斯普瑞格
Squire	斯夸尔
Stanley Engerman	斯坦利·恩格尔曼
Stephen Grenville	斯蒂芬·格伦维尔
Stewart Makinney	斯图尔特·麦金尼
Suarez	苏亚雷斯
Swanson	斯汪森
Talvi	塔尔维

图书在版编目（CIP）数据

阻击金融危机：历史的经验 /（美）加里·B.戈顿，
（美）埃利斯·塔尔曼著；杨建玫，娄钰译. — 杭州：浙江
大学出版社，2021.7
书名原文: Fighting Financial Crises：Learning From the Past
ISBN 978-7-308-20845-1

Ⅰ.①阻… Ⅱ.①加… ②埃… ③杨… ④娄… Ⅲ.①金融危
机—研究—美国 Ⅳ.①F837.125.9

中国版本图书馆CIP数据核字（2021）第047354号

浙江省版权局著作权合同登记图字：11-2020-500

阻击金融危机：历史的经验

（美）加里·B.戈顿， （美）埃利斯·塔尔曼 著

杨建玫 娄 钰 译

责任编辑 谢 焕
责任校对 陈 欣
封面设计 云水文化
出版发行 浙江大学出版社
（杭州天目山路148号 邮政编码：310007）
（网址：http://www.zjupress.com）

排 版 浙江时代出版服务有限公司
印 刷 杭州钱江彩色印务有限公司
开 本 880mm×1230mm 1/32
印 张 9.5
字 数 242千
版 印 次 2021年7月第1版 2021年7月第1次印刷
书 号 ISBN 978-7-308-20845-1
定 价 62.00元

版权所有 翻印必究 印装差错 负责调换
浙江大学出版社市场运营中心联系方式：（0571）88925591；http://zjdxcbs.tmall.com